世界海洋强国·海军强国战略译丛

史常勇 陈炎 主编

〔印〕拉贾·梅农/著
BY Raja Menon

海上战略与大陆性战争

Maritime Strategy and Continental Wars

世 界 海 军 战 略 经 典 著 作

朱 丹 史常勇/译

山东城市出版传媒集团·济南出版社

图书在版编目（CIP）数据

海上战略与大陆性战争/（印）拉贾·梅农著;朱丹,史常勇译.
—济南:济南出版社,2021.1(2022.3 重印)
（世界海洋强国·海军强国战略译丛／史常勇，陈炎主编）
书名原文：Maritime Strategy and Continental Wars
ISBN 978 - 7 - 5488 - 4433 - 4

Ⅰ.①海… Ⅱ.①拉… ②朱… ③史… Ⅲ.①海洋战略
—研究 ②陆地战争—研究 Ⅳ.①E815②E822

中国版本图书馆 CIP 数据核字（2020）第 271840 号

山东省著作权合同登记号：15 - 2020 - 189

出 版 人	崔 刚
责任编辑	张智慧
装帧设计	侯文英

出版发行	济南出版社
地 址	山东省济南市二环南路 1 号（250002）
编辑热线	0531 - 82803191
发行热线	0531 - 86922073　67817923
	86131701　86131704
印 刷	山东新华印务有限公司
版 次	2021 年 1 月第 1 版
印 次	2022 年 3 月第 2 次印刷
成品尺寸	170mm×240mm　16 开
印 张	14.5
字 数	220 千字
定 价	59.00 元

（济南版图书,如有印装错误,请与出版社联系调换。联系电话:0531 - 86131736）

译丛总序

21 世纪是海洋的世纪。 海洋在国家安全战略中的地位，从未像今天这样凸显；海洋对于国家的可持续发展，从未像今天这样重要；海洋方向的大国竞争，也从未像今天这样激烈；经略海洋、发展海权、建设强大海军的历史重任，从未像今天这样紧迫。 2012 年，党的十八大报告首提"建设海洋强国"，为我国海洋事业发展定准航向。 2017 年，党的十九大报告强调"要坚持陆海统筹，加快建设海洋强国"，深化了海洋强国战略目标的重点和方向。 2018 年，习近平主席发出了"全面建成世界一流海军"的伟大号召，为人民海军现代化建设确定了目标。

中华民族是最早开发利用海洋的民族之一。 春秋名相管仲在回答齐桓公关于如何治理国家的问题时，提出"唯官山海为可耳"的主张，即国家应统筹开发陆地和海洋资源，才能实现富强。 连通中西方的"海上丝绸之路"延续了上千年，通过海上贸易和文化交流促进了人类社会的共同发展。 明朝初年郑和七下西洋，更是人类航海史上的壮举。 因此，中国不是一个天然的封闭的大陆国家，我们曾经创造过灿烂的海洋文化，曾经驰骋、笑傲于远海大洋。 但我们在明朝中叶海权独步天下之际，主动告别海洋、走向闭关锁国，直至近代饱受列强欺凌，逐步沦为半殖民地半封建国家。 而与此同时，西方世界刚刚走出中世纪的漫长黑暗，就开始扬帆启航，在"谁控制了海洋，谁就控制了世界贸易，谁就控制了世界财富，谁就最终控制了世界本身"的海权理论指导下，不断走向远海、走向强大。这段历史令无数志士扼腕叹息！

为什么拥有强大海上力量的大明帝国，却没有像葡萄牙、荷兰和英国那样走上海洋强国的道路？ 为什么在郑和之后不足百年，嘉靖帝却为东南沿海的一小撮倭寇伤透了脑筋？ 为什么在第一次鸦片战争中，面对万里迢迢而来的数千英军，清政府举全国之力迎战却一败再败？ 为什么位居世界前列、亚洲第一的北洋海军，成军仅仅六年就在"一夜之间"烟消云散？ 为什么国力远不如中、俄的日本，能够先在黄海打败中国、再在对马战胜俄国？

这数百年的历史进程反复向我们昭示：大国的发展与海洋息息相关。 一个国家在从海洋大国迈向海洋强国的过程中，离不开科学的理论支撑。 欲建成海洋强国和一流海军，就必须挺立于时代潮头，善于借鉴全世界的先进理论成果，加速构建起具有中国特色的海权理论和海军理论，用科学的理论武装头脑、指导实践。

在汲取百家之长、学习外国先进思想理论时，读者一般会遇到两大难题：一是不清楚哪些书值得看，以致浪费了许多宝贵时间；二是阅读原著时存在一定的语言障碍。 作为理论研究人员，我们对此感触颇深。 早在十年之前，我们就曾计划翻译一批此类著作，无奈因种种条件限制而未能实现。 万幸的是，几经周折，在济南出版社的大力支持下，我们搁置已久的计划得以启动。

我们精心挑选了五本具有广泛代表性的海权、海军和海战方面的经典著作，进行翻译，编成这套丛书，以飨广大读者。 这些著作具有很高的学术价值，其理论观点经受住了历史的检验，也被众多关心海洋事务的人士所认可。 这些著作的作者，既有阿尔弗雷德·塞耶·马汉、赫伯特·里奇蒙德等古典大家，也有杰弗里·蒂尔、米兰·维戈等现代学者；有的来自美、英等老牌海洋强国，有的来自印度等发展中国家；有的是职业军人出身，有的则是纯粹的学者。 阅读这些不同时代、不同国家和不同流派的著作，对于我们完整把握海权、海军和海战理论的发展脉络，深入理解和思考当代中国面临的海上问题，具有很好的参考、借鉴作用。

为了把经典著作原汁原味地呈现给大家，我们在翻译过程中未做删改，但这并不代表我们认同作者的所有观点，也希望大家在阅读时，能够辩证地看待一些观点，在批判的基础上加以吸收、借鉴。 由于我们的水平有限，书稿难免存在一些不准确、不传神之处，敬请大家批评指正。

史常勇于南京半山园

2020 年 8 月 19 日

翻译说明

　　拉贾·梅农，印度海军少将，曾担任印度海军（作战）参谋长助理，负责制定印度海军战略，1994 年退役。退役后，拉贾·梅农仍然活跃于印度官方与非官方的各种研讨活动之中，发表了多篇影响广泛的论文，并先后被聘请为印度外军培训学院、国防军参谋学院、海军战争学院和国防学院等院校的客座教授。2007年 5 月印度时任海军参谋长梅赫塔上将签署并公开发布的《自由使用海洋：印度海上军事战略》，即由拉贾·梅农领衔编写制定。

　　拉贾·梅农作为印度海军战略理论研究的领军人物，其著作主要有：《海上战略与大陆性战争》（*Maritime Strategy and Continental Wars*，1998 年出版）、《印度海军》（*The Indian Navy*，2000 年出版）、《印度核战略》（*A Nuclear Strategy for India*，2000 年出版）、《大规模杀伤性武器》（*Weapons of Mass Destruction*，2004 年出版）等。其中，尤以《海上战略与大陆性战争》最具影响力，该书为拉贾·梅农带来了世界性声誉，也奠定了他在印度海军战略研究领域的权威地位。

　　作为在海军服役 35 年的高级军官，拉贾·梅农有着极为丰富的海上阅历，他在《海上战略与大陆性战争》中提出的许多观点，对印度海军战略的发展起到了重要的推动作用，该书至今仍然被列为印度海军军官的职业必读书目之一。《海上战略与大陆性战争》全书共八章。第一章主要论述了关于战争与战略的若干基本概念；第二章系统梳理了以马汉、科贝特、戈尔什科夫以及卡斯泰等人为代表的海权学家的经典海权理论观点；接着拉贾·梅农在第三、四、五章中采用案例分析的方法，探讨了历史上几次典型的大陆性战争中海军的运用、海军在海上实施封锁和两栖登陆作战对陆上战争结局的影响等问题；第六章详细分析了美国自建国直到 20 世纪 90 年代初海上战略发展演变的过程，着重强调了美国提出"……从海上"战略思想对未来海军打赢大陆性战争的重大意义；第七章阐述了

1

决定未来大陆性战争中海上作战成败的关键要素，即战场空间优势与作战速度；最后在第八章中，作者对如何构建实用的海上战略以赢得大陆性战争提出了自己的独特见解。

为便于广大读者更好地理解作者的某些观点，我们在书中标注了一些注释，仅供参考。由于水平有限，译文之中尚有诸多不准确之处，敬请大家谅解、指正！

译者
2020 年 1 月 25 日

编者按

1885—1889 年，阿尔弗雷德·马汉在罗德岛州纽波特的美国海军战争学院从事教学期间形成了自己的海权思想，并于 1890 年出版《海权对历史的影响》一书，引发了狂热的反响。一个世纪之后，印度海军少将拉贾·梅农在威灵顿的三军联合大学（Defence Services College）国际班讲授海权思想，使其三十五年的海军生涯达到顶峰，《海上战略与大陆性战争》一书是他思想成果的代表。当时，美国海军正在重新进行定位，从 20 世纪 80 年代的"海上战略"向 20 世纪 90 年代的"……从海上"转变。20 世纪 80 年代的海上战略强调美国海军对欧洲中部战争的影响，而"……从海上"着眼于美国海军如何打赢大陆性战争。因此，《海上战略与大陆性战争》一书的及时性毋庸置疑。在书中，拉贾·梅农对历史上的两栖作战、作战的机动速度、战略与技术之间永恒且复杂的互动关系进行了重点阐述。

梅农认真选取研究材料，首先介绍了孙子和克劳塞维茨的大陆性战争理论，然后阐述了马汉、科贝特、卡斯泰、戈尔什科夫等人的古典海权思想，并对美国南北战争到越南战争期间的战争案例进行了研究，由此转向论述的焦点：海军在以陆上作战为重心的战争中的作用。拉贾·梅农指出，在大陆性战争中，海军的作用往往被人误解，乃至被错误定位。持这种错误观点的人认为，在以陆上作战为重心的战争中海军能够发挥一定作用，但并不能够独立地决定战争结果。最后，梅农融合了陆上战略与海上战略两种思想，对未来战争进行了预测。

美苏两极对抗的世界已被多极世界取代，地区冲突将占据舞台的中心。当今时代的战争并不一定以占领土地为目的，更多是为了控制濒海地区或交通要道，战利品是总体经济收益或海上贸易便利。当代海军很可能被用于外科手术式打击或战后重建，在本书的最后一章，梅农对如何发挥海军在这些方面的作用提供了建议。

　　对于关注国际事务和安全事务的机构，比如国防部门、外交部门、训练机构和军事学院，以及关注这些领域的专业人士和国防爱好者来说，本书具有特别的意义。 对于那些在新的全球结盟背景下战略选择受到地缘战略约束的国家来说，同样具有特别的吸引力。

　　　　　　　　　　　　　　丛书主编：豪格·H. 赫威格（Holger H. Herwig）

前　言

职业海军军人阅读海上战略著作吗？ 更为重要的是，在实际制订兵力部署计划时他们运用海上战略吗？ 观察我国和其他一些国家正在制定的海军作战政策，我确认在做出选择时，大多数职业海军军人不会将他们的选择与任何海洋思想学说联系起来。 海军指挥员通常依赖下级军官为他们制订作战计划，但往往不鼓励他们谋划更具有战略意义的决策，这令人非常遗憾。 由于各官僚机构间的相互竞争，海军指挥员可能会面对各种各样相互矛盾的要求，而难以提出直接的解决方案，这或许是海军高级指挥员在日常工作中较少运用经典海上战略思想的一个合理的借口。 海洋是一位苛刻的监工，在海上生活多年、富有海洋生活经验并拥有海洋生活技巧的人们往往扮演单纯而直接的水手角色。 很遗憾，这样的定位意味着海军对常识的依赖和对战略理论的合理怀疑。

海军也知道自身存在的问题，因此在参谋学院投入了大量的时间和金钱对参谋人员开展以海上战略为重点的教育培训。 但很多参谋人员发现学院传授的解决方案与实际要求并不相符，因此抛弃了经典理论。 有人说，海军中反知识传统的原因在于该军种自身，因为海军设立职业教育机构普遍比陆军滞后 60 ~ 90 年。也有人说，是因为海上战略著作过度理论化，才导致了问题的产生。

海上战略著作的声音在大陆性战争中微乎其微，迄今为止的军事著作对大陆性战争中海军兵力的核心部署描述并不充分，导致参与大陆性战争的海军对经典海上战略理论产生了怀疑。 我所服役的印度海军正是这样一支海军。 印度海军创立于 1947 年，最初由英国海军军官指挥，力量编成的着眼点在于保护海上交通线安全，直至印度军官接掌指挥权。 随着战争性质的明确化，印度核心战略显然

1

需要及时改变。 在创作本书的过程中，我发现印度海军与参与大陆性战争的大多数海军面临同样的情况。

　　本书是在极端困难的现状下定义海上战略的新尝试，很高兴我并不是尝试此类著作的第一人，在我之前还有科贝特、魏格纳、卡斯泰等人。 此书的独特之处在于它创作于军事革命的萌芽期。 理性要求我要从军事革命影响的视角来探究其对海上战略可能产生的影响。 如果职业军官不愿意阅读纯海上战略著作，他们可以尝试一下这本将海上战略调低至力量结构层次的书。

　　　　　　　　　　　　　　　　　　　　　　　　　拉贾·梅农

目录

第一章

战争与战略

战争失败的代价极为巨大，因此，人类经过长期探索形成了一套规则，遵守这些规则可以将战争风险降至最低。尽管大多数社会群体都认同军事科学是一门综合性学科，但许多国家的决策阶层依然没有意识到赢得战斗、打赢战争的战略应当分为不同的层次。在由陆军或海军独立代表国家参战的时代，战争胜败取决于某一场决定性的战斗，这种决定性的战斗被克劳塞维茨称为"会战"（Entscheidungsschlacht）。必须赢得这场战斗，因为这场战斗决定了谁是王者、谁将从舞台上消失。军事思想家研究这种决定性的战斗，从胜败双方的行动中吸取经验教训，融合胜负双方将帅及其军队的行动模式，逐渐形成了战略理论。

一、 战术思维教育

将战略相对正式地划分为大战略与战略两个层次经历了一个较长的过程，而对于兵团以下作战规则的制定则进展迅速，并被命名为"战术"。在大多数西方盎格鲁－撒克逊体系的军事著作中，通常将战争划分为战略与战术两个层次，而陆权国家将军事思想划分为战略、战役、战术三个层次。由于战术关注的是如何部署步兵、骑兵或火炮，在战斗胜负中发挥直接作用，因此"战术"是军校中最早开设的军事学科目。早期的战术教学主要是在作战单元层次展开，直到19世纪才转为以参谋学院教育为主。军事历史著作要比海军历史著作丰富得多，对于指挥艺术及战术的记叙非常清晰，但也很难了解有多少陆军或海军的主要指挥员曾经接受过正规的军事科学教育，即使是19世纪的军事历史著作也无法确定。西点军校出身的美国军人受约米尼著作的影响极大，美国南北战争期间相关作战行动体现了约米尼的进攻性作战思想。

尽管可以通过捐款获得晋升，但威灵顿公爵①在思考这个问题时，更注重军官的职业能力而不是他的血统。总而言之，战术能力已获得极大认可，高级指挥官开始按照战术能力划分军官层次，并给予相应的提升或委派相应的职位。当军官意识到职业发展取决于战术能力时，他们获取战术能力的愿望变得更加强烈。

年轻军官需要在基层部队或战舰上观察和学习，率队突袭、阵地防御、带领部队克服各种地形阻碍，都是他们需要具备的战术能力。年轻海军军官掌握了在大洋或近岸海域航行所需的个人驾驶技能之后，就可以独立地指挥小艇（如轻型帆船）作战，进而指挥双桅帆船或快速帆船等大型船只作战。这种初级指挥不仅要求年轻军官具备率队作战的能力，也要求他们具备复杂的行政管理能力。显而易见，大多数陆军与海军军官的战术能力可以通过岗位实践训练获得。19 世纪许多国家都设立了参谋学院以强化军官的中级指挥能力，德国的普鲁士和英国先后于 1801 年、1873 年设立了参谋学院，美国、法国则在 1878 年设立参谋学院。美国还在 1884 年成立了海军战争学院，最初有关战略方面的课程其实是由一位美国陆军军官讲授的。

征兵制对通过岗位实践获取战术能力的观念提出了挑战，大革命后法国陆军就面临这种挑战。法国人民的爱国热情为拿破仑带来了惊人的成功，也由此导致了一些灾难性的教训，直到德国普鲁士总参谋长的成功引发了人们的反思才对此进行了修正。在美国南北战争中，参战的陆海军主要由几乎未经训练就匆忙入伍的军人组成，因此助长了业余人士可以对军事思想做出重大贡献的观念。美国南北战争对于军事发展的贡献是技术性的，这一点我们将在后面的章节中详细论述。从战术层面来说，马术技能和火器的使用宣布了"步兵 + 刺刀"时代的终结，标志着骑兵概念的出现，人们从骑兵作战中获得了宝贵的战术经验。战术变化要求战略做出改变，但高级指挥员却未将战术层面的变化作为整体来全面考量。当战争发生显著变化时，单纯研究战略或战术都存在缺陷。美国南北战争表明，来复枪和左轮手枪导致了刺刀战

---

① 译者注：阿瑟·韦尔斯利（1769—1852），第一代威灵顿公爵，拿破仑战争时期的英军将领，第 21 位英国首相，19 世纪最具影响力的军事、政治领导人之一。他是历代威灵顿公爵中最为人所熟悉的一位，所以他常被称为"威灵顿公爵"。

的消亡。① 这是一条很好的战术经验，但却被忽视了，结果在第一次世界大战中，双方将领固执地将成千上万的士兵投入毫无效果的刺刀冲锋战斗中送死。

总的来看，19 世纪末，大多数国家的陆军都建立了一套正规的教育体制，确保职业军官具备扎实的战术基础，但海军却缺少这样的教育体制。

二、 军事和战略

关于军官战略层次的学习问题，我们更是知之甚少。正如克劳塞维茨在《战争论》第二章中所说②：有许多获得巨大成就的将帅并没有或很少有军事教育经验，大多数这样的将帅是国王或政府首脑，肩负着国家领导人和军事统帅的双重责任，如弗雷德里克二世（Frederick II）、彼得大帝（Peter the Great）、奥利弗·克伦威尔（Oliver Cromwell）、古斯塔夫·阿道夫（Gustavus Adolphus）。克劳塞维茨并不是说正规的军事教育毫无意义，而是认为军事教育的目的不在于记住多少原则或准则，更重要的是培养思维能力。这些非军人出身或者君主身份的将领们，具有正确的指挥直觉，通过不同领域的实践，形成了一种思维框架。即使是现在，绝大多数国家的军队依然认为，评估高级军官的战略能力既不明智，也不切实际。

有些国家不愿意将所有战术层次以上的行动贴上"战略"的标签，这是可以理解的。他们这样做是因为他们更清晰地意识到战略和战术之间存在着一座桥梁——战役层次（operational level）。他们认为，在参谋学院可以通过教学向陆军、舰队或空军联队的参谋人员，传授战役行动规划的技能。战术参谋军官的责任在于为旅级或海上特混大队作战提供解决方案，这显然属于战役层次。从军事行动梯次来看，划分战术、战役的标准既可以是参战兵力

---

① J. F. C. Fuller, *The Conduct of War*, *1789－1961* （London：Methuen，1972），pp. 104－106. Apparently only 400 of the 246，712 wounds treated in the American Civil War were bayonet wounds.

② Karl von Clausewitz, *On War* （Princeton University Press，1976），Ch. 2.

的规模，也可以是参战兵力的目的。1944 年，美国陆军第十四军参加印度英帕尔对日作战的某个旅扮演的显然是战术角色，而在敌后作战的钦迪特旅发挥的作用明显介于战术与战区战略之间。将战役纳入军事行动梯次之中有一个明显的优点，参谋学院可以为在校学习的高级军官和上校级参谋人员预先设定较为复杂的作战背景，要求相应级别的参谋人员提供解决方案。这样的梯次分层极大地完善了陆军参谋体系，各级部队的参谋机构配备相应级别的参谋人员——旅级配备少校，师级配备上校，军级配备准将，陆军配备少将（钦迪特行动例外）。海上作战的流动性不允许海军将作战力量和军官级别做如此相应的配备，海军中将威廉·哈尔西指挥的第三舰队下辖 76 艘战舰，由海军上校担任舰队作战行动指挥官，英国太平洋舰队下辖 34 艘战舰，其舰队作战行动指挥官同样由海军上校担任。因此，确定海上作战行动属于战术还是战役层次时，要更注重战舰所扮演的角色，而非战舰的数量。

　　战术培训的逐步规范使战术条令或规定产生了，这是克劳塞维茨在批判当时研究战争规则的倾向时没有预见到的。规范化的海上战斗规则的形成，要归功于作战研究（operational research）在海上搜索、部队编成及兵力部署方面所发挥的重要作用。作战分析（operational analysis）发端于 20 世纪初，与兰彻斯特研究火炮射击效果处于相同的时期，现已发展成为在空中、水面和水下进行海战下达命令时的重要工具。在防空及反潜作战中配置舰船、在防空作战中配置战斗巡逻机、在反潜艇渗透作战中配置声呐浮标、在电子战或反潜作战中部署直升机等许多战术背景下，利用数学方法分析众多战术环境变量具有不可估量的价值，可以找到最佳的解决方案。与此同时，瞬息万变的战斗形势和兵力部署的快速调整，要求把海量的数学变量以线图或表格形式呈现给专业军官。在课堂上，海军战术官们学习作战分析的知识，从而能够把简化的线图运用于最复杂的战术环境之中，就像他们必须掌握计算尺的使用一样。好莱坞电影中驱逐舰舰长和潜艇艇长的高超计谋与应对策略，在实战中极少出现。二战后，一个优秀海军战术指挥官的标志，体现在他对于战术专著的有效理解，当遇到问题时知道在哪儿能找到答案，以及迅速转变作战策略或兵力部署的能力。许多基于对国家意志、士气和文化因素的理解的抽象规定，以及谋略的运用，都被排除在战术或战略范畴之外。战术问题被研究、分解、分析、图表化，已经变成了一个完全客观化的事物。

回溯历史，或许罗马帝国最早意识到在战术之上还存在着更高层次的军事科学。在罗马时代，国王和宗主国的命运往往取决于某一天的某一场战斗，但罗马帝国的历史学家们除了关注打赢战斗之外，还注意到更高层次的战役谋划。罗马治下的和平（Pax Romana）要求君主和高级将领具有清晰而明确的意识，以维护6000英里边境线的安全。罗马人采取了在边境地区建立防御工事、修建公路并沿着这些公路部署军团进行横向防卫的战略。由于帝国陆军的内耗和原住民对帝国领土的攻击，康斯坦丁大帝调整了帝国的大战略①。康斯坦丁大帝放弃了在边境全线零散配置部队的做法，不计较局部布防所导致的暂时的领土丧失，集中部署机动军团粉碎入侵之敌。② 1948年，北约司令部就面临着与公元3世纪时康斯坦丁大帝相似的困境：面对苏联基于政治原因的武装推进，是应该寸土不让，还是像康斯坦丁大帝一样，做出更加具有战略意义的行为？文艺复兴之后，许多古典时代总结的军事经验开始被重新认识，而军事战略重新达到罗马时期的高度，主要归功于19世纪拿破仑的出现。

19世纪之前，陆军作战主要采取大规模军团的形式（亚洲骑兵除外）。拿破仑上台后，既要全线部署军队，同时又要保证单个作战单元的战斗力，结果就是军队规模大幅增加，作战区域不断扩展。这些作战单元被称为师（divisions），师与师之间可以在一定距离内互相支援，若干师集合起来就是军团（army corps）。由于众多军团沿着不同的轴线推进，因此，拿破仑要求指挥官要具备战役和战略层次的指挥能力。与单纯的战术机动相反，战役实施需要修建相应的基础设施。拿破仑战略的核心在于速度和机动，如有必要，两个军团可以在一定时间和空间内进行集中。比如，1805年10月20日乌尔姆大捷与12月2日的奥斯特里茨大捷，仅仅间隔了40天。拿破仑的指挥艺术在其失败的战役中得到了最高水平的体现。尽管从莫斯科撤退的途中部队损失惨重，但在敌军占领巴黎和法军抵抗失去意义之前，拿破仑仍然让拥有巨

---

① 译者注：拉贾·梅农认为，康斯坦丁或许是历史上第一个对大战略进行调整的君主。
② Edward N. Luttwak, *Strategy*, *The Logic of War and Peace*（Cambridge：The Belkhap Press of Harvard University Press，1987），p. 138.

大兵力优势的敌人陷入困境达数月之久。

三、 战略、 战役法、 战术

　　无线电成为日常通信工具之后，海上战役法才得以快速发展，因为如果没有无线电通信，就难以对不同时间分布在不同海域的舰艇实施管控。从 17 至 19 世纪，当小型帆船承担传递命令职责时，海上战役法也是存在的，但我们却很难找到 19 世纪末以前舰队司令具体运用战役法的案例。在尼罗河口海战、哥本哈根海战和特拉法尔加海战中，以纳尔逊①为核心，舰队作为一个整体机动，目标只有一个，就是消灭敌人的舰队。在特拉法尔加海战中，纳尔逊一路追击维尔纳夫②，从地中海追到西印度群岛，再返回地中海。双方舰队之所以会在特拉法尔加进行决战，公认的原因是英国海军舰队指挥官纳尔逊直觉上认为维尔纳夫将返回地中海。三次海战的辉煌战绩使得纳尔逊成为那个时代最伟大的战术家，尽管他的天赋并不限于纯粹的战术能力，但也很难赋予他战略家的称号。

　　战略家的称号必须授予英国海军的缔造者们。无论是在舰艇设计方面，还是航行速度方面，英国的舰艇都不如法国舰艇。法国的舰炮制造技术优于英国，并且在纳尔逊时代就引入了爆破弹（exploding shell）。尽管技术上落后于法国，但英国海军用更好的训练、更严的纪律、更高的军官素质和战术素养弥补了自身不足。相同吨位的舰艇，英国海军装备了比法国舰艇更多的舰炮，这是他们唯一的技术优势。为发挥火炮威力和射速优势，英国舰艇需要

---

　　① 译者注：霍雷肖·纳尔逊（1758—1805），英国风帆战列舰时代最著名的海军将领及军事家，在1798 年尼罗河口海战及 1801 年哥本哈根海战等重大战役中，率领皇家海军获胜。他在 1805 年的特拉法尔加海战中击溃法国及西班牙组成的联合舰队，迫使拿破仑彻底放弃海上进攻英国本土的计划，但自己却在战争期间中弹阵亡。

　　② 译者注：维尔纳夫，法国海军少将，在特拉法尔加海战中担任联合舰队司令。

近敌作战。近敌作战战术要求英军枪炮手克服疲劳、伤病及战斗压力，长时间坚守战位。和平时期严格的纪律、千百次的训练，将技术上落后的舰艇打造成可以随时应对强大敌人的武器。根据战争法案（the articles of war）确立的标准行动，就可以将单个的舰艇聚集成统一的舰队；作战指令和最早的可视信号系统，可以将单舰的优势转化为舰队的整体优势。每条舰上的战斗系统同时也是高效的管理系统，保证了更高水平的卫生和医疗保障、更好的伙食，以及世界范围的后勤保障。这支能够全球部署的海军的缔造者，无愧于战略家的称号——是真正了解海上战争、了解人类心理以及今天被称之为"系统分析"方法的富于创造力的战略家。

历史文献对海上战斗的叙述很多，但对英国海军辉煌成就的体制基础记叙较少。英国海军参谋长同时担任内阁海军大臣，这个传统一直延续到 18 世纪初被巴勒姆勋爵（Lord Barham）废除为止。[①] 批评这一传统的人们认为，一名上将在海上任职时间越长，在内阁中面对政治家们坚持自我的能力就越弱。霍克、凯佩尔、理查德·豪等人担任内阁海军大臣之后，在政坛上显然没能展现足够的影响力。因此，此后的海军大臣由政治家担任，由第一海务大臣（First Sea Lord）为其提供专业的军事建议。今天，很难让职业海军军官们相信这种体制会运行得更好，但这件事的重要性非常明确，即被局限于仅仅处置战术问题的将军们，不可能具备宽广的视野，除非他们在战役和战略层次担负相应的职能，而这恰恰是当代将军们的工作。但如果因此而认为像欧内斯特·J. 金（King）、尼米兹（Nimitz）、威廉·丹尼尔·莱希（Leahy）、朱姆沃尔特（Zumwalt）和蒙巴顿（Mountbatten）等上将们，在政治家群体中无法立足，这显然是不恰当的。在 18 世纪，有些海军将领长达三年不曾上岸，他们的工作全是处理琐碎的后勤和战术问题，都在战役层次以下。而当代的海军将领有可能在联合参谋部门和战略规划部门任职，也可能在工程管理等担负经济职能的机构任职，他们的职业生涯会经历多个岗位的持续锻炼，比普通政治家更适合在国家高层管理部门发挥作用。早期的海军行动基本属于战术层次，很多海军历史著作往往关注这些战术层次行动所取得的辉煌战

---

① Michael Lewis, *The Navy of Britain*（London：Allen&Unwin, 1948）, p. 385.

果，而忽略了战役、战略层次的海军行动。

击沉"俾斯麦"号（Bismarck）就是这样一个例子：在击败"胡德"号和"威尔士亲王"号战列舰（Hood and Prince of Wales）后，"俾斯麦"号进入广阔的大西洋，但仅仅几天之后就被击沉，这个战例是充分体现英国本土舰队（C-in-C Home Fleet）参谋部战役指挥水平的典范。大多数的战斗记录中都未记载英国海军失去"胡德"号战列巡洋舰的屈辱，也未记载英国海军搜寻"俾斯麦"号付出的巨大努力。学者们对于两场海战的行动细节研究得很深，但对追击兵力的组织、部署和指挥知之不详。由此可见，关于战役层次的著作远远不够。

四、 海军战略

建立战争学院或高级指挥学院已成为现在许多国家海军的普遍做法，从参谋学院毕业的军官在部队服役大约十年之后，可进入战争学院或高级指挥学院学习。由于从高级指挥学院毕业的军官将承担起战役指挥任务，所以目前许多关于海军历史的著作看起来还不能满足其需求。那些以"当某某将军正在品尝他的下午茶时，旗舰舰长前来报告发现敌舰……"开头的作品，根本无法告诉职业军官们为什么要进行这场战斗，除了消灭敌舰之外还有什么战斗目标。因为战术目标之上还有战役目标，从战役和战略层次理解海战时，消灭敌舰才有更大的意义。

某些海上战斗本身就具有战略或战役意义，其中最重要但最容易被人误解的是潜艇进攻作战及相应的反潜作战。潜艇往往被作为战术力量使用，战绩并不辉煌，但将潜艇作为作战力量进行部署一定具有战役或战略意义。中途岛海战中美国海军部署了19艘潜艇，日德兰海战有30多艘潜艇参战，但参战潜艇未能发挥明显作用，很少有人会记得曾有潜艇参加作战。潜艇需在作战区域潜伏一定时间才能发挥作用，可以拒止敌舰进入特定海域。潜艇进攻作战准备耗时较长，反潜作战准备更是如此。将敌人拒止在一定海区之外是潜艇作战的直接目标，不仅具有军事意义，还具有经济意义，可以断绝敌方某种重要商品，甚至全部商品的供应，恶化敌方在该区域的战略态势。德国的潜艇战和二战时期美国在太平洋的潜艇战，是潜艇战略运用的极佳案例，英国海军在地中海小规模但有效的潜艇战则是潜艇战役运用的典范。要取得潜艇作战的成功，准备就必须充分，这也是为什么进行潜艇进攻作战准备需要得到经济学家和外贸专家支持的原因。因此，潜艇作战远远超越了单纯的海军范畴或战术范畴。

　　许多国家倾向于打造所谓的均衡海军，军费分配像撒胡椒面，结果因经费过少难以建成够用的潜艇部队。海军的其他兵种反对在潜艇建设上投入过多，认为这将破坏海军的均衡。尽管在海上战争中衡量兵力行动是战术级还是战略级的标准，不是兵力的规模而是其承担的任务，但这种定义有可能被曲解。潜艇部队本身就是战略或战役力量，但三四艘潜艇几乎不可能对战争产生全局性影响，而许多国家的海军很可能就只有三四艘潜艇。打破所谓的均衡，加强潜艇部队建设或索性放弃潜艇作战也许是更为明智的选择，尤其是当海军不具备与其战术能力相当的战略或战役能力时。潜艇部队战术训练的重要性无须赘言，而各国潜艇部队战役训练状况差异较大，大多数国家基本上不进行战役演习。战术上训练有素的潜艇部队有时被毫无目的地部署在不合适的海域，有时是海域合适但部署的时机过早或过晚，有时在合适海域游弋的时间过短，有时被部署在危险海域却缺乏支持，这样的案例在历史上比比皆是。

　　苏联海军元帅戈尔什科夫在《国家海上威力》（*The Sea Power of the State*）一书中提及：在大西洋战争中，每艘德国潜艇需面对 25 艘盟军水面舰艇和 100 架作战飞机[①]，这是一场德国潜艇对抗拥有巨大优势敌人的战争。许多继承了二战中联盟反潜战条令的非北约国家，并没有意识到反潜战需要付出多方面的巨大努力。我们在此强调，许多国家在搜索敌潜艇、执行对潜攻击行动中付出了巨大的努力，舰船、飞机、直升机夜以继日地进行搜索、保持联

---

① Sergei Gorschkov, *The Sea Power of the State*（Oxford：Pergamon Press, 1979）, p. 120.

络、对潜攻击演练，但由于其军事理论及作战手册仍停留在战术层次，他们的海军还不具备进行反潜战役的能力。英国海军上将马克斯·霍顿（Max Horton）在二战时期大大拓展了反潜作战的范围，从规划船队疏散航线、组建专职反潜作战研究小组，到固定翼反潜机巡逻和实施电子战，从伴随护航到防御性水雷和声呐屏障的布设，只有理解了这些努力之后，才能准确掌握反潜作战的全部精髓。从真正的战略意义来看，德国潜艇的作战行动，从一开始就是战略性的进攻作战。当所有的盟国海军在大西洋海战战场再次以战略性努力实施反潜作战时，投入的作战资源远远超过了德国在 U 型潜艇上的投入，后者的失败无可避免。1942 年，美国海军在太平洋战场最初对潜艇作战设定的目标属于战术层次，但最后取得的成果却具有战略意义。1941 年珍珠港事件后，潜艇部队成为美国唯一的进攻性作战力量，而且发挥了巨大作用。派遣潜艇实施进攻作战时，美国海军并未像德国那样赋予潜艇部队以战略目标，但美国潜艇不仅取得了战术成果，也获取了战役和战略成果。因此，很难将这些战役或战略成果归功于战役筹划人员。

一个公认的事实是，与陆战相比，技术对海战的影响更大。事例之一是 X 波段雷达的发明，德国人认为不可能存在这样的武器，因此当众多的德国 U 型潜艇被装备该雷达的飞机击沉时，艇长们百思不得其解。其他一些技术的发展——如鱼雷弹头的改进、潜艇通气管、航空母舰的对空雷达、反潜护航舰艇配备的进攻性武器，都帮助率先获得这些技术的一方占据了战术优势。技术在陆战中同样发挥作用，但不如海战明显。二战中，德国坦克技术总体占优，但不能阻止盟军占领北非、意大利和西欧、北欧；德军中步枪射程的技术优势同样不能改变 1942 年后主要战斗的结果。陆战参战部队规模大、动用武器数量多，但由于地形无处不在的影响，武器技术的影响不够直接。海战受地形因素影响较小，技术优势更容易得到发挥。1914 年，在冯·施佩伯爵（von Spee）率领的德国海军与克拉多（Craddock），以及后来德威顿·斯特迪（Sturdee）率领的英国海军作战时，长射程火炮对小口径火炮具有毋庸置疑的优势。

五、 战略、 技术和战争原则

与陆战相比，技术对海战的影响更大。技术对战略的影响究竟有多大？要找到准确的答案，我们需要认真研究战争原则。某种意义上，技术、战略和战争原则就像三角形中相互影响的三个角。如今，大多数参谋学院都在讲授战争原则，将战争原则作为谋划一切军事行动的指导思想和分析作战行动的标准。孙子①最早确立了三条战争原则：进攻、出敌不意、灵活机动，最新版的美国《陆军条令》继承了这三条原则，其余六条原则是：目标、集中兵力、节约兵力、集中指挥、安全和简明，奉行英法军事传统的参谋学院都大致遵循了这些原则。

这些原则都是抽象化的思想和概念，其重要性的排序或许有差异，但对于陆上战略、海上战略和空中战略具有普遍指导意义。既然有人说战争是"暴力的管理"，也有人说战争是"政治交易的继续"②，那么人的因素的重要性无疑超过其他所有因素，包括物质因素和技术因素。这样的话，可以从迄今为止的战争（无论在何种战场空间）中推导出某些不变的战争原则。不得不承认，记载陆上战争或陆军战略的著作要远多于海洋方面的著作，所以本书选取的用以论述战略问题的战例多选自陆上战争。三个军种参谋学院讲授的都是同样的战争原则，即使这些原则是从陆上战争总结而来，但就战略层次而言几乎没有差别。为了做出正确选择和达到目标，对战术方案进行评估的模式并没有军种区别。那么问题来了：技术对于战争原则，特别是海上战

---

① Sun Tzu, *The Art of War* (San Francisco: Westview Press, 1994), tr. Rolf Sawyer, pp. 160 – 190. Earliest principles of war are derived from extracts from different parts of the book. The first official US recognition of the principles of war in the US are in *The War Department Training Regulation* No. 10 – 15 (1921). 最早有关战争的原则主要是摘自《孙子兵法》中的相关论述。美国对于战争原则的第一份正式官方规定见于 1921 年战争部发布的《作战训练规定》。

② K. von Clausewitz, Ch. 8.

争原则究竟有着怎样的影响？

有人认为在米开朗琪罗（Michelangelo）和莱昂纳多·达·芬奇（Leonardo da Vinci）时代，军事家与科学家的联系非常紧密。当然，社会管理者和科学发明家之间的这种纽带促进了中世纪冶金术、枪炮制造、火药、兽医学、医学和制图学的发展。但这种纽带在之后的时代中断了。在最近的一百年里，军方是被迫接受了几乎所有的技术创新成果。英国海军部拒绝正视蒸汽机、螺旋桨、后膛炮、防空火控预警系统、潜艇、航空母舰及许多其他发明的巨大作用，海军部必须对此负责。军事家经常被指责当前的技术革新是在为上一场战争做准备，是有一定道理的。朱克曼（Zuckerman）认为这种情况难以避免，因为武装力量赖以存在的行为规则体系促使他们维持现状①，他们认为在现存秩序中才会有安全感。而科学家挑战一切既有理论，不断试图突破现有的理论框架。雷达被认为是一种制造死亡射线的机器，如果不具备科学家的非传统思维，就不可能发明雷达。军事家对下一场战争准备不足，部分原因是他们维持现状的倾向，部分原因是他们的主观思维模式。

主观思维本身并不意味着排斥引入新的武器系统，而是指对于新武器的效能持有某种错误的、模糊的以及非理性的态度，19世纪拒绝放弃风帆、20世纪初期对骑兵的迷恋就是这类思维的体现。军方往往错误评估新旧武器的战术效能，1939年对航空母舰和潜艇的战术能力的错误认识，就是海军主观思维的最好体现。1939年以前，潜艇的优越性在战术演习中已得到体现，但为避免伤害失败一方将领的感情，在演习通报中潜艇的战果被人为缩小。过于宣扬战果的艇长被警告：如果还想在以水面舰艇为主导的海军中生存下去，就需要保持"清醒"。航空母舰与潜艇的命运基本相同，尽管航母能够更早地发现敌人，也具备击沉敌舰的能力，但人为控制的演习结果却表明"主战兵力"战列舰能够解决战斗，由此证明对于战列舰来说，航母是很有用的侦察平台。

技术落后和战术曲解会导致偏离首要的战争原则，战争目标就难以达成。航母或舰载机数量不足的海军，其作战目标不可能与战区的战略目标保持同

---

① Solly Zuckerman, *Scientists and War* (London: Hamish Hamilton, 1966), pp. 18 – 20, 112 – 117.

步。1940 年，盟军的战区战略不允许挪威落入德国人手中，这是应用海上战略的一个理想时机。以航母为核心、具有制空优势的海军可以通过输送部队登陆、为登陆部队提供空中支援，从而实现战区战略的目标。最重要的是，以航母为核心的海军在和平时期的演习中就已经发展了这些作战概念，以确保在 1940 年的作战中能够发挥作用，如美国海军在 1943 年的"蛙跳"战役（island - hopping campaign）中就表现优异。但在 1940 年，守住挪威的战略要求并没有在战役层次上实现，因为英国皇家海军并没以需求为导向进行海军建设。驱逐舰将临时拼凑的登陆部队输送上岸，航母不过是空中支援飞机的起飞平台，联合作战程序非常低效，所有的努力最后演变成了一场毫无章法的大溃退，作战行动彻底失败。

英国在地中海的战略目标是夺取该区域的制海权，但皇家海军的作战能力不足以保障该目标的实现。面对战败国意大利零散分布的水面舰艇，英国丧失了克里特岛，位于马耳他的潜艇基地被轰炸，补给马耳他的船队遭到德国空军袭击损失惨重，这一切均表明英国海军力量结构失衡，无法达成战略目标，为人所诟病的潜艇部队反而成为地中海区域盟军唯一可靠的作战力量（潜艇部队的战果将在第四章叙述）。在前面两个战例中已经讨论过，如果不能确定正确的目标，或者已确定的目标由于物质原因无法达成，其他的任何战争原则就会变得毫无意义。如果战争目标是赢得胜利，就需集中兵力发动进攻，如果战略形势要求采取守势，则需集中兵力防守。集中兵力的前提是集中适合现代战争的兵力，集中战列舰对抗航空母舰或陆基飞机不是真正意义上的集中兵力，因为这种过时的作战平台已无法对抗航母或飞机。战争原则以某些假设为前提，其中最重要的假设是拥有应对军事冲突"硬通货"（currency）的一方占据上风。所谓"硬通货"，换句话说就是精良的武器、良好的训练、高素质的作战人员。在此，我们提出了"恰当的作战力量"（Relevant Force）概念，以后的章节中我们会用到这个概念。

前面已经提到过，一些武器的作用被错误评价或一些战术概念被曲解，并非因为判断失误，而是由于某种自我放纵的"怀旧"情绪。固有偏见会导致战术层面的错误判断，为消除这种错误，科学家将"作战分析"这种强大的工具引入战争评估领域。一旦能够用数学计算来分析战术对抗，就可以降低现有体系干扰战术对抗结果的情况发生。当代海军面临的最大战术问题是如何防范雷达制导导弹，箔条弹幕（chaff cloud）可以欺骗雷达制导导弹吗？还是说雷达制导导弹可以追随箔条弹幕的轨迹从而轻而易举地发现目标？如果箔条弹幕可以欺骗导弹，是否可以将其发射到足够远的地方，保障舰艇安全撤离？如果箔条弹幕与舰艇距离过远，导弹是否会识别并转而攻击舰艇？现在，可以通过计算机进行作战分析，分析制导弹头的工作原理和对应的作战变量，从而得出结果。分析结果将会显示，当诱导烟雾距舰艇 Y 海里、雷达制导导弹与诱导烟雾形成 X 度夹角时，箔条弹幕成功欺骗制导导弹的概率为 Z。不论是经验丰富的舰艇指挥官还是新型导弹的专家，都不可能篡改分析结果，这样的结果客观公正，能发挥有效作用。

只有运用科技手段才能预测海战技术的发展趋势，并推动海战科技发展，海军需要作战分析手段的帮助来建设有效的海上作战力量。海军本身并不适合预测海战的发展趋势，甚至不能判断当代战术概念的正误，因为海军高级决策层不了解前沿科技的发展状况，年轻军官的战术观点还有待于科学数据的支持。军事与科技互动的必要性显而易见，当然，理想的状态是海军军官与科学家合二为一。战役层面的作战分析叫作情境分析（scenario analysis），在 1944 年首次使用，是指对在某种战役背景下所有参战兵力作战效能的分析，而非前文所述的一对一的战术对抗分析。按照战略指挥员的意图建立作战情境模型，将战略指挥员的命令转化为作战行动模型，进而分析作战结果，作战情境分析具有不可估量的战役价值。

例如，冷战时期，要从战略上阻止苏联海军通过格陵兰—冰岛—英国之间的海峡进入大西洋活动，北约需要派遣海上特混编队在该海域保持戒备，编队应包括配备弹道导弹的核潜艇、水面舰艇、拥有海上侦察机支持的航空母舰。依据双方参战兵力建立作战情境模型，根据双方武器装备状况分析交火情况，通过计算机反复计算在不同变量的情况下某个特定事件发生的数学概率，尽可能真实地模拟战斗进程，由此发现特混编队在兵力结构上存在的缺陷，从而调整编队结构，加强武器和传感器配备。不受个人观念和固有偏见的影响是作战情境分析的优势所在，美国由此改进了海军在兵力结构上许多显而易见的问题。20 世纪 60 年代初期，苏联就拥有了空对地导弹，其轰炸机和侦察机均配备了这种导弹。在这样的作战背景下，苏联侦察机如果发现北约舰艇，无需召集其他部队就可以发起即时攻击，尽管如此，美国海军直到 20 年后才开始效仿苏联海军的做法。这一事例说明，作战情境分析结果与个人观点很可能存在冲突，所有国家的海军都倾向于遵从某种固有的发展路线，直至发生某种灾难性事件或作战分析结果逼迫他们进行改变。

至此，本章提出了一系列问题，也进行了一些理论假设，并从军事战略或者大战略层面，暗示了陆军和海军已经具备的战术能力，以及在政治—军事相互作用的复杂情境中存在的能力欠缺，用一些具体事例说明了技术对战争原则的影响，强调战争原则是分析战略成败的重要工具。越南战争体现了上述所有要素的内在联系：一方凭借技术优势取得了大多数的战术胜利，却逐渐在大战略层面输掉了整场战争。技术优势显然不能保证战略目标的实现，但我们不能忘记技术优势在海湾战争中发挥的作用。那么，两场战争有什么不同？或许，如何在战略层面发挥技术优势是关键所在。

六、 两个历史案例

关于越南战争的著述数不胜数，但探讨越南民主共和国战略问题的著作却不多，其中最好的著作或许是哈里·G. 萨默尔的《论战略》（Harry G. Summers' *On Strategy*）。在书中，萨默尔运用战争原则对参战双方所采取的战略进行了评价。尽管技术落后，但越南民主共和国的将领们坚信通过持久作战可以取得最后的胜利，前提是要严格遵守战争原则。在 1965、1968、1972 年的三次进攻战役中，武元甲（Giap）将军将机动作战运用到了极致，但越南民主共和国还是在三次战役中败北，美军凭借技术优势迟滞越南民主共和国军队的机动，同时能够以更快的速度集中兵力。1975 年，越南民主共和国运用集中兵力的原则最终击败美军，越南民主共和国的战略不是全面攻击部署在各地的越南共和国军队，而是机动作战。18 天里，越南民主共和国军队机动 900 公里①，对固守阵地的越南共和国军队逐一发起攻击并击败之。此次战役中，技术优势未能确保美军阻止越南民主共和国黎笋（Le Dung）将军的快速机动。在战争后期，两军的技术差距依然巨大，但技术差距并未迫使越南民主共和国放弃战争原则，越南民主共和国获取胜利的战略恰恰是坚持了战争原则。

拥有什么样的技术，就应采取与之相适应的战略。技术因素在沙漠作战（类似海上作战）中发挥着重要影响。对伊拉克的萨达姆而言，在沙漠地带与美军展开快速机动作战显然不是高明的战略选择。在特定环境或特定范围内，一方可以利用技术优势有效运用战争原则，但技术优势并非不可战胜。要击败拥有技术优势的敌人，就需要改变游戏规则，转换作战环境，海上作战更是如此。如对德国海军来说，无论是 1914 年还是 1939 年，正面对抗英国水面舰艇兵力无疑是自杀行为，改变游戏规则的方法之一，是采用不同的技术——潜艇。但德国海军高层坚持建造更多的战列舰，希特勒也未能做出正确的战略决策，德国直到战争后期才开始重点发展潜艇兵力。如果在战争初期就决定重点发展的话，U 型潜艇的数量将会大大增多。

集中兵力、节约兵力、机动，这三条战争原则很容易受到技术因素的影响。海上技术优势意味着更快地发现敌人、更快的机动速度、更好的后勤补给、更远的武器射程以及更高的命中率，拥有技术优势的一方更容易在海战中运用以上三条战争原则。经济力量薄弱的国家如果要对抗拥有技术优势的富裕国家，就需要改变游戏规则。处于劣势的国家或海军有多种选择：转换作战海区、实施海上拒止行动、储备更多的战备物资、进行国家动员、积极创新以及不惜一切战斗到底。在越南共和国地区，越南民主共和国军队从未向美军的空中优势发起过挑战，但越南民主共和国建立了前所未有的密集防空体系，以很少的代价消耗了大量的美军空中作战能力。越南民主共和国从未考虑向第七舰队发动进攻，但却在海防港（Haiphong）附近设置了水雷场，其密集程度不禁让人联想到了第二次世界大战。因此，战略选择的大门并未向贫穷国家关闭。发达国家拥有先进的技术，与贫穷国家的兵力结构差异巨

---

① Harry G. Summers, Jr., *On Strategy*（New Dehli：Lancer Publishers, 1992）, p. 115.

大，贫穷国家绝不能采取与大国相同的战略。上述对战略、技术和战争原则的分析表明：只有采取与自身技术能力相适应的战略，才能在战争中正确运用战争原则。

以上主要探讨了防止因技术落后而输掉战争的思维逻辑，看上去篇幅过重，但对当代任何一位研究战争和战略问题的学者来说，这部分内容都必不可少。当代战争的参战双方普遍存在巨大的技术差距，一方拥有压倒性技术优势，弱势方在对方逼迫下甚至难以保证对自己军队的有效指挥，丧失了运用战争原则的手段。弱势方必须选择正确的战略，才有可能复制越南民主共和国武元甲在越战期间取得的辉煌，保留战胜优势敌人的希望。弱势方的军事能力容易受到技术优势一方的制约，因此必须在军事之外寻求帮助。我们看到，在 21 世纪的几场战争中，技术落后一方面对优势敌军的进攻，往往是一触即溃。面对超现代化的敌人，主动承认己方军队不堪一击，这种耻辱难以接受，弱势军队的统帅将极力避免这种情况。一触即溃有其自身原因，有的统帅基于各种理由认为自己的部队不会出现这样的现象。事实上，战胜优势敌人的正确方法，在于吸引科学家参与作战分析，与职业军人一起寻求获胜之道。

一个国家的战略观念很难摆脱其他国家的影响。历史上，从战术或战役角度看，某些国家获得了胜利；从政治或战略角度看，该国却输掉了战争。人们不禁会问：我们为什么进行这场战争？战争的意义何在？战争之所以未能实现全部的政治目标，其主要原因之一，在于文官们对于战争原则的无知，以及在跨过和平与战争的门槛时缺乏实施战争的方案选择。在高级职业军官持续接受战争的政治属性教育的时候，那些身居高位手握重权的官僚和政客们，却总是在不断展示他们对于战争的可怕的无知。面临战争时，许多国家曾试图建立中央决策机构，让多个部门的官员联合进行决策，但实际成效却千差万别。

印度次大陆长期以来缺乏中央战略决策机构，许多著述曾提及这个问题，并呼吁设立类似美国国家安全委员会（American National Security Council）的决策机构。20 世纪五六十年代，新德里曾经组建了内阁国防委员会（Defence Committee of the Cabinet），组织架构与美国国家安全委员会较为相似，但没有常设工作人员。20 世纪 60 年代末期，英迪拉·甘地将越来越多的权力集中在总理府，内阁国防委员会名存实亡。1971 年 12 月，第三次印巴战争爆发，战争期间，总理越过所有政府职能部门直接与陆军总参谋长沟通。14 天战争结束后，印度抓获 9 万多战俘，西部边境地区安全形势好转，攻占了东巴基斯坦，建立了孟加拉国。但停战时机不够成熟，和平协议的内容对印度极为不利，军事胜利换来的是战略性失败，应该认真加以研究。

从战略上看，印巴之间的任何战争显然难以摆脱克什米尔争端的影响。1971 年 12 月中旬，当停战协议宣布时，印度军方没有人明白为什么国家领导人决定停止战争。巴基斯坦军队节节败退，海军在卡拉奇海战中被击溃，空军受到重挫，空中已经难以见到巴军飞机的影子，战后分析表明，巴基斯坦军队的弹药储备接近枯竭。25 年之后，人们终于明白了，印度在西部区域无任何战略目标，发动战争的目的仅仅是为了占领领土，为谈判提供筹码。1972 年 6 月，印巴两国在西姆拉（Simla）展开和谈，印度参会代表的专业能力令人质疑。和谈的结果是，巴基斯坦总理阿里·布托（Ali Bhutto）成功恢复了西部边境地区的战前态势，接回了所有战俘，但在克什米尔问题上却未做出任何让步。战争结束 20 年之后，当克什米尔争端再起时，分析家才意识到之前的错误。某些与英迪拉·甘地关系密切并想方设法加入和谈代表团的人士开始承认两国之间有秘密的口头约定，这在新德里引起轩然大波，民众愤怒地进行声讨。显然，针对布托的口头约定，印度方面没有保全措施。布托声称如果和约对巴基斯坦不利的话，国内的将军会推翻他的统治，建立军人政权。印度高层在几次印巴危机中频繁展现出的战略贫乏，使人们再次呼吁建立类似美国国家安全委员会的综合战略决策机构。

20 世纪 60 年代末到 70 年代初，恰恰由于强势国家安全委员会的存在，美国经过了一个战略困难期。国家安全委员会的权力在肯尼迪和约翰逊时期被削弱，肯尼迪领导风格比较随性，约翰逊则对高级军官极不信任，他认为高级军官的思维狭隘，他们在提供战略建议时没有充分考虑政治因素。这两位总统都未能带领美国摆脱越南战争的困境，随后支持结束战争的尼克松当选美国总统。为了兑现承诺，尼克松把国家安全委员会改组为一个强力机构，并任命亨利·基辛格为国家安全事务助理，负责国家安全委员会日常运行。

回想起来，无论是民主党执政时期还是共和党执政时期，美军在越南的作战方法并无多大差别。罗伯特·麦克纳马拉（Robert McNamara）为美国国防管理做出了巨大的积极的贡献，但非常不幸的是，他早在 1962 年古巴危机时期就表现出干涉军事事务的倾向。在遭到参联会主席（其代价是权力被大大削减）的强硬阻挠后，麦克纳马拉在华盛顿对战争开始推行"事必躬亲式管理"（micromanaging）。① 整个越战时期，美国政府一直都在战争与和平之间摇摆，无法做出决策。

　　事实上，美国已跨越了战争门槛，本应遵循战争原则实施战争，但所有的原则都被忽视了，甚至没有制定明确的军事目标。在"事必躬亲式管理"过程中，麦克纳马拉最初扮演了重要角色，他认为运用武力并不代表进入战争状态，他觉得文官的思维比职业军人更加缜密，文官可以巧妙地对军队施加影响。基辛格继承了麦克纳马拉的风格，他吸收专业背景不同的军官进入国家安全委员会，通过他们将文官的意愿转化为军事命令。麦克纳马拉和基辛格都很了不起。麦克纳马拉引入系统分析法对一定层次以上的所有作战行动进行分析，总统和议员们可以清晰地看到他解决问题的方法是系统化、结构化思维的结果；基辛格进入政府之前在学术圈已有一定知名度。只有经过对作战和军事问题的多年学习研究之后，战役指挥能力才会得到提升，但麦克纳马拉和基辛格都没有正确地意识到这个问题。更大的教训在于：国家不能总是指望某个正确的机构来提升大战略或战区战略的水平。在印巴战争和越南战争中，印度和美国犯了相同的战略错误，不同之处在于：美国拥有强势的国家安全委员会，而印度缺乏类似的机构。最后，如果在战争中一方的目标是迫使对方无条件投降，那么获胜者总是会采取消耗战略，这种战略根本不需要耗费脑筋。二战末期，艾森豪威尔预先掌握了德国陆军的详细部署，他没有考虑其他的战略，而是命令在人数、火炮性能、坦克和飞机数量上占有压倒性优势的美军沿着广阔的战线全面推进。斯大林对于军事战略的理解

---

① William A. Hamilton, "The Delcine and Fall of the Joint Chiefs of Staff", in Mitchell B. Simpson, *War, Strategy and Maritime Power*（New Brunswick：Rutgers，1977），pp. 309 – 318. For an unabashed version of civilian incompetence in micro - managing military affaires, see Robert S. McNamara, *In Retrospect*（New York：Times Books，1995），pp. 162 – 205.

并不透彻，他命令苏联元帅们在东部战线采取相同行动方式，两条战线都在重复第一次世界大战的战法，只不过这次的技术水平更高而已。

七、 公众与海军预算

英国首相丘吉尔和美国总统罗斯福偶然登上了战略舞台，这类人都具有一种天赋，能够不带有色眼镜去观察战略环境。问题就摆在那儿，似乎人人都可以看到，但只有他们看到了真正的问题所在。回想起来，他们的成功似乎过于简单。陆权国家的确难以认识到海上战略的地位，因为陆地边境问题比海上问题更为直接，就像马车需要马一样，有领土就需要保卫。任何政治家都可以看到这种关系，并将自己的政治前途与国防紧密联系起来，将保卫家人生命、家庭财产安全扩展至国家层面，就形成了国土防卫观，扩展至空中就形成了领空防卫观。很显然，"我们的领空"和"他们的领空"是一个明确需要防卫的客观实体。但是在海上情况完全不同，海上战略的需求是比较深奥的，门外汉或者一般的政治家很难理解。大多数惊心动魄的海战发生在远离陆地的海上，超出了人们的视野范围，广大民众难以亲眼见证海战，海军的辉煌战果对他们来说仅仅意味着日常生活不受打扰。由于海军没有眼见为实的防卫实体，因此国家领导人很容易将海军预算置于次要地位。

为克服人们忽视海军的倾向，许多国家的海军向陆军和空军学习，试图将海上战略的防卫对象明确为某种可见的实体。《联合国海洋法公约》（United Nations Charter on the Law of the Seas）签署后，专属经济区成为一个有用的概念，专属经济区迫切需要海军的保卫。海岸线也需要保卫，海岸线长的国家当然需要更为强大的海军。这样的观念也许在某个时期能够得到一部分人的理解，不幸的是，经过多年的重复之后，一些海军也开始相信这种观念。包括海洋国家在内，只有极少数几个国家拥有充满活力的、真正的海上战略。美国海军前部长约翰·莱曼（John Lehman）克服了重重阻力，才在 1986 年发布了第一个海上战略。对于拥有海岸线的陆地国家来说，定义海上战略的确是项艰巨的任务。19 世纪，菲利普·科洛姆和马汉两人成功对海上战略进行了定义。科洛姆开始撰写《海战》（*Naval Warfare*）的时间更早一点，但马汉率先完成了他的巨著《海权对历史的影响》，于是科洛姆的《海战》被马汉的著作掩盖了光芒。在 100 年后的今天来看，尽管两本著作创作的海战背景相同，但科洛姆更好地回答了"控制海洋以后干什么"的问题[1]，他认为控制海洋或获得制海权并不会自动引发陆上战局发生大的变化，如果不从海上向陆地发起军事行动的话，获取制海权甚至不会对陆上事件产生有意义的影响。获得制海权后，科洛姆建议占领海岸地区敌人的一些要塞。有意思的是，美国最新版的海上战略"……从海上"更接近科洛姆的观点，而不是马汉的观点。

八、 海上战略的层次划分

海上战略对总体战争有何影响？许多著作都非常关注舰队的运用，然而在飞机和潜艇发明之后，马汉的舰队决战理论已不合时宜。舰队决战的胜败不再具有决定性意义了，因为飞机和潜艇可以继续海上战争。1916 年的日德兰海战对德国潜艇的进攻作战影响甚微，或者毫无影响，但是德国战列舰队运用潜艇实施侦察，却可能削弱了潜艇的进攻作战力量。如果说潜艇的进攻作战是海军对总体战争的政治目标产生最直接影响的手段的话，日德兰海战或许仅仅在战役层次对北海的战局发展产生了影响。同理，历史上最大的海战——莱特湾海战（Battle of Leyte Gulf）——仅仅对收复菲律宾的战役成败产生影响。如果海战失败，莱特湾登陆也因此失败，收复菲律宾的行动不过

---

[1] Pillip Colom，*Naval Warfare：Its Ruling Principles and Practice Historically Treated*（Annapolis：Naval Institute Press，1990），pp. 210－240.

是推迟而已。如果菲律宾战役的推迟能够全面改变日本命运的话，才能认为莱特湾海战在战略上具有决定性意义。然而事实并非如此，所以莱特湾海战仅仅是在战役层次具有重要意义的一场海战。

海战是动态的，僵化地对海上战略进行层次划分并非明智之举。但是，把舰队级的行动划入战役层次通常是正确的。定义海军战略层次的行动，必须要考虑海上战略由哪些要素构成。对于仅在单一战区实施陆海空三军联合作战的国家来说，定义海上战略相对比较简单，即海上战略是对海军的整体运用。如果海军必须分散部署，参加不同地理空间的战斗行动，就意味着战争在不同的战区进行。那么，海军在某个战区的运用也可能需要一个海上战略。

这里的关键词是"可能"（could）。毕竟，只有当海军兵力在战略层次得到了正确运用，才能认为这个国家具有了海上战略。单纯的海军运用不能代表海上战略。本书的主要论点则是：那些卷入本质上为大陆性战争的国家，通常都缺乏海上战略。尽管海军的基本作战单元在运用中已经具备了较高水平的战术能力，但他们仍然缺乏战略性思维。问题也就自然而然地出现了，衡量一个海上战略是不是真正战略的标准是否存在？马汉因其《海军战略》完全混淆了海军战略与海军战术而受人诟病，普通人更难以辨别二者的区别。[1] 为了更好地理解国家的海上战略目标，我们必须像科贝特一样追溯普鲁士时期的陆上战略。

科贝特认为，在读懂他最重要的著作《海上战略的若干原则》（*Some Principles of Maritime Strategy*）之前，读者首先要理解战略术语及其定义。相关内容可在《绿色手册》（Green Pamphlet）中看到，它是皇家海军军官在战争课程中的学习资料[2]。克劳塞维茨有句名言：战争是某种形式的政治互动。科贝特据此将战略划分为大战略和小战略（major and minor strategies）。为了实现战略目标，科贝特认为，"从广义来看，大战略对国家全部的战争资源进

---

[1] Robert Seager, *Alfred Thayer Mahan: The Man and His Letters* (Annapolis: Naval Institute Press, 1977.), p. 550.

[2] Julia S. Corbett, *Strategic Terms and Definitions Used in Lectures on Naval History* (London, 1906), pp. 1 - 19 (publisher unkownn; source, National Maritime Museum).

行配置……陆军、海军都是军队的组成部分"。科贝特的观点已得到普遍认可，因此，可以得出这样的结论：衡量海上战略是否成立的标准，是它必须对国家战略目标产生影响。然而，我们在此遇到了很大的阻力，因为人类社会的种种矛盾主要存在于陆地之上。

海上战争有可能升级为以大陆性战争为主体的总体战争。海军将领面临的挑战则是，大陆性战争是否会扩大到广阔的海洋？在科贝特所谓的陆海联合作战背景下，海军是否能发挥自身的战略作用？

下一章，我们将分析有关大陆性战争中海上战略主要难题的相关著作。

第二章

大陆性战争中海上战略的相关著作

只有亲历过战争的军人，才能深切体会到自己肩头责任的重大。没有实战经历的指挥官，哪怕看再多的书也无法跨过那道从经验到理论的无形界线。海军将领有时应该与战略家们一起探讨海战问题，战略家们擅长将从历史中汲取的经验教训融入当前的海上战略中来。海军将领在制定海上战略时面临的形势，可能会被用来与过去相同或类似的情境进行比较，这样做可以保证在特定情境下采取的军事行动得到历史依据的支撑，并符合海上战略的相关原则。这也是为什么要提倡规划与分析的主要原因。另外，每一种分析工具，无论是简单的逻辑推理，还是定量分析，都可以用来解决战略和战术问题，以免重蹈历史覆辙。前人已经在这条路上进行了探索，我们相信在思考当前面临的问题时，应当有充分的经验可供借鉴。因此，海上战略能够帮助海军参谋人员在筹划兵力部署时，使他们的计划得到某个已通过检验或已被接受的思想流派的支持。

伟大的海权理论家们对在大陆性战争中海军运用的问题，究竟持有什么样的观点呢？这是本章的核心内容，也只有逐步深入分析才能找到答案。对过去海军将领们制定海上战略产生影响的众多因素中，哪些得到了海权理论家们的普遍认可呢？许多学者为此付出了艰苦的努力，有职业军官，也有学者，从马汉、科贝特、戈尔什科夫和理查德·希尔（Richard Hill）少将的著作开始，有助于本章主题的探讨。海上战略是一个国家为确保核心利益安全而制定的整体军事战略的组成部分，海军力量在战时和平时的运用只是海上战略的一部分。本书首要关注的是本国海军的运用问题，以及当外交或盟军力量有助于加强本国海军运用时的相关领域问题。

一、 马汉①

对大多数军官来说，很奇怪的是：关于军事战略的著作早在公元前就出现了，但那些可以被称为海上战略家们的权威著作直到 1890 年才出现。马汉对此现象也无法给出一个合理的解释。在谈到后来时代的发展时，马汉认为机械动力的出现使海军摆脱了对风力的依赖，增强了海军的远征能力。海军平时的作用被认为和战时的作用同等重要，因为海军具有对他国施加影响和占领无主土地的能力，从而使得海军在战争中具有战术优势②。

只有充分认识到马汉之前的那些军事理论家们对于海洋重要性的认识有多么匮乏，才能更加深刻地理解马汉著作出版之后对于世界产生的革命性影响。《海权对历史的影响》在一些军事实践领域掀起一股狂潮，而此前这些领域并不存在③。海上思想和海军历史曾经一度被漠视，在马汉之后，夺取海上战争的胜利突然成为压倒一切的大事。马汉提出的一些观点产生了广泛影响。一些战略家认为，对于世界海洋的控制，必然赋予一国海军控制沿海岸军事行动的能力。在后来一些理论家的影响之下，"控制"沿岸事务的能力被修正为"影响"沿岸事务的能力，最初的困惑由于对"海上战争"的错误理解而进一步加深。马汉在其第一部著作中，把关注的焦点仅仅放在了他自认为是

---

① 译者注：阿尔弗雷德·塞耶·马汉（1840—1912），19 世纪末 20 世纪初美国著名的海军理论家和历史学家，海权理论的创始人，曾两度担任美国海军战争学院院长。在 1890—1905 年间相继完成并出版了《海权对历史的影响 1660—1783》《海权对法国革命和法兰西帝国的影响 1793—1812》《海权与 1812 年战争的联系》，被称为"海权论"三部曲。美国总统西奥多·罗斯福称他是"美国生活中最伟大、最有影响的人物之一"，美国史学界称他"是带领美国海军进入 20 世纪的有先见之明的天才"。

② 马汉称自己并不是第一个对海上战略和海权影响进行研究的人，他强调在研究过程中参考了很多前人的著作，比如邦菲尔的《法国海军史》、约米尼的《战争艺术概要》，以及在英国联合部队学院进修时学过的一些课程。

③ A. T. Mahan, *The Influence of Sea Power upon History*（Boston：Little Brown and Co.，1890）. 本章这一部分主要参考马汉著作《海权对历史的影响》。有关战争中陆上与海上部分的详细论述可进一步参见 1993 年美国出版的《军事历史百科全书》，第 597—745 页。

"海上战争"的战争上。不巧的是，海军国家参加的战争并不都是海上战争，单纯由海军国家参加的战争并不代表战争具有海上特点，也不是自然而然地意味着，进行这种战争都应当遵守从海上战争中总结出来的原则。正确的理解应当是，一支海军，或者海军领导层，在和平时期就能够进行兵力建设、制定内部战略、开展军事训练等，也就是说，由这类国家实施的任何一场战争才会成为海上战争。这需要最高决策层对海军政策多年保持稳定达成一致性意见，需要武装力量最高机构之间协调配合，需要政府通过外交和其他手段将战争性质转变为海上战争，从而允许运用海上力量实现总体战争目标。

正如我们所见，马汉在著作中引用的战例都是"海上战争"，之所以这样，是因为英国作为这些战争的主要参战方，是一个海权国家，实际上是当时最强大的海权国家。英国没有利用本土与欧洲大陆相隔离的地缘特点而采取孤立主义政策，它原本可以只利用海军对欧洲事务进行干涉，并且最终把战争都转变为单纯的海上战争。事实上，英国采取了干涉主义政策，密切注视着欧洲的均衡是否会被打破。为了确保欧洲均势，英国随时准备在强大海军的支援下，派遣陆上部队进军欧洲大陆。在这些战争中，海上作战行动都被记录下来，但只有同时把战争中的陆上作战行动也记录下来，才能够对海上战略进行全面分析，读者也才能够对究竟是海战还是陆战决定了战争胜负的问题做出客观的判断。

马汉的著作《海权对历史的影响》共有13章，记录了11场战争，并分析了海权对这些战争结果的影响。其中有3章分析了导致美国革命的海上战争，美国革命的过程，以及由美国革命引发的在欧洲爆发的战争。对这11场战争进行细化研究，可以发现其中有8场战争以纯粹的海上战争为开端，这其中又有6场战争以海上战争为终止，而另外2场战争升级为大陆性战争，海上战争成为整个战争的重要组成部分。2场升级为大陆性战争的是奥地利王位继承战争（Austrian Succession）和七年战争（Seven Years War）；那6场始终都是海上战争的分别为：英国—荷兰战争、波兰王位继承战争、围绕美国独立战争爆发的海上战争、英法西印度群岛战争、英法印度半岛战争和1778年海上战争。这6场战争大大提升了海上战略的地位，充分验证了马汉提出的海军战略原则。在其余的3场战争中，有2场以陆战开始，战争中进行的几场小规模海战几乎对战争结果没有任何影响。这2场战争是奥格斯堡同盟战争（League of Augsburg）和西班牙王位继承战争（Spanish Succession）。而最后一场战争是英国和法国围绕美国独立战争而进行的，主要是陆上战争，开端和终止也都是如此。

要评估海上战略及相关原则能否充分反映大陆性战争的本质，或证明马汉有关上述战争的胜负受到海上战争影响的结论是否正确，有必要换个视角再次对其进行深入分析。以西班牙王位继承战争（1701—1714）为例，英国与荷兰都拒绝由法国国王来继承西班牙王位，因为这将导致法国能够统治法国、西班牙以及西班牙的属地比利时、那不勒斯、意大利南部、可西亚和古巴。英国与荷兰建议将西班牙王国进行分割，其中一部分归属奥地利哈布斯堡王朝统治。英国派遣了一支50000人的陆军，由才华横溢的马尔伯勒公爵（Duke of Marlborough）率领参加这场大陆战争，以支持上述计划。

在西班牙王位继承战争中，第一次决定性战役于1704年在布莱尼姆（Blenheim）爆发，英德联军在马尔伯勒公爵的带领下，击败了法国和巴伐利亚联军。陆上战争分别在两个战场展开，一个是意大利，另一个是西班牙。无论哪个战场，双方的鏖战都持续了十年，互有胜负。到1708年底，过度扩张的法国开始慢慢呈现崩溃之势，于是提出了优厚的议和条件，但遭到了英国的拒绝。到1710年，荷兰因难以为继而退出战争；随后英国女王的去世导致英国也退出了这场战争。原本已经处于弱势的法国，却在突然之间实现了政治目标，战争的结果是波旁王朝继承了西班牙王位。

在这场战争中，英国海军的行动证明了，一支海军可能会对参加战争所要达到的政治目标不知所以然，他们之所以会与敌方舰队进行无关紧要的战斗，仅仅是因为敌人出现在那里。在漫长的十年战争过程中，法国之所以能够维持战争的巨额开支，是因为西班牙一直能够从美洲源源不断地获得财富输入，战争结束时这些殖民地仍然属于西班牙。战争结束进程的加快，在很大程度上是由于交战双方的财力均已耗尽，而双方舰队对敌方与海外殖民地之间海上交通线的破坏作用并不明显。总的来看，双方战争实力的消长主要是在陆上。因此，尽管海军在长达十年的战争过程中可以通过封锁行动对陆上战争施加影响，但实际上舰队对于战争结局的影响并不大。这场战争充分证明了敌对双方的海军如果没有找准自身在大陆性战争中的准确定位，将会产生何种影响。

　　另外两场战争——奥格斯堡同盟战争①和美法联盟抗英战争也提供了相似的例子。在奥格斯堡同盟战争中，发生了两场著名的海上战役：比奇角海战和拉乌格海战（Beachy Head and La Hougue），其间也发生了跨海输送兵力的作战行动，对英国国内政局产生了决定性影响。荷兰的威廉亲王②入主英格兰，夺得王位并随后登陆爱尔兰，这个史例实际上充分证明了海军在实现政治目标过程中的作用。比奇角海战③的主要目的是夺取这一区域的制海权，与此同时，英荷两国海军也参与了在爱尔兰进行的陆上战争，能够获得比奇角海域的制海权对于陆上战争的成败将会产生重要影响。同样，在拉乌格海战④中，法国海军上将图尔维尔（Comte de Tourville）率领舰队试图入侵英国海岸南部，舰队在与占据明显优势的英荷联合舰队的战斗中败北，导致法国全面撤退。法国海军有 15 艘战舰因受到猛烈潮汐的影响而在英国奥尔德尼岛（Alderney）海岸搁浅。由于这两场海战的影响，战争又持续了五年。战争期间，法国被全欧洲国家联合围堵，最终导致经济上全面崩溃。

　　马汉把海军在这场战争中的作用，总结为对敌国海岸进行攻击（不具战略价值）、运用兵力占领敌方领土（战略上的成功），以及保护海上贸易三个方面。在保护海上贸易方面，交战双方海军都做得不好，没有使本国海上贸易免遭私掠船的攻击。在利用私掠船攻击敌国海上贸易方面，法国的金·巴特（Jean Bart）上校成绩显著。马汉认为，私掠船的攻击导致国家财富损失，

---

　　① 译者注：奥格斯堡同盟战争，发生于 1688—1697 年，因此又叫九年战争。这场战争是因为法王路易十四在欧洲进行大规模扩张，遭到荷兰和神圣罗马帝国哈不斯堡王朝、瑞典等国结成同盟的联合对抗。英国光荣革命后，入主英国的荷兰执政威廉三世成为英国国王，英国也随即加入反法同盟。

　　② 译者注：1688 年 11 月，英国爆发光荣革命。詹姆斯二世的女婿，荷兰奥兰治的威廉亲王在英国登陆，詹姆斯二世逃亡英国，威廉亲王成为新任国王，称为威廉三世。

　　③ 译者注：比奇角海战是奥格斯堡同盟战争期间的一次重要海战。1690 年 7 月 10 日，在英吉利比奇角海峡，图尔维尔指挥法国舰队向英荷舰队展开猛烈攻击，英荷舰队损失惨重，图尔维尔为法国夺得了对英吉利海峡一个多月的制海权。由于战前法国并没有进攻英国本土的充分准备，因此尽管取得了比奇角海战的胜利，但法国并没有对英伦三岛发动进攻，也没有切断爱尔兰航线，给英荷联合舰队留下了喘息的机会。同年 3 月中旬，英荷联合舰队全军集结于英吉利海峡，宣告重夺制海权。

　　④ 译者注：拉乌格海战，发生于 1962 年 5 月 29 日—6 月 4 日，这场海战是奥格斯堡同盟战争中具有决定性意义的一场战役。在法国瑟堡半岛一带海域，英荷联合舰队打败法国海军，挫败了法国对英国本土入侵的企图，取得制海权优势。

对陆上战争的结果产生了很大影响。即使确实存在这种情况，马汉的观点也是需要推敲的。因为交战双方抓获对方贸易商船的数量几乎相等，双方舰队也都参与了劫掠敌方商船的行动，但却没有评估此类行动对于陆上战争胜负产生的影响。这场战争的主战场在西欧腹地，延伸至西班牙、比利时、德国和意大利。马汉认为，像法国这样的大国，在受到欧洲大陆主要国家威胁时，应该像英国那样把战略目光投向海外殖民地，以获取更多的财富和资源，弥补其在陆上的劣势。这一观点无可争议，但是英国海军舰队在这场战争中的优势却令人怀疑。英国当时被荷兰人成功入侵，英国舰队与法国主力舰队进行了两场各有胜负的海战，英国的商船在金·巴特带领的法国私掠船的攻击下遭受重大损失，护航舰队也受到图尔维尔带领的法国舰队的攻击，损失舰船约 100 艘。在这种情况下，很难让人相信英国舰队的行动是为了达成更高层次的政治目标，或者成功地实现了自己既定的有限的海上目标。因此，除了前面提到的两场海战以外，很少有证据能够证明英国是为更高层次的政治目标而战，或者是与陆军进行战略配合。当然，如果法国海军运用得当的话，可能会使法国在战争中坚持的时间更长一些，并让英国更早一点出局，但是英国舰队在战争中的表现无法使我们得出任何关于海上战略的永久结论。

马汉通过对成功将领们的行动进行分析，寻找其成功背后的原因。他认为，某一行动正确与否，必须置于特定的条件下才能认定，因此他并没有试图总结出任何原创性概念，只是针对当前某一问题为读者提供了历史上曾经出现过的解决方案。马汉关于海上战争、海权构成要素以及如何运用海军实现国家目标方面的阐述，无人能出其右，但是在马汉的著作中，却没有对如何在大陆性战争中使用海军的问题进行分析。前面谈及的海军在大陆边缘进行作战的 3 个战例，充分表明在那个时代的海军将领们也没有考虑过这一问题。马汉认为英国海军的所有行动在战略上的正确性是无可置疑的，如果我们同意马汉所说的"海军是实现国家目标的工具"这一永恒原则的话，那么海上战略对国家战争的最后结果应该能够产生显而易见的影响。但是通览马汉所引用的战例可以发现，海上战略与政治目标之间的关联并没有像马汉宣称的那样显而易见。

事实上，马汉在他第一部著作《海权对历史的影响》中对这一问题也进行了论述。马汉是第一个清楚地认识到海上力量的运用必须持续一段时间才能够对陆上战争产生影响的人。他还认为，在持续的冲突中，通过连续运用海上力量来击垮敌人的作用并不容易被人发觉，所以必须重点对外宣讲海权的作用，以使更多的人意识到海权的重要性。然而，我们怀疑马汉所说的这些战略要求是否能够被当时的那些海军将领所理解。问题依然存在：某场大陆性战争是否会持续足够长的时间，以待海权的作用显现？如果不能，那么又该如何运用海权呢？当参战国一方拥有殖民地、海外利益或领土时，答案是明显的。"但如果战争是在两个相邻的陆上国家爆发，什么才是决定性因素呢？"马汉给出的答案是："当两个国家是为了遥远地区的控制权展开争夺，而他们在政治上又很虚弱时，不论是正在衰落的帝国还是失去秩序的共和国……最终的结果由海军力量决定，由组织有序的海上远征兵力决定。"

如果参战的大陆性国家双方都没有"遥远地区"需要争夺呢？那么，如何进行一场海上战争，如何进行海军兵力结构的规划，以及如何将海战场与陆战场进行协调配合，所有这些问题必须通过一个统一的战略来解决，历史上似乎还没有这样的先例。在这种情况下，海军将领们的确表现得不太友好，他们不愿把指挥的经验与学者们分享，他们熟练地回避了这个问题。

二、 科贝特[①]

大多数战略分析家倾向于将科贝特的海上战略理论放在马汉海权论的对立面进行比较。其实这对马汉并不公平，因为他是第一个研究海权理论的人。

---

① 译者注：朱利安·斯泰福德·科贝特（1854—1922），英国军事理论家，也是广大历史学家所公认的英国最伟大的海洋战略家。科贝特一生著述颇丰，1911年出版的《海上战略的若干原则》是其代表作。一战前以马汉海权论为代表的海军攻势主义理论在西方军事理论界占据主流，科贝特却根据海洋国家的基本特点，创造性地提出以有限战争为代表的慎战理论。这一理论既可以与大陆战争学派相抗衡，又与马汉的海权论有所区别，体现出其所具备的敏锐的战略眼光和敢于挑战传统、正视非议的胆略和勇气。

马汉一定会愤愤不平，因为在马汉之前还没有人对海上战略进行研究，是马汉在 1890 年发表了相关著作，阐述了自文明诞生之时起海权对于历史的影响就已经显而易见了。科贝特的著作之所以经常被拿来与马汉的著作进行比较，是因为科贝特提出他的改进观点时，通常是以马汉的观点作为基准点。其中一点重要的改进是，科贝特认为应制定陆海均衡的战争策略，尽管海洋在其中发挥主要作用，但战争的最终决定因素一定是，也只能是陆军①。科贝特从不同视角对七年战争②进行了重新诠释。马汉则认为七年战争是始于海上战争，终于大陆性战争。科贝特并不否认海军的作用，但马汉关于海军是有关战争胜负决定性力量的观点，高估了海军在战争中的作用③。科贝特的最大贡献在于战略分析，他指出，英国首相皮特诱导法国对英国本土实施攻击，由此迫使法国舰队与强大的英国海军交战，海战的结果是灾难性的。除此之外，陆军还被调往法国西海岸去执行注定要失败的登陆作战任务。从这个意义上说，科贝特是试图为海权国家在面对与大陆性强国的战争时，提供可行性战略的第一人④。在这个前提之下，科贝特在后续的理论中围绕大陆性战争中的海上战略展开研究。他纠正了一些海权思想家的观点，他们在马汉著作的影响下把海权描述成了目标本身。科贝特认为，海权的重要性在于它影响历史进程的能力，这种能力只有在足以对大陆性战争的进程产生影响时才具有实际意义，海权本身无法影响历史的发展⑤。

科贝特还强调，虽然未必奏效，但对敌海岸部队进行突袭仍然是把敌军兵力从陆上主要战场调动过来的重要手段。海上战略如何在陆上战争中发挥直接作用，科贝特是第一个对此问题进行严肃思考的海上战略家。历史已经证明，马汉的海权论受到约米尼军事理论的影响较深，而科贝特的理论则吸

---

① J. Corbett, *Theory of War*, *Some Principles of Maritime Strategy* (London: Brasseys, 1988), p. 16.

② 七年战争：发生在 1754—1763 年，而主要冲突则集中于 1756—1763 年。这场战争由欧洲列强之间的对抗所驱动，当时欧洲的主要强国均参与了这场战争，战场范围遍及欧洲、北美、中美洲、西非海岸、印度以及菲律宾，最终英国和普鲁士为首的阵营战胜了法国、奥地利和俄罗斯为首的阵营。

③ J. Corbett, *Some Principles of Maritime Strategy*, "Theory of the Means" (London: Brasseys, 1988), pp. 115–118.

④ J. Corbett, *Some Principles of Maritime Strategy*, "Theory of the Naval War" (London: Brasseys, 1988), p. 98.

⑤ J. Corbett, *Theory of War* (London: Brasseys, 1988), p. 17.

取了著名军事理论家克劳塞维茨的思想精髓——即使克劳塞维茨在其著作《战争论》中并没有就如何进行海战展开详细论述。[1]

下面将用科贝特的海上战略理论，与二战中一些军事行动进行有趣的对比。敦刻尔克大撤退曾引起海军军官和海军理论家的广泛争议：海军军官认为应该把派往敦刻尔克（Dunkirk）保障英军撤离的海运力量，用来运输增援部队；而海军理论家的观点则恰恰相反，他们认为敦刻尔克大撤退是二战中英国政府做出的最明智的决定。因为此后德国将被迫开始进行海上作战，从而避免英国军队在一场久拖不决的陆上战争中牺牲更多士兵的生命。如果这确实是一个战略的话，那么当德国人随后进入北非作战时，这个战略的高明之处就愈加熠熠生辉了。德军开赴北非战场时并没有明确的政治目标，在英国海上力量的影响之下，战争以德军的决定性失败而告终。至此，一些在盟军遭受挪威溃败之后对海军持否定态度的怀疑论者开始恢复信心，相信海军在这场反法西斯战争中仍然有用武之地。现在已经很难找到原始文件来证明，盟军在北非战场的胜利事实上是运用精心设计的海上战略的结果，但历史已经充分说明，一旦当陆权强国被迫到海外作战时，就随之埋下了失败的种子。也许北非的冒险只是英国首相丘吉尔的个人意见，因为之前在加利波利战役中运用海军力量也是他的杰作。[2]

科贝特认为，如果战争的主战场在陆上，或者说陆上大国没有在海外作战的需要，或者没有"海外利益"需要维护，就无须制定海上战略。当科贝特的《海上战略的若干原则》出版之时，一些大陆性战争已经发生，而在这些战争中海军并没有发挥任何作用。因为科贝特没有在书中记载这些战争，因此很难对当时战争的真实情况进行分析。比如，如果一个人在1902年写书的话，就不能忽略1814年普鲁士在战争中大败法国，普鲁士军队甚至攻到了巴黎。20世纪初的陆上或海上战略理论家无不对以下事实感到震惊：普鲁士

---

① J. Corbett, *Theory of War* (London: Brasseys, 1988), pp. 27 - 29.

② 译者注：1915年的达达尼尔远征是科贝特海陆联合作战构想的一次实践。第一次世界大战开始后不久，西线战局陷入僵持阶段。为打开局面，时任海军大臣温斯顿·丘吉尔派海军远征达达尼尔海峡，但最终英法联合舰队损失惨重，被迫返航爱琴海。达达尼尔远征失败后，丘吉尔被调离内阁。科贝特的海洋战略观因此遭受极大非议。

没有海军，而法国却拥有一支规模巨大的海军力量，难道法国海军眼见自己国家被侵略却无动于衷？还是由于外交失误而导致海军没有部署在能够发挥作用的海域？这些问题，目前还难以回答，留待下面讨论。

三、 戈尔什科夫^①

《国家海上威力》是一本需要深入阅读的书，因为这本书出版于苏联政治改革之前，在那个年代，即使像戈尔什科夫这样位高权重的人物也必须谨言慎行。如果读者清楚这个历史背景，那么书中的一些观点就比较好理解了。在该书的前几章里，戈尔什科夫回顾了俄国在历史上因为不重视海军而遭受欺凌的屈辱历史，实际上表达了这位苏联元帅对曾经的沙俄统治者的一种暗中批评。但这种观点难以令人信服，因为在俄国历史上有很多例子可以证明，即使拥有海军也没能有效地保护国家安全。从这一历史事实中寻求俄海军没有充分发挥维护国家安全作用的原因，也许会揭开所有谜团，但戈尔什科夫因为怕遭受苏联克里姆林宫的政治迫害而没有对其进行深入分析。^②

在对马汉著作中欧洲国家海上历史发展过程进行描述时，戈尔什科夫指出，大部分欧洲国家的海上历史发展表明，这些封建国家运用海军的目的主要是获取财富，因此并没有明确的战略可言。与马汉的著作相比，戈尔什科夫在书中对殖民主义和资本主义的增长过程进行了更为详细的陈述，充分肯定了海军在这些国家开辟海外殖民地和保护海上交通线过程中的重要作用。

---

① 谢尔盖·格奥尔基耶维奇·戈尔什科夫（1910—1988），1956年1月起担任苏联国防部副部长兼海军总司令。戈尔什科夫担任苏联海军总司令长达近30年之久，把苏联海军从一支近海防御力量发展成为能执行各种作战任务的"远洋导弹核海军"，被称为"苏联海军之父"。戈尔什科夫还是一位颇有建树的军事理论家和战略思想家，著有《战争年代与和平时期的海军》《国家海上威力》等著作，第一次对苏联海上力量的整体定位和发展战略进行科学而全面的阐述。西方海军界称戈尔什科夫为"红色马汉"。

② 见戈尔什科夫《国家海上威力》（1979年出版）。为避免遭受政治迫害，戈尔什科夫在书中只是比较隐晦地提到苏联未来战争中海军可能发挥的重要作用。

之所以要仔细阅读这一部分，主要目的在于要分析俄罗斯作为一个陆上大国，是否意识到海权对于赢得大陆性战争的重要性。戈尔什科夫用非常自豪的语气对 17 世纪末沙俄海军的功绩进行了赞扬，但在书中却几乎找不到事实来证明那一时期沙俄海军舰队在大陆性战争中发挥过重要作用。他只是在谈到特拉法尔加海战的时候相对清晰地指出，这场海战并没有像英国对外宣称的那样取得了政治上的巨大胜利，事实是在打击法国战略重心的过程中，苏沃洛夫（Suvorov）和库图佐夫（Kutuzov）做出的贡献要比英国舰队更大。没有人对此有异议，但这究竟是针对大陆性战争确立的海上战略原则呢，还是炽热的爱国主义情感的表达？①

在 1710—1906 年间，沙皇俄国总共进行了 6 场战争，其中 3 次俄瑞（典）战争、2 次俄土（耳其）战争和 1 次日（本）俄战争。所有这些战争都有一个共同的更高层次的政治目标，那就是获得出海口，这是一个单纯的海上目标。正因为如此，这些战争对于研究大陆性战争中的海上战略具有重要意义。一个大陆性国家为获得出海口这样的海上目标而不断发动战争，必须要对其进行详细分析，但是戈尔什科夫在书中对这些战争的分析不能令人满意，甚至让人失望，因为他并没有从这些战争的成功或失败之中，获得有关海上战略的经验或教训。②

三次俄瑞战争分别爆发于 1719 年、1741 年和 1787 年，两国舰队在海上的行动规模比同一时期在大西洋上爆发的其他海战的规模都要大。沙皇俄国取得了 3 次俄瑞战争的胜利，夺取了波罗的海出海口，取代瑞典成为波罗的海的主导性国家。俄瑞战争同时在陆上与海上两线展开，但戈尔什科夫明显把战争的最后胜利更多地归功于年轻的海军。戈尔什科夫对于俄土战争的观点与大部分公开出版的著作都不相同。在戈尔什科夫看来，由于《军事历史百科全书》（*The Encyclopedia of Military History*）过于生动地描绘了土耳其在

---

① 参见《国家海上威力》，第 2—4 页。戈尔什科夫详细阐述了帝国主义和殖民主义政策及对西方国家海军发展产生的影响。

② 戈尔什科夫有关上述战争的观点，参见《国家海上威力》第 59—91 页。与彼得大帝相比，戈尔什科夫对于陆上与海上作战的作用进行了客观比较，二者之间观点的异同参见《俄罗斯历史》（剑桥出版社 1969 年出版），第 242—300 页。

第一次俄土战争中取得的胜利,"此次战争将俄罗斯进一步从黑海沿岸驱离,只有亚速海还属于俄罗斯,但也被解除了武装",从而凸显了俄罗斯舰队存在的弱点。书中后来的论述也没有针对这个问题得出明确的经验或教训:在与陆上邻国作战时,如何运用海军支援陆上作战,或者实现海上目标。到第二次俄土战争时,形势发生了反转:沙皇俄国海军控制了黑海北岸,俄军攻入土耳其境内并推进到君士坦丁堡城下,这时英国派遣一支分舰队进入黑海,在英国的干涉压力之下,俄国不得不与土耳其达成了停战协议。这场俄土战争使得俄罗斯重获黑海出海口,沙俄海军本来可以对这场战争施加更大的影响,但实际上却没有,戈尔什科夫也没有解释背后的原因,也许是因为彼得大帝去世后,沙俄海军的发展失去了拥护者和支持者。但我们可以肯定的是,戈尔什科夫并没有从上述这些获得出海口的陆上战争中得出有用的经验教训,也没有提出任何专门的战略,给在俄土战争同期爆发的其他有限海军行动以灵感。对于沙俄时期海军低迷状态的拷问,无论是领导力的不足,还是战略的缺乏,都归结于当时俄国的独裁统治,因此从中得出的教训更多落在了社会制度上,而不是战略问题上。

长期以来,陆军最终决定战争结束的方式,这被认为是无可争议的信条。但如果认为陆上事务是战争爆发和战争结局的主导因素,则是对这一信条的误解。这是一个没有充分证据支撑的观点,经常导致兵力在空间和时间上的错误运用。应当承认这些情况很少出现,但就俄罗斯而言,这种情况却经常出现,因为它地理位置非常特殊,出海口都在其他国家的控制之下。这种地理条件要求俄罗斯至少要能够控制海峡或咽喉要道的一边,以确保对海洋的使用不受阻碍。尽管陆军在获得陆上控制权方面具有无可争辩的决定性优势,但是如果这场战争最初是在海上展开,那么战争目标的最终实现也要受到海上战场的影响。在这种情况下,整体军事战略中的陆上与海上部分将以完全不同的类型呈现,陆军将不得不考虑陆上战略的规划与执行,应如何服务于整个海上目标的实现。

其实戈尔什科夫本来可以列举出更多陆上战争失败的例子,来证明海军的重要性。沙皇俄国时期人们对于海洋的认识还处在懵懂阶段。沙俄的对外战争,特别是对土耳其的战争,都是通过在陆上将敌方边界"顶回去"而

"获得"或"恢复"领土。戈尔什科夫其实没有必要对沙俄时期舰队差强人意的战斗力做辩解，因为那个时期的海军在作战中不能充分发挥作用是司空见惯之事。

因此，人们很想知道在第二次世界大战或者卫国战争（Great Patriotic war）中，重生的苏联海军能否在这场宏大的大陆性战争中为海军战略思想的形成发挥一定作用。根据戈尔什科夫统计，在1937—1941年期间，苏联海军水面舰艇吨位增长了107718吨，潜艇吨位增长了50835吨，[①] 海军航空兵的飞机数量增加了39%。鉴于与德国的战争已经箭在弦上，苏联将如何部署和运用这样一支规模庞大的海军力量呢？在戈尔什科夫看来，苏联海军的主要任务是实施战略防御，要实现这一目标，需要将舰艇兵力部署在水雷区以及海岸炮台等固定设施周边。苏联海军需要同时抗击敌方的海军与陆军[②]。戈尔什科夫的海军战略运用思想试图去解决苏联海军可能面临的最棘手问题——如何在一场大陆性战争中发挥作用。通过详读戈尔什科夫俄文版的《国家海上威力》，我们对戈尔什科夫海军战略理论的主要内容，及其优点与缺点有了深入了解，可概括如下：

苏军所有军种都应该集中力量在海岸地区展开联合作战。他也许没说太清楚，但关于海岸侧翼地区联合作战确实是苏联军事学说做出的贡献。

舰队也需在海上实施独立的作战行动。尽管苏联海军没有航母，但舰队的总体结构还算均衡，并不是所有的舰艇都用来执行对岸攻击或支援任务，部分舰艇还担负着远洋作战任务。

战争爆发之初，苏联海军采用了新的作战模式，或称为作战艺术，该模式都已经被指挥官和参谋人员多次运用过——舰队将在主要的海岸侧翼实施支援行动。

舰队要成功地完成任务，主要通过两种方式：一种是通过不同类型的舰艇实施"合同"攻击；另一种是舰艇实施前沿部署，与水雷、岸炮以及海军航空兵一起，协同进行"阵地战"（positional warfare）。

---

① 令人不可理解的是，尽管第一次世界大战期间，与土耳其海军相比，沙皇俄国海军的实力占优，但在黑海作战中却失败了，戈尔什科夫对此避而不谈。

② S. G. Gorschkor, *Seapower of the State*（Oxford Pergamon Press, 1979），p. 139.

舰队高度重视组织水面舰艇、鱼雷艇、飞机和潜艇对敌水面舰艇群实施"合同"打击，防止敌人对我在通向海军基地的狭窄水道海域部署的防御性水雷阵地和海岸炮台的攻击。

《国家海上威力》是第一本对大陆性战争中的海上战略进行系统论述的著作，也引发了我们对许多问题的思考。这个海上战略是综合性的吗？还有其他的战略选择吗？我们必须要先回答这些问题，进而才能回答最后一个最关键的问题：它有效吗？苏联海军高层根据海军担负的主要任务和现有兵力结构制定了一个"双线战略"（two - track strategy）。首先，直到1940年，苏联陆军尚未对德国采取任何进攻性行动，主要还是以防御行动来保卫苏联国土安全。苏联海军认为海军必须行动起来，至少要在波罗的海阻止德军从侧翼机动来支援陆上的突击行动。这种依托海上支援的突击行动在波的尼亚湾（Gulf of Bothnia）的成功概率还是很高的，这一地区水深适宜，并且有众多的天然障碍。其次，海军还要担负蓝水海军的行动任务。苏联海军在北方有两个主要基地可供使用：波罗的海的加里宁格勒和白海的摩尔曼斯克。从这两个海军基地出发，苏联舰队可以实施海上控制和海上拒止行动。根据戈尔什科夫的理论，无论是海上控制还是海上拒止，所有兵种都要采取协同行动，但是很难想象，如果没有飞机支援的话，水面行动将如何取得成功。另外，鉴于德国战列舰和潜艇的作战能力都不强，无论是在波罗的海，还是在挪威海，都没有发生预想中的蓝水作战。

基于苏联海军经过战前多年建设形成的兵力结构，采取上述"双线战略"是唯一出路。当我们对苏联在大陆性战争中采取的战略的有效性进行评估时，结论是否定的。戈尔什科夫对于失败原因的分析模棱两可。他过于夸大了苏联海军的实力和训练水平，但西方学者对苏联海军在北极护航战中的缺失感到迷惑不解。也许就是苏联海军在执行"双线战略"过程中，侧翼支援真正起到了作用吧。①

戈尔什科夫认为，舰队中弥漫的防御性观念导致苏联海军走向了消极防御的方向。由此产生的后果是，海军对远海作战行动没有进行过任何思考，

---

① S. G. Gorschkor, *Seapower of the State*（Oxford Pergamon Press, 1979）, p. 140.

也从来没打算派遣潜艇到远海的敌方控制海域进行巡航。苏联海军的主流观点认为，海军主要是用来防御的。如果想对斯大林时代或苏联红军的政策进行批评，唯一安全的方法就是对历史上曾经出现过的导致苏联海军遭受挫折的观点进行批评。戈尔什科夫想要表达却一直没有说出来的是，他倾其一生试图证明：关于苏联海军防御性任务定位的错误认识，源自苏联错误的战时政策；苏联领导人对于海权一窍不通，因而制定这些错误政策并强压给海军领导层。

戈尔什科夫认为，苏联海上战略中积极的一面主要体现在"推动陆军和海军在海上实施联合作战方面取得了重大进步。在战斗准备阶段，海军舰艇兵力主要任务是，对濒海侧翼的陆军、由海向陆实施登陆和掩护的部队给予火力支援"。由此可见，苏联海军的确试图为大陆性战争构建一个新的海上战略，但在执行过程中有些部分没有实现。戈尔什科夫宣称，在战争中，苏联海军击沉了轴心国 1500 万吨的运输船，并成功为 10 亿吨货物护航，掩护 25 万陆军部队登陆。同时，苏联海军还输送了共计 40 万名军官、士兵和海军预备役人员参加陆军。但即便如此，也不能认为苏联海军的舰船在战争中发挥了积极作用。①

对苏联在第二次世界大战中的海上战略进行深入分析，可以发现海上战略自诞生之日起就是一门艺术。1936 年，海军战略理论家的著作风靡世界各国。马汉的大洋战略被无休无止地讨论，特别是在 1916 年日德兰海战之后，英国的海上交通线因德国的无限制潜艇战而几近崩溃。科贝特关于制定一个联合的陆海军战略的观点被广泛宣传，他在著作中引用了许多第一次世界大战中的海战战例。苏联海军有许多手段去实施上述战略，但苏联独特的地理位置对此影响很大。作为一个陆上强国，苏联拥有安全的陆上运输线，可满足国家的所有需要，但正在面临另外一个陆上强国德国的威胁。尽管德国当时并不具备充足的自给力，但一旦占领了东欧和部分苏联的领土，就有潜力成为苏联那样的陆上强国。苏联领导人非常熟悉这样的情形，因为在过去的 150 年间，无论是沙皇统治时期，还是共产党统治时期，避免出现这样的陆上

---

① S. G. Gorschkor, *Seapower of the State* (Oxford Pergamon Press, 1979), p. 146.

强国一直都是俄罗斯领导人的主要关注点。过去，这种关注被转换为对波罗的海和黑海地区安全的关注。1812 年，俄罗斯著名海军将领乌沙科夫（Usha-kov）带领舰队为在地中海地区击败拿破仑军队做出了重要贡献，但对拿破仑经由大陆对俄罗斯领土的入侵却无能为力。

二战中苏联海上战略在很大程度上应该是上述所有因素共同作用的结果。基于防御的总体战略并不认可"蓝水"的战略意义，所有可能的海军力量被用于部署阵地防御，并加强水雷布设区的力量，这个战略看起来非常强大、安全、坚不可摧，给陆军和文官领导人带来极大的信心。在地图上用红色在港口附近标示醒目的水雷布设区，可以让港口看起来坚不可摧。当在海上方向连续画出更多的防御线时，会让人虚幻地以为，敌人正被困在这个或那个防御圈之中。当然，那些理解海洋的广阔性与人造障碍的不确定性的人们不会因此受骗。由于苏联的海上战略缺乏远洋作战的内容，所以无法集中兵力对轴心国的海军发动进攻。幸运的是，由于二战中轴心国并没有集中主要水面作战兵力对苏联发动进攻，因此，苏联海军在战略上的缺陷并没有产生致命后果。苏联海军也没有制定进攻性的潜艇运用战略，因此也没有把波罗的海变成苏联的内湖。如果苏联这样做了，就能够有效阻止德国将重型装备运往大西洋，或者是利用波罗的海训练潜艇，而后进入大西洋实施无限制潜艇战。

那么苏联战略的成功之处到底在哪里呢？

为了从侧翼支援陆军，苏联海军承担了其他陆上国家海军在相同情况下可能很少会去承担的任务。在战争中，苏联海军舰艇和飞机的行动是否确保了北部方向侧翼的稳定是有疑问的，而且苏联海军也不必把近 50 万的部队送去当陆军。战略失败的主要原因可能是海军使用方法不得当。戈尔什科夫认为，苏联海军在 1941 年将苏维埃的政策目标转化为一个海上战略，尽管在执行过程中出现了失误，但是其出发点是不容置疑的，与沙皇俄国时期海军在拿破仑逼近莫斯科的战争中几乎无所作为相比，苏联海军已经前进了一大步。

四、 戈尔什科夫任职后期

在戈尔什科夫任职后期，即 20 世纪七八十年代，对海上战略做出最重要贡献的学者之一，是来自英国的 J. R. 希尔（J. R. Hill）。他早期主要研究"逐步升级理论"，强调要对战争的每一阶段进行严格控制，以防止其失控进入下一个阶段，该理论已被广泛接受为海军运用的理论基础。J. R. 希尔理论上最大的贡献在于详细阐述了确定兵力结构的过程，首次提出在战争环境和非战争环境中武器平台应分别具备的能力，通过能力计算来确定兵力结构。之前詹姆斯·凯布尔（Sir James Cable）已经对海军的非战争运用问题进行了大量研究，希尔把这些成果运用在作战背景下，形成了对不同冲突阶段的各作战平台相对优势进行定义的逻辑框架，并提出了引入计算变量的方法。

1976—1977 年，希尔在《海军评论》上发表了他的第一批系列文章，分析了海军兵力结构的决定性因素。以往各种理论主要以针对特定威胁或保持均衡海军为基础，确定海军兵力结构，希尔首先尝试提出一种新的理论。在基于威胁而构建的力量结构中，通常都是根据潜在敌人的现实海军威胁来确定兵力结构。但如果不止一个敌人的话，情况就会变得非常复杂。这种方法流行了很多年，即使在苏联解体之后依然占据主流。冷战期间，西方国家许多海军大都以苏联海军为主要作战对象，并在此基础上制定海上战略与兵力结构。华沙条约集团的解体使得这种分析方法的缺点显现出来，西方战略界不得不开始重新寻找新的敌人。然而，当面对没有既定威胁的情况时，经费预算部门自然会要求取消那些针对特定威胁的特定装备建造计划。

第二种方法，就是列出均衡海军所需要的所有类型的舰艇、潜艇和飞机，列得越多，似乎兵力结构就越平衡。希尔认为这个理论已经过时，他强调要根据更广泛的国家利益来定义海军的使命任务，而不仅仅只是应对暂时的现实威胁，这也是他的首创。① 在这一框架下，希尔将升级过程分为两个平行的部分。第一部分将海上作战分为三个阶段——侦察、识别目标和获取攻击目标所需的信息。第二部分将冲突升级分为三个阶段——和平时期、危机时期和敌对时期。希尔认为，在冲突升级的不同阶段，应自动选择相应的武器平台。如果把舰艇的到达能力加入这个已经很复杂的计算系统的话，就可以得到一个确定兵力结构的空白矩阵②，确保每一型平台在全寿命周期内可以得到持续不断的调整。

在上述理论基础上，希尔又提出了许多关于在冲突中运用海军兵力的观点，并在《中等强国的海上战略》（*Maritime Strategy for Medium Maritime Powers*）一书中对这些观点进行了进一步阐述。希尔的著作在一定程度上填补了大陆性战争中海军兵力运用的空白。希尔建议，即使在没有冲突爆发的远海海域，海军也要制定应对危机冲突的预案，特别是要明确在大陆性战争中海军能够采取哪些行动。如果不这样的话，海军将会发现，无论是战前还是冲突爆发过程中，自己都有可能陷入无所作为的尴尬境地。以波兰海军为例，从表面上看来，德军在 1939 年的突袭使波兰海军完全陷入被动，在战时巨大压力之下根本制定不出任何战略。按照希尔的观点，海军不应该被迫参战，而是应事先制定出从危机升级到战争的战略，所以波兰海军应该在德军发动突然攻击前就制定好了战略和作战计划，对德军在德波边境发动战争的威胁有所预判，并确定海军在未来可能冲突中的作战任务、作战海域和作战行动。运用这种分析方法可以帮助参战国更好地明确国家和海军在战争不断升级过程中的作用，从而更好地在整体上确定一个海上战略。谈到海上战争，人们自然会想起马汉、科贝特和戈尔什科夫，试图把本国所处的环境与这些海权理论家们在著作中描述的情景进行匹配，以便制定海上战略。但结果却是，由于没有明确海军在危机阶段应担负的主要任务，到危机升级为战争时，就会显得非常仓促。这恰恰就发生在了波兰海军身上，当德国入侵发生时，波

---

① Rear Admiral J. R. Hill, *Maritime Strategy for Medium Maritime Powers* (London: Croom Helm, 1986), p. 35.

② Rear Admiral J. R. Hill, *Maritime Strategy for Medium Maritime Powers* (London: Croom Helm, 1986), p. 149.

兰海军对自身应该承担的任务不明确，在支援英国海军的过程中仅仅充当了导航员的角色。事实上在面对德国的突然袭击时，波兰海军能够发挥的作用远不止于此。本书的主要目的，就是帮助海军在类似艰难的形势下制定出更为清晰的海上战略。

希尔的另一个主要贡献在于，如何在独立与联盟之间达成平衡。[①] 希尔认为，这是一个非常关键的平衡，因为如果对盟友过于依赖，会在爆发的各种冲突中引发本国海军兵力结构的变形。在大陆性战争中，只有在像波兰这样的盟友帮助下，英国海军才有可能发挥作用。很有必要再回到波兰海军的例子，当时形势异常严峻，波兰夹在德国与俄国两个主要欧洲大国之间，在历史的不同时期，德国和俄国都曾侵占过波兰的领土。陆上领土被占领后，许多波兰军人加入盟军继续作战。海上战略对大陆性战争中的海军的要求是，海上战略要在陆上战事彻底失败之前发挥作用。美国海军和英国海军在过去40年里存在的合理性是以盟国战争支持为基础的，战争无论是开始还是结束，都是在大陆上。

五、　卡斯泰[②]

当法国的政治决策层致力于进行大陆性战争时，法国海军发现由于缺少一个综合性海上战略而陷入左右为难的境地，这种窘境体现在海军上将拉乌尔·卡斯泰的著作之中。[③]

1934 年，荣升为海军中将的拉乌尔·卡斯泰在《战略论》（*Theories*

① Rear Admiral J. R. Hill, *Maritime Strategy for Medium Maritime Powers* (London: Croom Helm, 1986), pp. 65–69.

② 译者注：拉乌尔·卡斯泰（1878—1968），法国著名军事理论家，海军上将，一生经历两次世界大战，共完成 18 部著作，其中 5 卷本的《战略论》是其代表作。

③ Raoul Castex, *Theories Strategiques* (Annapolis: Naval Institute Press, 1993). Summary by Kiesling, the text of the chapter clearly mentions each chapter of the book quoted from, and no further notes are therefore appended.

Strategiques）中，对法国海军运转过程中的种种异常进行了论述。《战略论》的英译版本由柯斯林完成，由美国海军学会出版，产生了广泛影响。正如美国海军在 1917 年初所意识到的，反潜战是当时爆发的欧洲战争中的重头戏。卡斯泰在此之前已经得出相同的结论，他认为如果在战争中海军无所作为的话，陆军将血流成河。卡斯泰在一艘反潜舰任舰长，在地中海区域巡航时接收不到上级的指令，没有任何有关敌方兵力活动的情报，也很难获得本国其他海军兵力的支援。由于不受上级领导的重视，卡斯泰更加确信法国海军根本不知道自己要干什么，于是他开始致力于理论研究。由于对法国海军在第一次世界大战中孱弱表现感到困惑，以及对法国海军高层不作为感到厌恶，卡斯泰在 19 世纪 30 年代出版了他的著作，但并没有引起多少反响。正如卡斯泰所料，法国海军在接下来的战争中仍然一如既往地表现不佳。

卡斯泰在很多方面都领先于时代几十年。早在 19 世纪 20 年代初，潜艇和飞机已经能够对大舰决战的胜负产生影响时，卡斯泰却依然认为，潜艇既不适用于争夺制海权，也不适用于行使制海权。在论述海军在大陆性战争中使用的可能性时，卡斯泰实际上设计了两个邻国在陆上爆发冲突的情境，与 1965—1971 年的印巴战争和 1980—1987 年的两伊战争非常相似。笔者曾经亲自参加过印巴战争，惊讶地发现在很多印度海军高层人员的心目中，印度次大陆是独一无二的，既有的海上战略理论难以为当前面临的形势提供解决方案。印度海军高层对印度次大陆独特性的强调与卡斯泰在设定情境中提出的情形并无太大差别。在卡斯泰的设定中，蓝方试图对红方的海岸进行封锁，但却面临着红方潜艇、水雷和空中力量的严重威胁。

在建立了一个完满的设定情境之后，卡斯泰继续描述了"一个战略"，可供其中一方在这种形势下采用。在《战略论》第一卷中，卡斯特明确指出，在这样的形势下，只有大胆地进攻和机动，才能最大限度地克服地理因素带来的限制。对于受过良好教育的读者来说，海军在设定情境中可采取卡斯泰提出的如下行动：机动、水面舰艇攻击、水雷战和潜艇战、袭击海岸，以及一定程度上的海上贸易战。卡斯泰强调，上述这些行动本身并不是目的，必须服务于更高层次的目标，以影响陆上的战争进程。但他并没有明确指出如何才能实现这个目标，这在一定程度上遮盖了其著作应有的光芒。卡斯泰认为，海军如果认真完成每一项任务，接下来的形势发展将会展现出所有努力会带来的成果。尽管卡斯泰撰写《战略论》的主要原因来自对法国海军未能履行使命的失望，但他在著作中研究的主要战例却是德国在北海作战时采取的战略。

卡斯泰对德国海军在日德兰海战中的行动进行分析，主要目的是想通过德国海军的例子影射法国海军面临的同样困境。卡斯泰认为，德军统帅部（High Command）和公海舰队（High Seas Fleet）司令部的行动通常被认为是被动防御性的，日德兰海战的爆发是一系列偶然事件造成的，其中包括指挥官缺乏进攻精神、意志不够坚决。实际上在分析日德兰海战的具体行动之前，卡斯泰就已经提出，当相邻国家爆发海战时，即使是兵员和装备都不占优，一国也必须努力保持行动的连续性。即使由于实力不济而被敌方击败，考虑到这可为未来的海军树立传统和价值观，结果也可以接受。这些观点使人们误认为，尽管卡斯泰对法国海军在第一次世界大战中的无所作为很失望，但是他给出的解决方案并没有超出运用更加积极的进攻性战略以取得战斗最后胜利的范畴。卡斯泰认为，相邻国家之间爆发战争，如果海军不能充分发挥作用，其根源在于缺乏进攻意识。这一观点在一定意义上是正确的，但是在确定战略的过程中，还需要考虑其他的重要因素。如果不是这样，人们可能就会回归修昔底德的理论，即认为人类的全部本性就在于打赢战争或者失败。在《战略论》第二卷的后半部分，卡斯泰把1799年布吕克斯（Bruix）打破英国封锁的作战行动，放到20世纪30年代的背景下进行了一次非常有趣的推演。卡斯泰大胆地提出了许多战略家心中的疑问，探讨主要海上行动之间的关联是否可行。卡斯泰或许是第一个揭示了作战速度这个基本要素在不同时代发展变化的海上战略理论家。有关作战速度的概念将在本书后面的章节中详细论述。尽管卡斯泰并没有给出作战速度的明确内容，但在那个海上作战速度概念并不引人注目的时代，卡斯泰对此问题进行的研讨非常值得赞扬。

《战略论》第三卷的核心内容是战略与政策之间的相互关系。时至今日，这一部分的探讨已经被归为大战略的范畴，或者政治对战争目标影响的范畴。但在卡斯泰时代，大多数国家的战略界还难以理解政治与军事之间的关系，更不要说建立相关的机制去实现这种理解。从一定意义上说，卡斯泰是早期提倡建立国家安全委员会的理论家之一。在谈到政治家与军队之间如何相互融合时，卡斯泰高度赞扬了英国的做法，英国帝国国防学院每年都会派遣皇家海军军官到剑桥去深造。卡斯泰同样高度赞扬了1927年英国出版的《为政治家和文官所用的战争研究报告》（*The Study of War for Use by Statesmen and Citizens*）。不清楚同样的做法在法国是否会取得像在英国这样的效果，因为法国贵族专政，并且缺乏军事传统。卡斯泰的观点是正确的，大战略运用的经验表明，如果政治家与军队之间不能理解彼此的难处，大战略运用的效果就会大打折扣。但在特定情况下，比如政治与军事的决策权在最高领导层集于一人之身时，像鲁登道夫和拿破仑，大战略的制定与实施就有可能比较顺畅。但卡斯泰并不提倡将政治与军事大权集中于一人，他认为军人天生好战、文官天生爱好和平的看法是错误的，并引用了一个例子来证明这一点。1926年在德国秘密地重新武装的背景下，正是英国海军大臣出面说服外交部门，不要再继续与法国保持敌对状态。

在《战略论》第三卷的结尾部分，卡斯泰就军事地理对海上作战的影响进行了专题论述，这在欧洲理论界尚属首次。卡斯泰论述了兵力结构与地理之间的关系，并且提出了利用其中一项去克服另一项的缺点的方法。在卡斯泰之前，美国海军战略理论家马汉首先论述了海洋地理对于海上行动的影响，而卡斯泰则为欧洲人理解同样的理论做出了重要贡献。然而，基于自身特殊的地理环境，法国发现自己正置身于与中欧强国的军事冲突之中，这场冲突逐渐发展成为纯粹的海上战争，而卡斯泰也从他最擅长的领域，转入在他之前的海上战略家们苦心研究的领域。

《战略论》第四卷同时论述了进攻和防御两个主题，让人联想起克劳塞维茨的《战争论》。卡斯泰进一步探讨了在陆战和海战中，以进攻或防御为重点时可能采取的行动样式的差异。早在20世纪30年代，在充分肯定地形对于陆上战争可能产生的普遍影响的基础上，卡斯泰就已经预见并强调了在进行海战战术或战略规划时，要充分考虑地形因素的重要性。现代技术的发展使水下作战和反潜战成为可能，尽管卡斯泰当时还没有意识到这一点，但这并不应成为批判他的理由。卡斯泰对于海上进攻和防御所做的比较是正确的——如果一方以防御为主，那么海战的速度和范围将置其于被动境地。卡斯泰还指出，在海上采取防御为主还是进攻为主，也将对兵力需求产生不同影响。在陆地上，指挥官的战术能力主要体现为，在攻击点建立起决定性的优势，且不会打破其他方向兵力的平衡；而选择进攻的海军指挥官，在交战海域充分发挥己方的特定优势，是最可能达成目标的方法，且不会打破自己的兵力平衡。

随着卡斯泰的论述接近尾声，我们开始发现了其中的逻辑链条，卡斯泰与本书的关系也就更加明晰。卡斯泰并没有在著作中对马汉的海权理论进行过多论述，他非常乐于忽略大规模海战的可能性。在他的理论视野中，卡斯泰关注的是法国所面临的情况，以及可能遭遇的大陆性战争。他认为大多数的海军行动都与特定的地理位置有关，敌对双方国家的海军将会在那里争夺海上控制权。在卡斯泰看来，如果德国不挑战法国在比斯开湾的海上优势的话，其在北海的优势地位还是可以接受的。这实际上与其先前希望看到的法国海军承担更多使命任务的观点相互矛盾。卡斯泰强调的进攻性防御主要是基于法国海军在比斯开湾的优势地位，如果作为法国海军的海上战略，似乎并不具有足够的说服力。卡斯泰对未来海战以及潜艇作用的理解存在一定的不足。在提倡无限制潜艇战的同时，卡斯泰又甚少谈及潜艇在大西洋和东地中海作战中取得的战绩。如果说卡斯泰的著作对第一次世界大战的分析不全面的话，那么他对于未来海战的分析则在一定程度上是不可靠的。

随着阅读的深入，答案逐步呈现。卡斯泰实际上是建立了他的以海抗陆的理论。《战略论》第四卷特别指出，在与同时拥有陆上和海上边界的大陆性强国对抗时，像英国这样的海权国家一旦失去对周边海域的控制，将会变得极其脆弱。在这种情况下，海军所有在岸上展开的作战行动都是为了实现一个目标——两栖作战。卡斯泰认为一定规模的两栖作战能够对陆上战争产生影响。为此，卡斯泰试图防止法国海军再次陷入 1870 年普法战争和 1914—

1918 年一战的消极状态，只可惜身单影孤。卡斯泰对那些质疑海军两栖作战的人们进行了批判，并强调海军在大陆性战争中的最终目标就是两栖作战。

卡斯泰在《战略论》最后两章中表现出的忧虑与不安，实际上可以另辟著作论述。他认为，历史已经证明，经过一定周期就会出现某个组织或者国家，对世界和平构成一定的威胁。这实际上可能应该属于政治学的范畴。卡斯泰列举了法国大革命、列宁、克伦威尔、希特勒等曾经让人忧虑重重的例子，但读者对他在这个问题上的分析并不买账。最后，卡斯泰再次强调了海军在大陆性战争中可能遇到的问题，但并没有提出一个令人信服的解决方案。

第三章

大陆性战争中海上战略的历史案例

　　在富于创新精神的战略家们试图为海军兵力部署提供一个基于国家目标的逻辑框架之前，按照海军自身的发展方式，海军运用战略已经被自动地、不易觉察地应用于实战。

　　从公元 4 世纪罗马帝国解体到公元 6 世纪之间，还没有出现真正的战舰。当时的船只本质上都是商船和货船，在航经那些法律缺失、秩序混乱的海域时，不得不经常进行战斗。因此，当时的商船和货船都配备了一定的武装，其船体、风帆以及索具并不是专门为运载货物而设计的。直到 17 世纪中期，情况开始出现变化，真正的作战舰艇开始出现，任务就是为商船护航，商船和货船的设计不需要再考虑自我防护的要求，而是考虑如何增加最大的运载能力。

　　大约又过了 100 多年的时间，随着法国人创新了战术运用和重炮设计，以及英国人创建了实用而有效的舰艇编组方式，把单艘作战舰艇编为作战舰队进而统一使用的理论日趋成熟。到了纳尔逊（Nelson）① 时代，舰队的根本任务是打败敌方的舰队。但毫无疑问，在海上对敌方舰队的攻击并不一定能够确保一个国家的安全，特别是当这个国家深陷陆上战争，遭受敌方陆上攻击之时，更是如此。

　　战争形态多种多样，充满了意外。战争结果很难预料，因此军队在制定战略和进行训练时，必须具有一定的灵活性，确保其能够对未知事态做出反应。即使在 17 世纪，当时的海军军官在运用兵力时也牢记这一原则。因此，我们有必要从海军在大陆性战争中运用的历史当中，考察其成功的经验与失败的教训，从而对海军在战争中的表现做出评估：这些战争中是否存在海军需要明确应对的紧急事态，如果有，海军在这些战争中是否有一个明确的战略？

　　在 19 世纪初极少数对总体战有清晰认识的人士，开始把海战与总体战联系起来考虑，这也就是今天所谓的"增量思维"（incremental thinking）。出于战争对资源和人力的强烈需求，拿破仑几乎将法国所有的男子动员起来参战，但并未提出"总体战"的思想，也没有明确海军运用是国家整体战略的一部

---

① 译者注：霍雷肖·纳尔逊（1758—1805），英国风帆战列舰时代最著名的海军将领及军事家。

分。如前所述，马汉在其著作中强调海上决战，并强调舰队决战是海军的主要任务。尽管当时也有海军成功封锁的例子，但实际上其真正的目的并不在于经济封锁，更多的是通过海军封锁的战术行动来击败敌军。

随着"总体战"的出现，海军不得不开始在国家政策的总体框架下确立军种的地位与作用。在"总体战"中，每个人都被要求为战争贡献自己的一份力量，海军也必须参与其中。毋庸置疑，海军的首要职责是维护海上方向安全，但是当海上方向并没有受到威胁，而其他军种却深陷陆上激战之时，海军又该如何调整自己的战略呢？为评估海军在大陆性战争中的战略及其有效性，本书节选了三个案例。第一个案例在北美，第二个案例在南亚，第三个案例在欧洲。由于欧洲是迄今为止人类最大规模的战争与杀戮的爆发地，相关战例对于每一个军事学专业的学生来说都非常熟悉，所以本书中节选的有关欧洲部分的案例时间跨度较大，从1870年普法战争开始到第一次世界大战法德战争结束。这一时期法国和德国之间一直处于敌对状态，但两个国家却采取了不同的战略，因而就形成了不同的兵力结构。

从海军的观点来看，美国南北战争（American Civil War）是一场值得深入研究分析的大陆性战争，因为这场战争期间产生了许多技术创新和战略变化。这场战争的持续时间很长，足以通过单纯地运用海军力量对陆上战争结局施加重要影响，双方都把海军部署在大西洋沿岸海域，因此那里是陆上战争与海上战争的重要交界区。信奉"实用主义"的美国人，当时已经开始致力于最大限度地发挥军事力量对陆上和海上两个方向的影响力，以确保最终目标的实现。

具有更大杀伤力的武器系统的发展，飞机等新式作战平台的出现，都对海军能够在陆上战争中发挥更大作用产生了重要影响。二战之后的一些战例也值得深入研究，以考察海军在吸收了最新的技术成果之后在大陆性战争中的表现如何。源于领土争端的两次印巴战争，展示了印度和巴基斯坦两国海军在战争中的不同作战方式。阿以战争同样值得研究，对这场战争过程的简要回顾表明，交战双方在距离较近的情况下，海空联合作战的强度将会提高。

一、　美国南北战争

　　主要基于经济原因而发生的南北战争，也许是马汉《海权对历史的影响》在1890年出版前发生的两场战争中的最后一场。对于历史学家和军事战略家来说，这场战争的主要特点在于，它是最后一场有海军参与的大陆性战争。海军的介入之所以能对这场战争产生影响，是因为当时的侦察兵力很难将敌方海上兵力的机动情况及时通报给己方指挥部，所以突袭仍然能够达成。负责侦察的舰艇，即使发现了入侵的海上兵力，也必须以比敌方舰艇更快的速度返回，才能将侦察情报汇报给己方指挥官。后来无线电技术的发明彻底改变了这一状况，从而使情报能够得以及时传递，两栖作战，特别是登陆作战因此变得极具风险性，几乎难以成功。南北战争时期海战的技术发展很快，再加上战争背后的地缘因素，使得这场战争成为一个研究大陆性战争中海上战略的很好案例。

　　战争爆发时，美国人主要集中居住在东部濒海地区，除了发生在密苏里州、阿肯色州、肯塔基州和得克萨斯州的几场战斗外，重要的战斗都在沿海地区发生。沿海地区的地形把大西洋的边缘海分割成若干个深水海湾，通向弗雷德里克斯堡、费城和巴尔的摩。再向南，还有哈特勒斯海湾以及在乔治亚州和南卡罗来纳州沿岸的一些港口。佛罗里达半岛当时居民相对较少，是海军通过海洋在东部海岸和南部海岸之间机动的天然屏障。南部海岸地区还分布着像彭萨科拉、莫比尔和新奥尔良等天然良港。

　　在南部邦联控制的地区，不同战场之间的兵力机动主要依靠内陆河流和铁路完成，其中查塔努加（Chattanooga）和林奇堡（Lynchburg）是其中的重要中转站。① 南北双方在控制领土大小、经济实力和居民类型方面的差异，决定了双方的冲突不可避免。南方经济主要依赖棉花的生产与出口，因此北方联邦对南方实施海上封锁。南方缺少独立的经济实体，包括重工业和工厂，也促使北方利用海军对南方出口进行封锁②。南部邦联海军力量很弱小，主要依赖私掠船对抗北方，对战争结果几乎没有产生任何战略性影响。相比南方，北方联邦海军实力较强，不仅能够对敌方海军进行打击，还能通过封锁破坏对方的经济。南部邦联的海岸，从得克萨斯到佛罗里达，直至北方的新泽西州，都被北方联邦海军控制，这是北方联邦海军取得的重要胜利，因为上述地区的海岸线长达 1500 英里。事实上，在北部联邦陆军攻入上述沿岸地区之前，海军就已经于 1861 年取得对罗亚尔港和哈特拉斯海湾的控制权，随后于 1862 年又获得了新奥尔兰、杰克森港、彭萨科拉、普拉斯港、罗拉和诺福克港的控制权③。

到 1864 年，战争结束前一年，北方联邦海军占据了南方所有沿海要地和重要港口。但在海外，北方联邦海军还面临着英国皇家海军在中立名义下进行的干涉。在战争结束之际，国际特别法庭判定英国的一些军舰乔装为私掠船，对美国的商船造成了严重伤害。

1861 年，威廉·T. 谢尔曼（William T. Sherman）旅长率领 17000 人在罗亚尔港（Port Royal）实施了一场大规模两栖登陆行动，目的是切断查尔斯顿和萨凡纳（Charleston and Savannah）之间的内陆水上交通线，这次行动使北方联邦海军获得了从卡罗来纳州沿岸进攻的重要港口基地。1862 年，北方联邦军队又对密西西比河口，包括由菲利普堡（Fort Phillip）、杰克逊和新奥尔良（Jackson and New Orleans）等组成的复杂的城市和要塞群发动攻击，戴维·法拉格特（David Farragut）海军准将沿着密西西比河而上，并在返回维克斯堡（Vicksburg）之前攻占了巴吞鲁日（Baton Rouge）。这是北方联邦军

---

① 铁路的密集程度及其分布区域可参见《美国历史地图集》，第 202 页。1860 年，美国北方铁路的密集程度还是很惊人的，与当时南方铁路的匮乏形成鲜明对比。林奇堡和瑞蒙德作为铁路枢纽城市，控制了通往除新奥尔良和盖温斯顿以外所有港口环形入口。

② 内战期间，北方联邦人口约 2.1 亿，南方邦联人口 9000 万。北方工业生产大多以煤为原料，在内战期间规模迅速扩大，煤生产量由 1.9 亿吨增加到 2.4 亿吨。美国南北内战后期，北方联邦每天可生产步枪 5000 支，而南方邦联每天步枪产量只有 300 支。更重要的是，由于北方实施港口封锁，南方邦联对欧洲的棉花出口受到了致命打击。具体情况参见《美国历史的百科全书》（1975 年版）第 222 页。

③ Dupuy and Dupuy, *The Encyclopedia of Military History*（New York：Harper and Row, 1970），pp. 888–910.

队为将南方邦联一分为二而制定的一项联合作战行动中的南向方案，顺密西西比河而下，与从南部海湾溯流而上的戴维·法拉格特海军准将会合。到1862年底，北方联邦军队上述两支实施南北夹击的力量逐渐在维克斯堡会合，但是维克斯堡城高墙厚，直到1863年才被格兰特将军攻下。[①] 维克斯堡之战是北方军队在陆上的内河流域协同发起的攻击行动，铁甲炮舰发挥了重要作用。1863年和1864年在查尔斯顿和威尔明顿（Wilmington）同样进行了两栖登陆作战，北部联邦军队首次遭遇失败。查尔斯顿和威尔明顿是南方邦联棉花贸易的重要出海口，也是铁路系统最南边的两个重要终点站。这些作战行动的突出特点，是装甲舰艇几乎无法被击沉。为解决这一问题，有人开始尝试研制和生产潜艇。铁甲舰之间的战斗通常都在登陆行动之前，为了夺取制海权而爆发。在这些战斗中，尽管这些铁甲舰并不适于大洋航行，但在内河或近岸作战中技战术性能却远远高于传统的作战舰艇。最终，装甲和旋转炮塔所需动力的技术问题也得以解决。

美国南北战争充分展示了如何多样化地利用海军，从而实现击败陆上敌人的目标。在这场战争中，北方联邦海军在沿海海域俘获了南方1000多艘私掠船、商船和战舰。持续5年的封锁对南方脆弱的工业系统造成了致命的打击。也就是说，联邦海军并非只是执行一项单纯的海上战略，而把陆上战场全部留给陆军。联邦海军积极参与陆上战争，并没有出现以往许多国家海军所声称的那种情况，即为大洋作战而设计的海军兵力，无法胜任任何的沿海作战和内河作战。的确，在这场战争中装备有旋转火炮的铁甲舰的出现，的确是海军为进行陆上战争而发明的一款专用武器，随着后续各种类型登陆舰艇的出现，代表了专门应用于大陆性战争的海军技术正在蓬勃发展。北方联邦海军在内河流域作战中表现出的主动性、创新性和坚定性，使得南方的内陆河流到1865年时已经基本处于北方控制之下。[②]

---

① S. E. Morison, *The Oxford History of the American People* (Oxford: Oxford University Press, 1965), pp. 680 – 683。

② The co – operation between Porter and Grant while each of them was campaigning down the Mississippi is well known. See S. E. Morison, p. 682.

二、 印巴战争

1947 年英国从南亚次大陆撤走，初步划定了印度和巴基斯坦两个自治领之间的分界线，但西部印度河入海口附近的喀奇沼泽（Rann of Kutch）地区，除了标明几个入海口以外，没有明确领土归属。这个边界北部的克什米尔（Kashmir）地区经常处于紧张状态，1947 年该地区部落首领在归属问题上的犹豫不决为领土争端埋下了隐患。1948 年第一次印巴战争划定的停火线延续至今。巴基斯坦以克什米尔地区的居民主体是穆斯林为由，宣称对该地区拥有主权；印度认为巴方这一理由十分荒谬，因为居住在印度境内的穆斯林的数量比居住在巴基斯坦境内的还要多。

1965 年初，围绕喀齐沼泽的划界争端，印巴再次爆发冲突，之后提交国际法庭申请仲裁[1]。1965 年 5 月，在季风季节来临之前，印巴两国军队都意识到战争一触即发，双方都加紧作战准备。

印度北方季风结束不久，巴基斯坦就派出一定规模的武装部队进入克什米尔地区，这一情况很快被印度政府掌握，于是，巴基斯坦花费数月之久精心策划的秘密行动出师不利。为了实现既定目标，巴基斯坦陆军对查谟（Jammu）地区发动了一场闪电战，目的在于切断印军与印占克什米尔地区首府斯利那加（Srinagar）之间的通道[2]。为缓解查谟地区的压力，印军指挥官在拉合尔（Lahore）地区发动了反击。尽管长期以来印巴双方对这场战争的爆发都有一定的心理预期，但是战争真正爆发的时间和地点，还是使印度和

---

[1] 印度有关划定印巴分界线的问题可参见印度国内大量出版物，其中以印度政府图书馆发布的官方文件最为权威。巴基斯坦关于划定印巴分界线的观点主要见于其"建国之父"穆罕默德·阿里·真纳 1940 年在拉合尔举行的穆斯林联盟会议上发表的演讲。

[2] H. R. Gupta, *India - Pakistan War - 1965*, Vol. I（Delhi：Haryana Publication, 1967）, pp. 199 - 201. 参见印度上议院于 1965 年 4 月 28 日发布的声明。印度和巴基斯坦在 1965 年 7 月 1 日签订协议，稳定边界局势。

巴基斯坦高层感到意外。作为国家外交政策的工具，这场战争主要围绕陆上领土争端爆发，战场不在海上，印巴双方都没有足够的经济和工业能力支撑长时间的战争消耗。随后这场战争又导致国际社会对印巴两国实施武器禁运，进一步削弱了双方的战争持续能力。

什么样的海上战争可能会对印巴冲突产生影响呢？巴基斯坦海军拥有一支规模适中的驱逐舰部队和海上侦察机部队，并正在从美国引进一艘潜艇。印度海军以英国海上战略概念为指导，以"维克兰特"（Vikrant）航母为核心，与反潜和防空护卫舰组成航母编队，实际上这是一支类似英国的海上控制型海军的缩小版本。印度海军的主要任务是舰队巡航和确保海上交通线安全。巴基斯坦的一艘驱逐舰在夜间实施闪击战，对着印度海岸开了几炮，一夜之间引发了双方的海上战争。海军有必要对敌方贸易航线和禁运品进行控制，但不足以对敌方经济造成致命打击。

对战争特别是印度战争的情况分析表明，印度海上行动的主要原因，是由于印度决策者信奉二战以来一直占据主流地位的海上战略原则所致，传统的海上战略强调海上控制、保护贸易航线和其他已有的海上战略原则等。由于许多印度海军军官在英国接受培训，也自然而然地接受了英国籍海军参谋长①制定的多项未来海军建设规划。对于非海军出身的高层来说，想让其相信海军在海上控制和保护贸易航线方面的作用能够对战争产生重大影响，是几乎不可能的。在未来的25年里，印度海军在上述冲突中应该发挥何种作用的问题也被提了出来。对于这些问题的回答直接关乎印度海军在未来能否获得足够的财政支持。了解上述背景真相，有助于我们更好地理解1971年爆发的第三次印巴战争。②

巴基斯坦被印度分割为东西两部分，相隔1000多英里。当东巴试图独立

---

① 译者注：1947年印度独立之初，海军参谋长仍然由英国人担任，最初是英国海军少将约翰·霍尔，1948年卸任，之后这个职位先后被威廉·帕里海军中将、查尔斯·皮泽依海军上将、斯蒂芬·卡利尔海军中将接任，直到1958年4月，拉姆·卡塔里海军中将成为第一位印度籍海军参谋长，结束了之前一直由英国人担任的历史。

② For details of the situation leading up to the genocide in former East Pakistan see Sydney Schenberg, *Foreign Affairs* (October 1971), Andre Malraux, "How Pakistan Violated Human Rights", *Journal of ICWA* (New Delhi) *And Der Spiegel*, 30 August 1971.

时，巴基斯坦政府不得不为主权统一而战。在这种情况下，印巴两军对于即将爆发的军事冲突都心知肚明，并有半年左右的时间用以制定详细的战略①。

巴基斯坦首先对印度西部的空军机场发动了一场先发制人的空袭，接下来印巴双方军队进入战争状态。每一场战争都是不同的，第三次印巴战争也有自己独一无二的特点，特别是从海上作战的角度来看，很明显战争目标的实现与东部战场的胜负紧密相关。② 但是，在西部也爆发了陆上战争，就像一场钓鱼比赛，谁占领的地盘多，谁就有可能在战争结束之时有更多讨价还价的筹码。于是，在相隔 1000 英里的大陆上，两场陆上战争几乎同时进行。对印度来说，海军可以发挥海上控制的作用，切断东巴和西巴之间的联系，那么巴基斯坦海军又该发挥什么样的作用呢？对巴基斯坦而言，保持东巴和西巴之间海上通道畅通对于确保东部安全至关重要，但这项任务异常艰巨，巴基斯坦海军甚至都没有试图去夺取制海权，只是派出了一些护航舰艇，最后不是被俘虏，就是被封锁在港口内。

东巴的陆上战争只持续了 11 天。巴基斯坦海军在明知没有外援和退路的情况下，依然投入了战斗。海上方向的失利对东巴战场指挥官的心理产生了重要影响。尽管在海上并没有爆发非常激烈的冲突，但印度海军的舰载机摧毁了东巴港口内的所有舰船③。印巴双方在海上方向没有爆发激烈的战斗，这恰好证明了马汉的观点：如果以一种不引人注目的方式运用海军力量，结果就是人们无法感受到海军的重要性，因此必须高调宣扬海权的重要性，以便让更多的人关注海权。印度在东部方向的海上战略与在西部的不同，在西部战场印度海军出动了由若干艘"别佳"（Petya）级护卫舰和"奥萨"（Osa）级导弹艇组成的小舰队，对巴基斯坦的卡拉奇港实施攻击，摧毁了港口里的所有舰船。对巴方主要海军基地的连续攻击，给长久以来一直不知道海军究

---

① The maritime portion of the Indo – Pakistan War of 1971 is contained in Admiral S. N. Kohli, *We Dared* (New Delhi: Lancer International, 1989).

② Lt. Col. Siddiq Salik, *Pakistan Army: Witness to Surrender* (Delhi: Oxford University Press, 1977), pp. 133 – 135.

③ 在作者看来，在克里米亚战争中，法国和英国舰队不仅在塞瓦斯托波尔（俄黑海舰队司令部所在地）登陆，并且在向列宁格勒前进过程中对其沿岸要塞进行了攻击。在英国海上炮火的支援下，法国陆上军团攻克了俄国奥兰德要塞。

竟有何作用的印度政府高层、陆空军，以及普通民众留下了深刻印象。而巴基斯坦海军因为受到秉持大陆军主义的军队高层压制，一直处于资金短缺状态，最终海军与陆军人数比例竟然达到1:45。这个数据也表明了巴基斯坦国内的主流观点倾向，即认为在吞并克什米尔的过程中，在与印度不可避免的陆上流血冲突中，海军将无用武之地。

反观印度，正在持续打造一支均衡的海军，一旦再次爆发大陆性战争，将有充足的时间和经验去考虑，如何在一场大陆性战争中更好地运用海军。根据以往的经验，单纯的以海洋为导向的海上战略并不会影响一场关键的陆上战争的结局，印度高层也已经意识到马汉式的海上战略不适用因领土争端而爆发的陆上战争。那么，应该采用什么样的战略呢？民众中缺少海权意识的那部分人只关注军事行动，但那些职业军人呢？他们又该如何面对武装力量自身为追求和实现一个共同目标而产生的压力呢？这是南亚次大陆的海上战略家们必须解决的问题，这些问题的答案将会非常有趣，事实上，谁也无法确定能否找到答案。唯一能确定的是寻找答案的必要性。其他国家的海军在相同情况下也可能会得出同样的答案。

三、　法国海军的经验

法国拥有悠久的海洋传统，海军力量盛极一时。17世纪以前，法国海军也许是世界上规模最大的海上力量。本部分以法国海军从1870年普法战争到第一次世界大战之间的海上战略作为研究对象。历史从来不是孤立存在的，因此有必要对1870年前发生的对法国海上战略理论产生影响的一些重要事件进行历史回顾。1866年7月，当普鲁士在萨多瓦（Sadowa）击败奥地利时，已经为1870年普法战争的爆发埋下了隐患。当时法国的战略思想界是一种什么样的主流意识形态呢？

法国陆军和海军联合参与的克里米亚战争，可能是普法战争爆发前最令人印象深刻的一场战争了。在这场战争中，俄国之所以战败，在很大程度上是因为英法两国的海军占据着优势①。克里米亚战争的胜利让法国人感到在一定程度上洗刷了 1812 年战败的耻辱。从 1812 年那场法国与欧洲联盟之间的大陆性战争中，法国海军吸取了什么样的经验教训呢？由于法国主要依赖北部的木材和沥青，因此在拿破仑战争中，英国的封锁对法国的造船业和国民经济的影响并没有收到立竿见影的效果。失去对斯堪的纳维亚半岛出海口的控制对于法国海军来说影响更甚。此外，法国政府对于松德海峡和卡特加特海峡（Sound and Kattegat）走私船的打击，实际上最终促使俄罗斯于 1808 年加入了反法同盟。接着，法国又试图控制波罗的海，但由于英国海军的存在，这个企图并没有实现。法国海军与英国皇家海军在海上展开激烈的战斗，但并没有缓解法国陆军在陆上遭受普俄联军围攻的压力。在与大陆性国家的对抗过程中，运用优势海军力量能够对其形成有效压制，在拿破仑战争中法国并没有意识到这一点，但在之后爆发的克里米亚战争中，法国海军将领应该是深有体会②。

在萨多瓦打败奥地利后，法国统治阶级的信心上升，认为有能力将法国的防御纵深向前推进，如果欧洲中部地区处于分裂状态的话，法国的实力将得到进一步增强。法国认为奥地利的失败是当时欧洲一系列战争中的一个插曲，会导致领土的变更。德国民族主义以及随后意大利民族主义的兴起，都没有引起法国统治阶级的注意，直到普鲁士宣布霍亨索伦家族（Hohenzollern）将继承西班牙王位时，法国才于 1870 年决定对普鲁士宣战。直到此时法国依然没有意识到，他们正在面对不断崛起的德国民族主义的反击。从 1866 年到 1870 年，法国军队非常清楚普法战争已经箭在弦上，国内那些一心想洗刷滑铁卢战败耻辱的人早已急不可待地盼着战争的爆发③。据此我们可以

---

① 1870 年，法国拿破仑击败了俄国和普鲁士联盟后，强迫普鲁士、波兰和俄罗斯与法国签订《提西尔特条约》。

② Malcolm Paisley, Germany: *A Comparision to German Studies* (Oxford: Methuen&Co. Limited, 1972), p. 247.

③ 法国海军的发展与拿破仑战争紧密相关。根据相关史料，法国海军并不认为在对俄国战争中拿破仑的战略重心已经被打破。具体论述参见 Admiral Baron Richard Grivel, *De la Guerre Maritime* (Paris: 1869), pp. 276 – 278.

推测在 1870 年前，法国海军实际上有很多机会，在借鉴拿破仑战争和克里米亚战争经验教训的基础上，去重新确定本军种在未来大陆性战争中的作用。在拿破仑战争中，法国海军确定的单纯与英国在海上对抗的战略没有奏效，英国海军反而将法国与外部世界隔离。尽管还没有发现 1815 年之后法国官方有关军种辩论的相关记录，但学术界出现了一些关于法国海军在大陆性战争中的作用的分析文章。与此同时，英法联军对克里米亚战争的成功干涉，也应该能为法国海军参谋部提供在大陆性战争中发挥作用的另一种战略选择①。

但再次令人惊讶的是，在 1870 年的普法战争中，法国海军依然没有发挥重要作用。战争爆发之初，法国坚信能够赢得战争。我们可以想象一下，法国陆军元帅对海军上将说这句话时的神态："我们陆军肯定会打赢这场战争，你们海军就不用劳神了！"或者是法国高层想当然地认为，一旦法国与俄罗斯或普鲁士开战，即使海军不参战也不会影响战争结果。1870 年 7 月 15 日，普法战争爆发。进入 8 月，战况已经初步显现出法国取胜的希望变得很渺茫，在战争结束之际法国还面临着割让领土的危险。8 月份法国持续溃败。9 月 1 日，普法在色当展开了第一场决战。攻占色当之后，9 月 19 日，普鲁士军队开始围攻巴黎，引发了法国全国范围内的激烈抵抗。巴黎城内爆发了饥荒，法国被迫于 1871 年 1 月 28 日向普鲁士投降。在这 5 个半月的战争中，法国的大多数人口都被卷入。战争于 1871 年 5 月结束，双方签订《法兰克福条约》，法国割让阿尔萨斯和洛林。虽然法国海军也试图从海上压制普鲁士，但是行动上的犹豫不决导致行动最终失败。1870 年的法国海军是当时世界上最先进的海军之一，配备有最好的膛线炮和大威力的爆破穿甲弹。德国海军的规模相对较小，不敢轻易到北海海域巡航，在波罗的海也没有固定的海军力量存在。在这种情况下，法国主力舰队能够毫不费力地进入波罗的海。与此同时，法国海军派出一支分舰队进入北海打击德国舰艇，并试图在德国北部登陆，为进入波罗的海的主力舰队提供策应。这一作战构想在理论上是正确的，但实际上极具冒险性，并且由于行动中的犹豫不决而导致最终失败。法国波罗

---

① Theodore Ropp, *The development of a Modern Navy*: *French Naval Policy*, *1871 – 1904*（London: Triservice Press Limited, 1987）, p. 24.

的海舰队认为，如果没有大规模的兵力用于登陆作战，对德国北部弗伦斯堡（Eckernförde）或基尔（Kiel）的进攻就不能达成战略性目标。法国海军部队指挥官收到的上级指令也是相互矛盾的，一会儿要撤退，一会儿又要原地待命。情报非常匮乏，法国舰队曾经两次后撤至丹麦的大贝尔特（Great Belt）海峡，以躲避劣势的德国北海舰队的突击。法国海军的这种行动，完全抛弃了海军尽力把一场陆上战争转化为海上战争的勇气和战略智慧①。当然，法国海军失败的种子，早在海军与外交部无法有效配合从而在波罗的海建立联盟之时就已经种下。在战争爆发之前法国就应该派出舰队进入波罗的海，从而使普鲁士在战争爆发之初就陷入两线作战的不利态势。

通过上述对战争进程的简短回顾，可以看出普法战争对法国而言并不是突然爆发的，也没有因此导致法军陷入准备不足的困境。在第一阶段，即从1866年到1870年，法国已经清晰地意识到，事态的发展将导致普法必有一战；在第二阶段，即从1870年7月15日到8月中旬，法国军队可以说由于过分自信，而未进行充分的动员；第三阶段，从1870年8月到1871年7月，当法国为生存而战时，法国军人却没有意识到应当为拯救国家而拼死一战，这实在令人难以置信②。

在战争中，当巴黎被普鲁士攻陷之时，法国海军的兵力部署是怎样的呢？在19世纪六七十年代，全世界范围内掀起殖民扩张的浪潮。19世纪60年代末，伴随着殖民扩张，法国海军进入朝鲜，在西非的贝宁和北非沿岸的突尼斯建立了殖民地。法国海军还出现在南亚次大陆和中国，并在越南建立了殖民地。据说普鲁士宰相俾斯麦为了将法国的注意力从普法边境移开，曾经怂恿法国派遣海军到海外从事殖民扩张活动，由此加剧了英法之间的竞争。尽管法国海军在全球范围行动，但在波罗的海地区仍然保持了一支优势舰队，比当时普鲁士海军的规模要大很多。

显而易见，当时法国海军执行的是大洋战略，是为建立海外殖民帝国的

---

① Only the navy's services on land saved it from a wave of public indignation. Theodore Ropp, *The development of a Modern Navy*: *French Naval Policy*, *1871 – 1904*（London：Triservice Press Limited，1987），p. 24.

② "In all, the navy furnished 55300 officers and men, 1032 guns, 29300 rifles and much other equipment to the army." Ibid. , p. 25.

国家目标服务，但是这样的海上战略有助于维护法国的本土安全吗？从法国海军在普法战争中的失败经历，以及从制定联合战略的角度来看，法国海军在这场战争中的作用被人为地削弱和忽略了。在以往战争中，法国海军或者单独与敌国海军作战，或者作为联合部队的一部分参加作战；但在普法战争中，法国海军显然没有做好应对的准备：由于敌国在海上并没有势均力敌的舰队存在，因此法国海军无法发挥在海上歼灭敌方舰队的优势，那么法国海军就不得不为自己寻找新的发挥作用的途径。普法战争中法国海军的例子表明：陆权国家必须推动海上战略思想的发展，对如何发挥海军在大陆性战争中的作用进行思考与分析①。

　　1914 年至 1918 年，第一次世界大战爆发。马汉的海权论在这一时期主导着大多数大陆性国家海军的思维，法国海军再次发现自己缺少海上战略思想的理论基础。一战初期的战争进程与 1870 年的普法战争很相似，但在经过最初的 6 个月之后，却发展成为一场长达 4 年的持久战，交战双方实际上都有足够的时间根据形势发展去修订或重新制定战略。那么究竟是哪些主要因素导致第一次世界大战的爆发，法国又将制定出什么样的海上战略呢？1870 年的普法战争使法国注意到一些重要的数据：首先，尽管在 1840 年德国的人口数量少于法国，但到一战爆发时，德国的人口大幅增长超过了法国，同时德国更高的生产力水平也使得德国可以更好地应用人力资源；第二，从长远来看，德国强大的重工业生产潜力也使法国处于不利的位置。

　　一战爆发时，德国唯一不能与法国相提并论的就是海军舰艇的数量或者质量②。当法国意识到自己已经失去了欧洲大陆的霸权时，开始寻找盟国共同对抗德国，最终选择了俄罗斯。但是法国和俄罗斯居于欧洲大陆两端，被中欧各国隔开，陆上相距有 1000 多英里，在海上也无法建立有效联系。如果法国与俄罗斯或者在北面通过波罗的海，或者在南面通过黑海建立海上联系，

---

　　① 1904 年 4 月英法之间签订了《英法协约》。1870 年以后，建设一支袭商型海军以抗击英国这样的海上强国的主张在法国国内的影响逐渐减弱。法国海军司令部开始以德国为主要对手进行作战准备。法国海上作战理论开始向建立大型舰队和获取制海权转变，1895 年法国成立海军战争学院，重点研究这一战略。

　　② "... and of the continued failure of the public and military men to see the importance of sea power in a continental war." Ibid., p. 359.

就会对欧洲大陆中部的德国形成侧翼包围之势，从而能够有效阻止巴尔干半岛陷入混乱的战事。随着英法和解协议的达成，英国加入三国联盟。可能有人会想当然地认为英国的加入会对联盟的海上战略产生影响，在以往的大陆性战争中英国的确在联盟中发挥过类似的作用①。

然而这一次却并非如此，英国海上战略思想已经深受马汉"舰队决战"思想影响，所有的海军行动都要服从"舰队决战"的需要，这种状况直到丘吉尔的海上战略思想出现时才有所改变。法国陆军的方案本质上是进攻性的，但是战争爆发3周以后，即1914年8月，法国取得战争胜利的希望越来越小。战争目标已经转为如何保卫法国领土安全，避免1870年悲剧的重演。到1914年11月，交战双方开始转为堑壕战，伤亡惨重。1915年初，在马恩河（Marne）和埃纳河（Aisne）两场大战役中，协约国伤亡近40万人（其中马恩河25万人，埃纳河15万人）②，德国的伤亡相对较小，但双方并未分出胜负。1914年底，英国国内出现争论：一派认为应集中兵力固守西线阵地，另一派则认为应当采取全球性的海上战略。在丘吉尔的大力推动下，协约国开始着手于达达尼尔海峡作战。反对开辟东线战场的声音主要来自法国陆军，法国海军在这场争论中并没有发挥重要作用③。

让我们一起来看看协约国都损失了哪些宝贵的机会吧。协约国没有制定海上战略，从而与最大的陆权强国——俄罗斯在海上建立联系：尽管在法国西北部的弗兰德斯那场毫无意义的战役中损失了近50万人，但与俄罗斯建立海上联系的方案仍然备受争议。当然，加里波利登陆战役（Gallipoli landings）必须作为最失败的战例之一载入史册。历史惊人地再次重现，一战期间英国战争部长基奇纳勋爵（Lord Kitchener）认为加里波利登陆之所以失败，是因为伊恩·汉密尔顿（Ian Hamilton）将军没有足够的登陆兵力。因此，法国海

---

① 法国军事理论家对1870年战争的分析显示，普鲁士的胜利主要在于强调攻势作战。对这一理论的阐述详见 Colonel Ardent du Picq. See his two volumes, De la conduit dela guerre and Des Principles de la Guerre.

② 1915年英国坚持对德国实施消耗战，源于对英法协约国集团和德奥同盟国集团实力的错误估算，即德国资源将在6个月内消耗殆尽。参见 David French, *British Strategy and War Aims* (London: Allen & Unwin, 1986), p. 65.

③ 1914年9月，英国首相丘吉尔第一次提出实施达达尼尔海峡登陆作战，遭到国内费舍尔海军上将反对。之后，丘吉尔无视国内反对意见，直接与法国海军大臣 Victor Augagneur 商定登陆作战事宜。具体参见 Paul G. Halpern, *The Naval War in the Mediterranean* (London: Allen & Unwin, 1987), pp. 56–60.

军参与第一次世界大战的一个主要战场就没有了①。"东线作战派"强调要联合海军力量在法国东部开辟东部战线。1916 年，布鲁希洛夫（Brusilov）进攻战是德国在凡尔登战败的主要原因之一，因为德国军队不得不从西线抽调兵力到东线加强喀尔巴阡山的前沿力量部署，开辟东线战场的价值也因此显现出来。但是，1916 年协约国在意大利前线的犹豫不决，以及 1916 年在希腊战场的失利，都迟滞了东线战场开辟的进程。直到 1916 年底，东部和西部战场第一次出现遥相策应的迹象。试想如果协约国延续他们过去的经验，战争之初就开始利用优势海上力量对陆上同盟国集团进行包围，那么战争的进程是否会因此而改变呢？②

对于法国海军来说，1914—1918 年的第一次世界大战与 1870 年的普法战争有很多不同之处。在 1870 年普法战争中，因为法国独自与普鲁士作战，因而独立使用海军的可能性较小；在第一次世界大战中，尽管战争初期法国和英国在西欧占有一定陆上优势，但却没有建立与俄罗斯联系的海上通道，教训非常明确。在一场典型的大陆性战争中，战争重心所在之地的争议通常较少，但关于如何有效利用海军却会引发许多争论。如果可能的话，经典的解决方案在于建立联盟，通过海洋与盟国加强联系。这种方法也许并不一定适用于所有情况，但在条件合适时，对海军实力较弱的敌国，通过灵活地运用海上力量，有可能切断其对外通道，使其陷入孤立和混乱之中。1870 年的普法战争与 1914 年第一次世界大战本质上不同，但只有英国海军大臣丘吉尔看到了这些差异，可是他并不被当时英国决策层的主流所认可。法国海军再次因为缺少明确的大陆性战争中的海上战略，而错失保卫国家领土安全的重要机遇。③

---

① 法国海军总司令认为，仅依靠海军对海峡实施封锁，不同时实施陆上进攻作战，必将遭遇失败。

② 达达尼尔海峡作战的失败使保加利亚落入德奥同盟国集团手中，对于希腊和巴尔干半岛上加入协约国集团作战的国家带来重大影响。Keith Robbins, *The First World War* (Oxford: Oxford University Press, 1984), p. 59.

③ 对法国海上战略的批评，详见 Vice - Admiral Raoul Castex of the French navy whose opinions are covered in Chapter 2.

第四章

海军与经济战

　　与具有漫长海岸线的大陆性国家发生战争时，利用海军打击敌国战时经济是一个很有吸引力的选项，当然，与四面环海的岛国发生战争时，经济战同样是首选方案。本书关注的是海军在大陆性战争中如何发挥作用，对海军领导人来说，对敌国经济实施打击是一个不错的战略选择；如果陆上战争在沿海地区展开，则可优先选择两栖作战以影响陆上战争进程。

　　战争最初是一项只有军人参与的活动，拿破仑战争之后逐渐演变为举国参战，至少在陆上战争中如此。海上战争的关注焦点有所不同，自古以来，海军一直将敌国海外贸易视为比舰艇更具价值的目标，往往用捕获或击沉敌人商船或掠夺货物数量来统计海战的战果。法国"青年学派"的海上战略家对 17 世纪英国海军成功摧毁荷兰海外贸易的案例进行了研究，提出以贸易袭击战为主要内容的法国海上战略建议，试图通过打击敌人海外贸易谋求法国对英国的全面胜利。拥有海岸线的国家往往都在一定程度上发展海外贸易，阻止或摧毁其海外贸易可以对其构成严重威胁。新兴国家和近半个世纪以来刚刚摆脱宗主国控制的殖民地国家，还没有时间建立自己的商船队和港口设施，海外贸易规模没有那些早就独立的海洋国家大，因此，各国对海外贸易的依赖程度不同。大多数发展中的海洋国家，以及刚刚步入发达国家行列的海洋国家，仅有不到四分之一的进出口货物由本国商船承运，其余四分之三则由挪威、英国等历史相对悠久的海洋国家及日本、韩国等部分发达国家商船承运。

　　与奉行大陆性国家战略的海洋国家进行交战，海军的终极目标是完全阻断该国与海洋的连接通道，阻止其对海洋的利用，从而影响陆上战争进程。对非超级大国海军来说，这样的手段似乎并不具备吸引力，但关键的问题不是海军的规模大小或力量强弱，而是时间。陆上战争和海上战争的内在节奏不同，海战进程与陆战进程如果步调不一致，对陆上战局的支撑作用就会被弱化，1940—1941 年间，英国在地中海的潜艇战对于陆上战局的不同影响，就很好地说明了这一点。

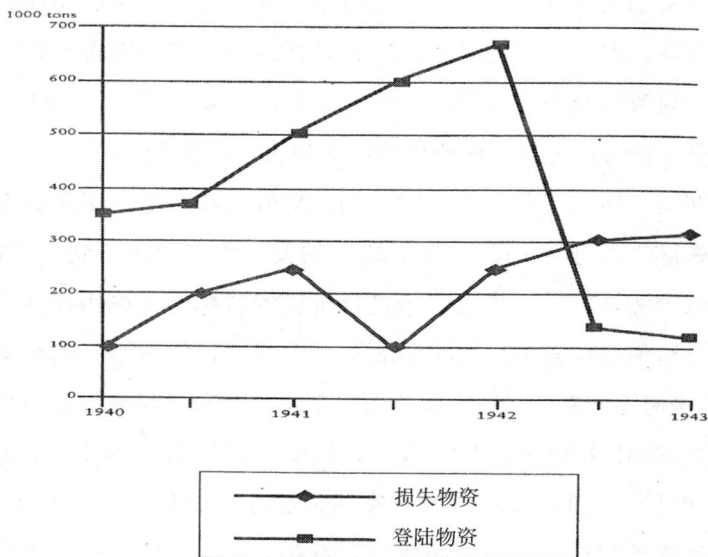

图 4.1　轴心国损失物资与登陆物资吨位对比图（1940—1943）

　　折线统计图 4.1 显示的是 1940 年中期至 1943 年中期，轴心国运至北非海岸的物资吨数及由于各种原因在航渡中损失物资吨数的变化情况，目的是说明德国空军对以马耳他为基地发动攻击作战的英国潜艇部队进行压制所产生的效果。陆上战争经历了几个不同的阶段，1941 年 4 月以前，盟军仅仅与意大利进行作战，我们对这一阶段不做讨论。1941 年 2—5 月，德国北非集团军登陆非洲大陆。1941 年 4 月底，在所有部队集结完成之前，隆美尔就发动了第一次进攻作战，重新占领了整个昔兰尼加（Cyrenaica）[①]。1941 年中期，德军物资消耗增大，随着英国海上拒止作战的成功次数不断增多，陆上战争开始陷入僵局。1941 年底，对苏作战的德军第二航空队重新部署在地中海。1942 年前半期，德国借助空军优势对英国的海上拒止部队进行了有效压制，运送至北非大陆的德国物资增加到 80 万吨，而沉没物资下降至 12.5 吨，隆

　　[①] 译者注：昔兰尼加，指利比亚东北部地区，范围包括从利比亚中部往东至埃及边境，南部至利比亚与乍得和苏丹交界处。

美尔借此发动了第二次进攻作战，占领了托布鲁克（Tobruk）①，兵临阿拉姆哈勒法（Alam Haifa）。与此同时，盟军经由好望角运送至非洲大陆的物资倍增。隆美尔在阿拉姆哈勒法的进攻陷入困境，盟军在阿拉曼（El Alamein）战役取得了陆战的首胜，主要原因得益于优势海军的存在。统计图清晰地表明，敌对双方在非洲大陆的力量消长与盟军的海上战果密切关联，德国陆军虽然较盟军更为优秀，但由于缺乏海上力量的支撑，最终还是战败。

上述战例有点过分简单化，因为参战双方的陆军都不是北非的本土军队，补给线必须经由海路，陆上战争自然掺杂了海洋因素，占领与控制北非海岸对于双方都具有重要意义。如果陆上战争在两支本土军队之间展开，情况又会怎样呢？海上战略家会选择从海上孤立敌人，但效果为何？人们一直认为强制性中断海洋国家的入海通道会对该国战争能力造成伤害，因为这意味着限制了该国包括粮食在内的战略物资的进口，也限制了该国财富的输出。限制进出口贸易对于一个国家的影响和生效时间等问题，还有待进一步探讨。

一、 战略物资

世界上大多数国家的粮食供应都可以做到自给自足，只有极少数国家因地理环境恶劣而不适宜粮食种植，比如阿拉伯半岛的国家和非洲之角的国家。对大多数国家来说，满足食品基本需求（面包）并不是一件非常困难之事，但黄油就是另外一回事了。大多数工业国家需要依赖食品进口以维持特定的生活水平，像日本和英国等少数国家，如果不进口食品的话甚至难以满足基本生活需求，这显然是一些岛国的情况，其国家战略重心的根基是海洋。这样的岛国几乎不可能发生大陆性战争，因此，与这些国家之间的大陆性战争不在本书研究范围之内。我们来了解一下谷物等粮食初级产品的进口量和各

---

① 译者注：托布鲁克，利比亚东北部港口城市。

国接受粮食援助情况，表4.1和4.2提供了一些统计数据：

表4.1　1991年谷物进口和食品援助

国家		谷物进口量（千吨）	谷物援助量（千吨）
发达国家	日本	24 473	–
	西班牙	4 016	
	德国	3 545	
	英国	2 799	
	以色列	1 635	
其他国家	中国	13 431	134
	巴西	6 332	–
	埃及	6 028	1 525
	阿尔及利亚	5 436	–
	伊朗	5 025	–
	孟加拉国	1 631	1 536
	约旦	1 536	481
	苏丹	212	742
	土耳其	166	453

（数据来源：1993年世界银行发展报告）

表4.2　战略商品依赖度

国家		进口份额		出口份额	
		食品	燃料	矿物燃料	初级产品
发达国家	英国	10	6	10	8
	意大利	13	10	3	8
	法国	10	10	5	17
	德国	10	8	4	6
	日本	15	23	1	1
其他国家	中国	6	3	9	15
	印度	5	23	8	19
	巴基斯坦	17	18	1	26
	埃及	29	3	40	20
	土耳其	7	21	7	26
	波兰	7	22	20	16
	阿尔及利亚	26	3	97	0
	沙特阿拉伯	15	0	100	0
	阿根廷	4	9	8	64
	巴西	10	26	16	28

（数据来源：1993年世界银行发展报告）

与大家的认知相反，国家发达程度与粮食自给自足程度没有必然关联，世界上最大的谷物进口国恰恰是高收入国家。部分高收入国家进口谷物可能与欧共体的粮食定价机制有关，欧共体为成员国农民提供补贴，一方面帮助农民销售农产品，一方面限制农民生产某类农产品。表4.2仅仅列举了部分谷物主要进口国的情况，但各国情况大不相同。埃及、伊朗、阿尔及利亚等谷物进口国正在遭受伊斯兰极端主义运动的困扰，本国腹地及陆上邻国没有富裕的粮食生产能力，因此粮食供给对海上交通线依赖程度较高。日本等发达国家谷物供给同样进口依赖度高，但与这些国家国民饮食偏好相关，并不属于基本食物需求。沙特阿拉伯虽然盛产石油，但由于地理条件限制，谷物进口依赖度高达15%，对沙特来说是巨大的弱点。巴基斯坦地理条件并不恶劣，但谷物对外依存度却高达17%。许多国家建立了大型中央仓储系统，储存大量粮食，一方面可以调节市场价格，另一方面可以作为粮食战略储备，以缓解对进口的依赖。除那些高度依赖国际粮食援助的极端贫穷的国家之外，通过限制粮食供应手段削弱国家战争能力的可能性微乎其微，一方面因为各国具备战略粮食储备，另一方面，当麦子、水稻等细粮供应受到限制时，国民可以选择玉米、小米等粗粮，或者减少粮食消耗。但不可否认的是，与其他商品禁运相配合，限制粮食供应是对敌国经济施压的一种工具。

所有战略性进口商品中最重要的无疑是石油，断绝一国石油进口意味着限制该国的能源供应能力，可以直接对其经济发展和战争能力造成损害，是一项历史悠久的战略选择。为防患于未然，很多国家自20世纪初期就开始建立石油储备，最早建立石油战略储备的是美国。两次世界大战中，不乏因石油进口受到限制而战败的事例，也不乏通过限制敌人石油进口而取胜的事例。在这样的持久战中，时间是关键因素，随着时间流逝，石油战略储备逐步耗尽，石油进口受限的国家不得不为保护海上交通线而战，这些国家的大陆主义战略家也不得不将目光转向海洋。拥有漫长海岸线的主要石油进口国包括日本、巴西、印度、土耳其和波兰等国，这些国家都建立了战略石油储备，只不过储备规模大小不同而已，但我们不能仅仅关注石油供应总量。

印度进行过一场军事演习，海上战略的总体目标是限制对方石油供应，演习结果出乎意料。演习设想如下：橙蓝双方爆发战争，由于国际压力、弹药储备及经济持久力等因素的制约，演习被设定为一场有限战争，但橙蓝双方对于设定的战争持续时间均表示疑问。对橙方来说，如果战争持续时间超出预期，将需要进口大量石油，因此战争打响之后，橙方依然需要维持一定的石油进口能力。蓝方从海上采取行动，成功破坏了橙方对某个港口的使用，意想不到的是，这个行动造成了橙方石油生产和分配供应出现了一系列灾难性的后果。橙方依然拥有其他几个港口可供使用，每个港口都建有炼油设施，但与被封锁港口的炼油能力不同，无法消化只有被封锁港口炼油设备才能加工的原油，这些可用港口的炼油厂生产的有限产品也无法有效分配至被封锁港口周边地区，因为橙方的陆上交通系统已被重新分配石油产品的运输工具所挤占，无法将其他港口进口的原油运送至被封锁港口的炼油厂。

　　一些国家会认为技术进步改变了战争形态，战争将会短期化，认同这种观念的人总是抱着"这次情况与以前不同"的态度。1914 年，德国威廉二世告诉他的军队"你们将在叶落之前回家"①。冷战时期，大多数欧洲国家或加入北约，或加入华约，人们认为大陆性战争很可能在欧洲之外的没有与大国结盟的国家之间展开；1980 年的两伊战争再次推翻了短期战争的概念，也推翻了通过某次决定性胜利结束战争的观念。事实上，经济决定战争的观念起源更早，但拿破仑战争冲击了这一观点。为保险起见，国家战略应将战争持续时间超出预期这种情况纳入考虑范围，发挥海军袭扰国家经济和工业生产的作用。与陆空军相比，海军战略或海军的战争观点往往具有不确定性，缺乏创意，如何让国家决策者采纳自己的建议对于海军领导人来说比较困难。伊拉克海军高层就未能说服总统萨达姆·侯赛因重视海军的作用，以至于萨达姆在打造战争机器时完全没有考虑海军的建设问题。盟军的海上兵力集结耗时 5 个月，萨达姆如果拥有一支包括潜艇在内的规模适度的海上拒止兵力，就完全可以对进入阿拉伯港口的舰船造成毁灭性打击，从而分化美国联盟，但盟军在整个集结过程中未受到任何挑战。伊拉克海军建设的着眼点的确是执行海上拒止任务，但前提是需要空军的掩护，一旦伊空军被盟军压制，海军就无法在盟军陆基或海基的空中威胁下展开行动。这是一种灾难性的战争规划，伊拉克本应从长达 8 年的两伊战争中吸取教训而避免这种灾难。

　　人们认为伊朗和伊拉克均不具备持久作战能力，两国之间发生的任何战争都应该是短期战争，海军在这样的战争中作用非常有限，因为不管其兵力结构如何合理，对陆上战争产生影响都需要一定的时间。1980 年 9 月 20 日，为占领阿拉伯河，伊拉克从陆上对伊朗发动攻击②，两天之后就对哈尔克岛（Kharg Island）上的炼油设施发动了进攻。这次"油罐战"（tanker war）并非心血来潮，它是按照伊拉克在战前精心策划的战略实施的，这个战略几乎不

---

①　McCornick and Bissel, *Strategic Dimensions of Economic Behaviour* (New York: Praeger, 1984), p. 68.

②　Anthony Cordesman, "The Iran – Iraq War and Western Security, 1984 – 87", *Royal United Services Institute*, pp. 146 – 147.

考虑或者根本不需要海军参战。在进攻霍拉姆沙赫尔（Khorramshahr）之后，战事逐渐平息，在整个冬季里双方相安无事。8 年的战争历程清晰地表明，伊拉克的主要目的是削弱伊朗石油出口，进而降低伊朗的战争持续能力。

尽管伊拉克在大战略层面对海军抱有严重的偏见，但其战略目标却是阻止伊朗对于海洋的利用，只不过达成目标的手段是空军力量。这个事实让伊拉克的海军战略家不得不进行反思，长达 8 年的战争也就是他们的反思期。在最初的进攻之后，伊拉克陆军丧失了主动权，8 年期间仅仅发动了一两次进攻行动，但伊拉克对伊朗石油设施的攻击取得了辉煌成就，直到战争末期伊朗领导人才意识到自己被慢慢拖入油尽灯枯的境地。整个战争期间，伊拉克石油产量一直维持在 1984 年日产 120 万桶的水平[1]，甚至还有所增加，而战争初期伊朗石油日均产量为 200 万桶，战争期间降至 94 万桶。如果伊拉克能利用两伊战争经验发展好海军的海上拒止能力的话，沙漠风暴行动的结果可能会有所不同，但萨达姆缺乏对海军作用的全面了解，海军高级官员也一直未找到说服萨达姆的有效方法[2]。两伊战争期间，双方海军不仅具有利用海上行动影响陆上战局的良好机会，甚至有可能对敌方的国民经济施加重大影响，但双方海军都没有把握住这样的良机，海上拒止的主动权最终落入各自空军的手中。

如果将限制石油供应作为影响陆上战局的手段，我们参考斯德哥尔摩国际和平研究所（Stockholm International Peace Research Institute，SIPRI）[3] 的一份研究报告，该报告声称：除在北海拥有石油设施的国家之外，其他西欧国家均严重依赖海外石油供应（见表 4.2），以西伯利亚为起点的油气管道开通可以降低这些国家对海外石油的依存度。如果近海石油平台的输送通道出现问题，甚至中国在某种程度上也会受到困扰。美国对海外石油的依存度仅为 7%，控制石油消耗量可以轻易渡过难关。按照斯德哥尔摩国际和平研究所的计算结果，军事消耗占世界石油产量的 4%。但这个结果具有很大的误导性，二战后第三世界国家发生的战争表明，二流国家武装力量和平时期的石油消

---

① *Petroleum Monitor*（New York：Relevant editions）.

② Conversations with Iraqi naval officers（unmamed，October 1990）.

③ SIPRI，"Oil and Security"，Ch. 2.

耗就达到国家总油耗的 6%。世界各国通行的做法是建立 45 天的石油战略储备，在战争时期通过压缩 10% 的石油消耗，可以把 45 天的储备量延长到 180 天使用。①

　　这样的预期有些过于乐观，石油危机期间或许可行，也就是说石油短缺是一种全球性现象，各国必须接受石油短缺的事实，强行限制消耗直至找到全球性解决方案。依据历史经验，战争时期武装部队石油消耗 3 倍于和平时期，就算地区战争持续时间不超过一年，指望 45 天的储备量维持 180 天的作战行动有些过于乐观。如果考虑上运输因素，武装力量甚至难以维持 45 天，45 天之后，就需要动用国家石油储备，因此，我们很难相信 45 天的石油战略储备可以维持整个国家 180 天的消耗。45 天之后无法补充石油战略储备的国家，应该重新审视自己的国家战略，在国家战略改变之前海军仍需忍耐。

　　第三世界国家的情况更不可用常理推测，一些国家由于地缘战略原因保持了与其经济和石油工业规模极不相称的庞大军队，其武装力量在和平时期石油消耗就达到国家总油耗的 12%，这就是我们认为斯德哥尔摩国际和平研究所结论具有误导性的原因。巴基斯坦全国一年消耗原油仅 700 万吨，但军队规模达到 60 万人，战争开始 45 天之后，维持如此规模军队的运转不可能不影响国家经济运行。总体来说，如果战争持续时间超过 45 天，限制敌国石油供应依然是海军影响陆上战局最好的战略选择。

　　第二次世界大战期间，各国曾开展过一系列研究，试图发现海军是否可以采取行动对其他影响国家战争能力的矿物质实施禁运，研究结果表明对铁矿石类大宗产品实施攻击得不偿失，因为敌国可以使用替代品，而限制敌国某些战略性矿石进口或加工的效果却更显著②。人们普遍认为断绝一个国家的铬、锰、钨、钒、钴的供应，将对该国所有精密机械、机床及轴承制造形成严重损害，汉斯·墨尔（Hans Maull）制作的脆弱度表格显示，美国及所有西方国家上述矿石的主要来源都依赖进口③。不过，通过海军行动完全断绝上述矿石供应的可能性微乎其微，因为需求量过小，完全可以采取海运之外的其

---

① SIPRI, "Oil and Security", p. 59.
② Hans W. Maull, *Energy, Minerals and Western Security* (IISS), pp. 145 – 146.
③ Hans W. Maull, *Energy, Minerals and Western Security* (IISS), p. 23, Table 7.1.

他运输手段。战时海上禁运、海上拿捕，或选择性的港口封锁当然可以限制
这些矿石的流动，但实施这些行动面临许多困难。二战期间，盟军在对德国
实施战略轰炸的同时，也曾采取行动试图切断德国这些矿石的供应，但没有
成功。由此可见，对海军来说，断绝敌国战略性矿石的供应未必是一个明智
的选择。

二、 经济战

近年来，世界各国经济联系日益密切，如果没有畅通的进出口渠道，许
多国家甚至无法维持经济的正常发展。与此同时，战略家却沉迷于军事史上
坎尼会战、色当战役或尼罗河河口战役等决战的辉煌，错误地认为速决战理
论在今日依然有效。德国曾在速决战理论的错误指引下，抱着在 1914 年冬季
之前战胜英法的信念制订了"施里芬计划"（Schlieffen plan），日本陆军将领
和海军参谋部在同样的错误理念指引下迫使山本五十六袭击珍珠港，从而导
致日本海军在中途岛的惨败。速决战理论和消耗战理论的对立长期存在，但
过去 20 年发生的两场主要战争，即两伊战争和越南战争，都是长期的消耗
战，最终胜利的并不属于拥有技术优势和付出巨大牺牲的一方，而是属于更
有耐力的一方。

一旦意识到无法通过决战取得陆上战争的快速胜利，重心就由士兵转变
为经济。海军最早意识到攻击敌人经济的必要性，历史上也有少数以获取经
济利益为目标的陆上战争案例。第二次世界大战期间，德国占领高加索的目
的就在于获取俄罗斯的石油资源，德国在罗马尼亚部署重兵的目的也是保护
油田。伯罗奔尼撒战争让海军明白了攻击敌方经济的重要意义[1]，对海洋国家
开展商业袭击战必定能够迫使敌人投降，但商业袭击战与陆权国家有什么关

---

[1] MaCormick and Bissel, pp. 67–69.

系呢?

20 世纪的发展历程表明,所有国家的经济复苏与起飞大都是出口导向型经济,德国、日本、韩国在国际贸易中的份额显著增长,是他们能够创造经济奇迹的主要原因。法国"青年学派"的理论灵感发端于美国南北战争期间邦联海军的军事行动,其基本立场是将袭击敌国进出口贸易作为主要战略手段,商业规模的扩张为青年学派进一步提供了佐证。传统观念认为,消灭敌舰艇编队是海军采取下一阶段行动的序曲,但由于现代炸药威力巨大,小型舰艇装载的武器就具有极大的杀伤力,青年学派因此认为传统观念已经过时,1875 年法国订购 70 艘鱼雷艇的行为表明了青年学派思想对法国海军兵力结构设想的影响[1]。与海洋国家进行战争时,青年学派的逻辑的确讲得通,德国 U 型潜艇战和美国潜艇战虽然一胜一败,但都可以证明该逻辑。冷战时期,有时虽然其他考量优先于经济因素,但事实说明冷战的最终结果取决于经济,美国对苏联的胜利本质上是经济的胜利。不能因为德国潜艇战的失败,就对德国袭击敌人经济的国家行为进行谴责,潜艇作战实际上是德国海军内部政治斗争和兵种竞争的产物。

历史上曾出现过国家经济服从于国家安全战略的时期。计划经济(command economies)就属于这一类,它也许是苏联经济崩溃的主要原因之一。国民对生活水平不断提高的期望,迫使各国政府将经济发展置于最重要的位置,自给自足不再是各国的优先选择,国内经济发展面对外部干涉时显得更加脆弱。表 4.3 和表 4.4 的数据可以让我们初步了解主要国家承受贸易进出口袭击的能力。

---

① MaCormick and Bissel, p. 77.

表4.3 制造业进口值及占国民生产总值比例

国家		进口值 （百万美元）	国民生产总值 （十亿美元）	百分比 （近似值）
发达国家	英国	108 160	912.7	11.8
	意大利	113 636	968.8	11.7
	法国	137 947	1032.6	13.3
	德国	266 516	1234.6	21.6
	日本	184 917	2360.6	7.8
其他国家	中国	46 148	441.0	10.4
	印度	9 428	263.8	3.4
	巴基斯坦	3 234	45.4	7.1
	埃及	793	44.1	1.8
	土耳其	6 770	1.1	6.5
	波兰	5 515	0.7	8.2
	阿尔及利亚	1 686	0.5	3.4
	沙特阿拉伯	1 749	1.0	1.7
	阿根廷	1 375	1.5	0.9
	巴西	10 295	3.7	2.8

（数据来源：世界发展报告）

表4.4 对外贸易总值及占国民生产总值比例

国家		出口（百万美元）	进口（百万美元）	总值（百万美元）	国民生产总值（十亿美元）	百分比（近似值）
发达国家	英国	182 667	147 751	330 418	912.7	36.0
	意大利	135 948	141 473	277 421	968.8	28.6
	法国	189 291	180 625	369 916	1032.6	35.8
	德国	245 614	330 074	575 688	1234.6	46.6
	日本	188 174	294 617	482 791	2360.6	20.5
其他国家	中国	52 754	73 137	125.891	441.0	28.5
	印度	25 640	21 338	46 978	263.8	17.8
	巴基斯坦	7 280	4 876	12 156	45.4	26.8
	土耳其	14 571	13 360	27 931	1.1	25.4
	波兰	12 334	14 031	26 365	0.7	37.7
	阿尔及利亚	7 982	10 184	18 166	0.5	36.3
	沙特阿拉伯	23 168	34 995	58 163	1.0	58.2
	阿根廷	4 520	11 791	16 311	1.5	10.9
	巴西	18 991	37 520	56 511	3.7	15.3

（数据来源：国际货币基金组织贸易统计目录）

　　表4.3显示的是制造业进口占国民生产总值的比例，表4.2显示的是粮食和石油占进口总额的比例，我们应该将这两张表结合起来看。埃及、阿尔及利亚、巴西等国制造业进口数额虽然不高，但粮食进口数额却很高，表4.4表明商业战在21世纪仍然是一种有效的战争手段。对外贸易占国民生产总值最高的是沙特阿拉伯，高达55%，紧随其后的是德国，占比46%，除巴西和阿根廷之外的所有主要国家对外依赖程度均较高，需要国家在外贸安全方面投入巨大精力，占国民生产总值总额30%~40%的进出口贸易如果遭受打击，没有任何一个国家能够承受其后果。除德国之外，表4.4列举的所有国家都将海洋作为对外贸易的主要运输通道，在德国的对外贸易中海外贸易和陆上

邻国间的贸易平分秋色。

整个二战期间，对敌国经济实施攻击的行动一直在持续，很多陆军将领认为没有明显效果，并对此提出批评。W. N. 麦得利科特（W. N. Medlicott）在《经济封锁》（*The Economic Blockade*）一书最后一章中为经济战进行了辩护[①]。他将经济战细分为封锁战、破坏生产战和敌后袭击战，在"如果未实施封锁"一节中探讨经济战对德国产生的影响时提出如下观点：

——德国大战略的出发点是尽快结束战争，以避免盟国封锁的灾难性后果；

——封锁的连锁效应迫使希特勒做出了进攻苏联并在 1941 年冬季之前决出胜负的战略选择；

——为获取原材料、劳动力和农产品，德军不得不从主战场上抽调一部分兵力用以占领某些地区；

——德国总参谋部始终处在为部队筹集武器弹药、运输工具、食物、保暖衣物等物资的压力之下。

我们有必要再次强调，未来战争持续时间不会超过六年，但参战方仍然有可能面临德国工业部门和总参谋部所面临的压力。随着经济繁荣，国民越来越富有，许多产品成为必需品，国家经济因此成为敌方的软打击目标。统计数据表明工业品已成为最大的进出口对象，以美元计价，1994 年最发达的7 个工业国家工业品的出口值，与 1970 年相比大幅增长，日本增长达 20 倍，加拿大增长 10 倍，日本进口值增长 36 倍，意大利、法国和英国增长达 15倍[②]。我们可因此断言，经济繁荣程度与经济战的承受能力反向相关。

在某种程度上，许多国家战略研究与决策机构面对经济战的矛盾心理是可以理解的，大多数国家军事机构或战略研究机构不存在专业的经济战部门。战略与防务机构关注的是各种形态的战争，而经济学家关注的是经济本身。两个专业从无交集，部分原因在于经济学家的一种尴尬心理，他们认为自己的职业是促进经济繁荣与和平，而事实上经济利益是大多数国际冲突的起因。

---

① W. N. Medlicott, *The Economic Blockade*: *History of the Second World War*, Vol. II, (London: HMSO and O-rient Longmans, 1959), pp. 630 – 640.

② *Directorate of Intelligence – Economic Statistics*, Washington DC, September 1995, Ch. 10.

军事思想家和经济思想家的隔绝导致了许多奇怪的现象，混淆战争的军事目的与经济目的就是怪现象之一。1944 年坚持以德国无条件投降为停战前提的决策，难道就是为了启动马歇尔计划向德国提供资金帮助其重建经济吗？与二战相反，1919 年在凡尔赛签署合约的协约国，坚信经济制裁才能削弱德国、防止其复兴，但正是所谓的经济制裁措施导致了希特勒的上台，德国经济以更快的速度复兴。19 世纪，战争赔偿是一种通行做法。通过战争获利却非常罕见。①

三、　制裁与封锁

帆船时代的商业战争意味着封锁与捕获、战利品与商业战，随着国际贸易关系的体制化，断绝敌国经济来源成为一种通行做法，但断绝敌国经济来源需要与各供应国进行广泛谈判，在达成协议的情况下，通常还需要海军实施封锁以保障协议的强制执行。

我们来看看第一次世界大战时，协约国海军在规划与执行对德经济封锁时面临的困难。当时国际法的地位比今天要高，但两次世界大战期间无限制潜艇战提高了世界各国对于公海上（特别是针对中立国家采取的）有争议行动的认可度。作为一个大陆型国家，德国与全部欧洲及西亚国家均有陆上通道连接，但协约国海军仍然认为海上封锁可以对德国经济造成伤害。

早在 1911 年，协约国家就成立了专门的委员会开始计划对德封锁，② 经测算，采取封锁手段每年可以拦截德国价值 3000 万英镑的商品贸易。1911

---

① The amount of money made by the coalition on increased oil sales due to stoppage of Iraqi production and defence sales, 1991－1994.

② A. C. Bell, *The Blockade of the Central Empires, 1914－1918*: *Official History of the War*（London：HMSO）p. 3 and Thomas G. Frothingham, *The Siege of the Central Powers*（Cambridge：Harvar University Press, 1925）. For details of Navicert, see E. Keble Chatterton, *The Big Blockade*（London：Hurst &Blackett）, p. 19.

年，各国都认为美国北方联邦州对南方邦联州的经济封锁是南军崩溃的最重要原因。在第二次海牙会议上，参会国一致同意应把军用物资列入战时禁运名录，但贸易型国家主张在公海上不得没收私人财产，双方为此争议不休。最后，英国海军部声明，在战争条件下将对德国海岸实施全面封锁。海牙会议的最后公约中纳入了一些重要条款，特别是第七、八、九条，这些条款规定中立国领土不得运送可用于战争的任何物资。所有海洋国家就"合法封锁必须对外进行通告"达成一致，大陆学派法律专家认为，封锁通告必须包括封锁海区的具体信息。美国认为，即使是寄存在中立国港口的敌国物资也可以没收，他们的观点在海牙会议中占据了上风。有趣的是，海军实力不强的大陆性国家认为，法律越严格就越难执行，因此主张将更加严厉的措施纳入封锁法。

一战爆发之前，英国对德国的贸易数据掌握得不够详细，战略制定者对即将实施的对德封锁依然心存顾虑，最大的担忧是德国鱼雷艇部队的壮大。以往人们认为，打败敌舰队之后就可以安全地实施封锁了，但技术发展使得小型的鱼雷艇有能力与大型舰艇（甚至包括战列舰）展开制海权的争夺行动，对海上封锁构成了较大威胁。德国海军一定会与英国展开制海权的激烈争夺，但封锁对德国经济的预期伤害却促使英国海军下定决心。这种思维过程与现代并无不同，小型舰艇的威力进一步增大，陆基航空兵的发展，都使得海上封锁更加困难，但封锁的利弊形势并未发生大的变化。英国海军部认为封锁对于德国经济会造成巨大伤害，但外交部依据领事馆提供的情况判断，荷兰将会成为德国的入海通道。最终，英国海军部被迫放弃了在德国港口附近实施封锁的战略，转而在德国港口一定距离之外实施封锁。

当代海军战略家在策划海上封锁时，最担心的问题是具备较强海军实力的中立国家的反应，他们认为这是 1914 年海军战略决策者未曾遇到的新问题。事实并非如此，让我们来看一个事例。美国在 1914 年已经是世界最大的经济体，当时美国在许多领域掌控的同业联盟（cartel）的实力比现在还强。一家美国集团公司不仅控制了美国铜矿产品，也控制着南美洲铜矿产品。德国战争工业对铜的年需求量高达 225000 吨，每年从美国进口 197000 吨①，对铜矿实施禁运将严重损害美国的利益，英国海军部权衡利弊，最终还是决定把铜列入禁运名录。但美国的另一主要出口商品——棉花却被允许运入德国，理由是德国战争工业可以从其他渠道获得从美国进口的 8500 吨棉花，对美国棉花实施禁运不能给德国战争工业造成伤害。基于同样的理由，英国将镍、锑、银、皮革等美国出口商品排除在禁运名录之外，却不顾瑞典、西班牙的强烈反对，禁止这两个国家生产的铁矿石运入德国②。在这场战争中，美国利益成为优先照顾对象，当代战争同样如此。英国与美国有着特殊的关系，但美国却不顾英国的抗议，在战争爆发之际将扣留在美国港口的德国商船全部收购，以此组建了国有商船队。

1914 年的战争第一次见证了国家运用海军对敌国实施经济战的过程。英国政府的经济部门首先研究德国某种商品的对外依赖程度，确定该商品的主要供应国，由英国政府出面与该国进行谈判，同时派遣海军对该种商品实施海上禁运，逼迫商品主要提供国中止与德国的贸易。当然，这样的措施并不适用于短期战争。针对英国海军的行动，德国并未采取对等措施，唯一的解释是德国的胆怯。也许没有多少人知道德国无限制潜艇战是国内民众的压力所致，协约国的封锁给德国平民的生活造成极大困扰，激起了众怒，民众强烈要求德国采取对等措施，在这样的压力之下德国才决定采取无限制潜艇战。无限制潜艇战始于 1914 年 2 月，但德国最高司令部给潜艇艇长的命令是：留意德国与意大利、美国复杂的政治关系，允许美国运送棉花的船只通过运河，对定期往来于利物浦的意大利船只要采取谨慎措施③。在如此荒唐的命令之下，规模很小的潜艇部队却取得了夸夸其谈的陆军从未取得的巨大成就。

四年封锁的成效如何？1914 年，德国人均肉制品日消耗量为 1050 克，1918 年下降至 135 克；1918 年德国人死亡率较 1914 年上升 37%。我们还可

① A. C. Bell, *The Blockade of the Central Empires，1914–1918：Official History of the War*（London：HMSO），p. 118.

② A. C. Bell, *The Blockade of the Central Empires，1914–1918：Official History of the War*（London：HMSO），p. 121 and Frothingham, pp. 28–30.

③ Freedman and Stonehouse, *Signals of War*（London：Faber and Faber, 1990），p. 253.

以提供其他一些量化数据，但封锁效果主要是人们的直观体验，无法用具体数据统计。居民供暖基本停止，饥饿普遍存在，妇女流产增多，贫富阶级矛盾激化，海军内部也出现了暴乱，商船队实质上处于瘫痪状态，百万工人罢工。很难判断封锁是否为瓦解德国人斗志的主要原因，但我们有理由相信封锁是 1917 年末，特别是 1918 年鲁登道夫进攻行动失败之后，德国军队及民众绝望感的主要来源。德国民众已被推入绝境，德国代表团在参加凡尔赛会议之前就意识到他们将面对的是历史上最严厉的战败国终战条款。对德封锁是运用海军对敌国实施经济战的经典之作，具体情况虽然有所差异，但计划制定者面临的不确定性今天依然存在：国际贸易商们永无休止的贪婪、大国的态度、中立国家的反应等等。今天，我们不能期待某支海军完全复制对德封锁取得的辉煌成就，但对这次封锁进行认真研究，我们可以清晰地了解协约国海军面临的困难。德国是中欧大国，通过波罗的海不长的海上交通线就可以与瑞典、丹麦和挪威联通，德国北海海岸线长度仅为 250 英里，水雷密布。协约国海军面对的困难很可能超过在任何大陆性战争中实施封锁所遇到的困难，虽然封锁 4 年后才达成了预期政治目标，但的确是一个教科书式的典型案例。

第一次世界大战中对德封锁最显著的特点是英国经济发展部门与国防部门的密切合作，国防部门随时掌握德国船只动向，经济部门精准判断德国工业消耗状况并提出封锁建议，国防部门配合执行封锁计划。在很多情况下，英国经济部门通过谈判手段直接断绝了德国工业消耗品的进口来源，海军根本不需要采取军事行动，由此引发了一种观点：如果国际社会团结一致、拒绝向侵略国供应某种特定商品，制裁本身就可以达成政治目的。当然这种观念的正确与否有待探讨。

目前，西方国家主要制裁机制有两种：《核不扩散条约》（Nuclear Non-Proliferation Treaty，NPT）和《导弹技术控制协议》（Missile Technology Control Region，MTCR）。尽管许多国家认为还存在许多不公平之处，但没有任何一个国家公开破坏这两个机制。事实上，这两个机制没有阻止任何有意获取核技术或导弹技术的国家达成目标，所有新兴核国家——巴基斯坦、以色列、朝鲜——都从某个供应商那里获取了核弹制造材料，违反导弹技术控制协议的现象更是屡见不鲜，协议生效后就有 13 个国家获取了导弹技术，很多国家首先引进射程 200 公里以下导弹技术，然后通过技术改进提高导弹射程。相比之下，现代两次相对成功的经济制裁都有海军的支持，"贝拉巡逻"行动①（Beira Patrol）和"沙漠盾牌"行动中的海上封锁均得到了国际社会的快速响应。实施经济战首先需要大量的统计数据，还需要坚定的国家意志，国家需要能够承受国际社会的反应，给海军的命令必须清晰明确，这样的经济战才有可能成功。前文中我们曾提及两伊战争，现代战争中的经济战容易给海军招来骂名，但没有海军支持的制裁往往注定是惨败的，1938 年对入侵埃塞俄比亚的意大利实施的制裁就是如此。事实上，关于经济制裁的教科书往往包含这样的结论：通过贸易手段对某个国家实行经济制裁永远不会发挥作用。1988 年苏联入侵阿富汗后，美国宣布对苏联实施制裁，但即使美国如此强大的实力也未能阻止苏联的小麦进口量创出新高。罗伯特·吉尔平（Robert Gilpin）② 对经济制裁的未来有着清晰认识，他认为西方国家对苏联及其盟国实施经济制裁的困难在于政治分歧，其中，承诺动用武力是最大门槛。两伊战争期间，航运保险费率已提高至和平时期的 3 倍，但直到伊拉克击沉 250 艘油轮后国际社会才决定采取行动。

来看看美国在对伊拉克实施制裁前搜集的伊拉克经济数据，1988—1990 年，伊拉克石油日均产量约 250 万桶，制裁生效之后，日均产量下降至 45 万桶；1989 年伊拉克石油收入为 150 亿美元，1990—1995 年，石油收入为零，四年间国家总损失为 600 亿美元。③ 对制裁持否定态度者也许会认为，制裁并未达成政治目的，因为萨达姆依然在执政，但不容忽视的事实是所有直接战争手段对伊拉克经济造成的损失都不如经济制裁的效果，从这个意义上讲，经济战比军事上战胜敌人对该国的破坏力更为持久。海军倡导经济战或制裁

---

① 译者注：1966 年 3 月—1975 年 6 月，罗得西亚（1980 年建国后，更名为津巴布韦）为反抗来自欧洲的白人统治者以及争取黑人的平等权利，爆发内战，根据联合国通过的贸易制裁协议，英国派遣海军在莫桑比克沿岸第四大港口城市贝拉外实施巡逻，对罗得西亚实施石油禁运。

② 译者注：罗伯特·吉尔平（1930—2018），美国普林斯顿大学国际关系学教授，当代西方最著名的国际关系和国际政治经济学学者之一。一生出版多部著作，其中最具代表性的是《世界政治中的战争与变革》《国际关系政治经济学》，他的主要理论贡献是提出"三论"：体系变化论、国际政治经济学和霸权衰弱论。

③ Directorate of Intelligence, *Economics Statistics*, 1995, Tables 47 - 49.

面临着同样的困难：没有武器采购消耗、没有看得见的战果，可见的只是一堆统计数据。

四、 现代战争中的封锁

　　海军需要通过海上存在（sea presence）来执行战略，封锁更是如此，海军决策者对封锁反感的原因主要在于对长期保持海上存在的莫名恐惧。目前公认的观点是海上控制（sea control）在现代战争中是一个难以实现的目标，只有在舰艇摧毁力与吨位大小成比例的时代才有可能实现对海上的控制。集中兵力原则要求集中使用大型舰船，所以400年来海军战术一直以战列舰为中心发展演变，舰队海上决战意味着海战的终结，马汉关于海上决战对历史影响的论述在一定程度上反映了19世纪末以前的客观情况。德国人精准划分了陆上战争中的战斗与决战，将后者称为"会战"（entscheidungsschlacht），将前者称为"战斗"（schlacht），海战没有进行这样的区分，也许应该进行类似的划分。

　　19世纪以前，没有人对海上战争存在决战这个命题提出过质疑，一旦一方取得全面胜利，另一方不会考虑对获胜方的海上存在继续进行挑战，获胜方因此可以在敌对海域或争议海域长时间停留，也就具备了封锁作战的先决条件。鱼雷艇发明之后，法国"商业袭击战"（guerre de course）学派对海上决战提出了严肃的质疑，由此法国海军开始大力发展小型舰艇。

　　第一次世界大战的经验表明，如果海军和商业情报机构能够紧密合作，海军甚至可以在远海海域对敌国实施严密封锁，英国的战略选择是控制整个北海的航行自由，而不是对德国位于北海的港口实施近距离封锁。从一战到如今，海战技术的发展（特别是潜艇的出现）和作战速度的变化，使得实施封锁一方的海军面临着更大的困难，更加难以在敌近海长期停留。解决困难的方法之一是划定禁区（exclusive zone），禁区可以解决许多作战速度变化带来的问题。水面舰艇执行封锁任务时，敌人可以从 50 海里之外发起导弹攻击，水面舰艇的探测设备可以在 55 海里外发现目标，水面舰艇与导弹的速度叠加接近 60 节，留给水面舰艇指挥官的决策时间仅有 5 分钟，即使是处于高度戒备状态的部队也难以做出有效反应。如果执行封锁任务的舰艇已经在海上执行任务长达 20 天，如果敌人导弹袭击发生在轮班人员执勤的深夜，如果导弹袭击前船员曾接到过无数次错误预警，5 分钟更是显得太短了。

封锁舰船做出攻击决定同样面临着困难，因为目标性质难以确定，发射按钮的简单操作会不会酿成另一次的"雅典娜号"或"卢西塔尼亚号"（Athenia or Lusitania）误伤客轮的事件？空中目标性质更加难以确定，指挥员的决策时间不会超过一分钟，只有通过划定"全禁区"（total exclusion zone，TEZ）才能解决上述问题。1971 年对卡拉奇发动攻击时，印度海军曾宣布过这样的完全禁航禁飞区，但由于无法解释的原因撤除了宣告。1982 年 4 月，英国依据联合国宪章第 51 条"允许国家采取自卫手段"宣布福克兰群岛周边海空为完全禁航禁飞区，辩称完全禁区与交战禁区（combat exclusion zone）不同，英国将对全禁区周边具有威胁的目标实施攻击。全禁区不能解决所有问题，但会使识别目标问题简单化，一切性质不明的目标均被视为敌对目标。印度在卡拉奇的全禁区内击沉两艘中立国商船，但没有受到国际社会的谴责。全禁区解决了中立国船只问题，禁区内只剩下敌对双方力量。但实施封锁方的海军发现了新的问题，海战技术的发展使得水面舰艇面临三个巨大困难：一是无法隐藏雷达反射面和红外感应面，二是无法完全消除水下噪音，三是无法消除电磁频谱辐射。潜艇没有这样的劣势，但只要封锁是经济性的，针对对象是货船，水面舰艇就不得不出现在敌对水域。因此，封锁方面临的困难就是如何应对小型舰艇的威胁，小型舰艇往往离不开空中力量的侦察支援，而且，空中力量本身也可以对水面舰艇实施攻击，水面舰艇的生存状况依然十分恶劣。总体来说，接近敌人海岸的蓝水海军必须与非海军的对手展开殊死争夺。

以封锁为目的的海上存在必然会导致海上战斗，对实施封锁的舰队来说并不是坏事，通过战斗可以削弱敌人的抵抗力。如果封锁兵力没有配置航空母舰，水面舰艇则必须依靠舰载直升机来弥补技术劣势。航空母舰是水面舰艇对小型导弹艇作战所必需的平衡力量，但纠结于航空母舰会让我们回归到一个基本问题上来：海军战略与海军兵力结构，孰先孰后？世界上只有一个国家拥有大型航母，在濒海区域执行作战任务的其他各国水面舰艇编队都必须求助于别的战术方法。

空中预警（AEW）、海上侦察、电子战（EW）以及空对舰导弹，可以助力海上封锁，但任何一个任务海域也不可能保障有足够的直升机供封锁使用。现代封锁作战面临的形势与英国在福克兰群岛面对的形势大同小异，阿根廷海军小型舰艇兵力的规模不大，英国舰载直升机的空对舰导弹完全可以压制阿根廷小型舰艇的进攻，英国封锁部队遭受的攻击主要来自岸基飞机。但福克兰群岛战争与其他战争的最大区别是，这场战争没有对阿根廷本土造成威胁，因此阿根廷空军并没有动用全部力量对英封锁兵力展开攻击。我们讨论的是大陆性战争，因此必须牢记陆地是主战场，在这样的情况下敌空军不可能保留力量，一定会倾其所有对封锁兵力发起进攻。

我们已经详细勾勒出了海上封锁作战的场景，大陆性战争中海军的作战环境、战略手段与封锁作战基本相同，我们将在第七、八章中进一步探讨，现在对本章内容进行小结。过去几年，世界已经从物理封锁迈向制裁时代，但二者结合才能取得最大成效。封锁执行者从未否认源头控制的重要意义，但源头控制需要与许多中立国家打交道，中立国家可以大致划分为海外中立国、相邻中立国、非友好中立国和贸易主导型中立国四类。[1] 所谓贸易主导型中立国，指的是国家经济严重依赖出口的中立国家，这类国家对争议问题可能不持任何政治立场，但受到自身经贸发展的需求驱动，为保持经济活力极有可能对源头控制形成干扰。这些国家有可能是最大的麻烦所在。我们必须将经济战与和平时期的经济强制（economic coercion）加以区别，除合法行动以及外交行动以外，经济战还具有军事成分，可以说是战争时期的经济强制。1914—1918 年第一次世界大战期间，英国政府在伦敦成立了封锁部（Ministry of Blockade），1934 年在 R. H. 克罗斯（R. H. Cross）的领导之下，功能单

---

① This classification is based on the manner in which neutrals have been covered by Medlicott in The Economic Blockade: *History of the Second World War*, Vol. I (London: HMSO).

一的封锁部成功地升级为经济战部（Ministry for Economic Warfare），进行了大量卓有成效的工作。第二次世界大战之后，美国继承了英国对经济战的热情，开始考虑在和平时期如何系统地运用经济战手段。英国和美国的实践，使海上封锁最终演变为联合国宪章中"对潜在侵略国家施加压力"[1] 的第一手段。

---

[1] Medlicott, Vol. II, p. 660.

第五章

两栖战选项

一、 可能前景

海洋国家利用两栖作战对抗其他海洋国家或陆权国家的必要性，这里无须再做过多解释或说明。譬如美国，是美洲最大的陆权国家，但由于其具备强大的海上投送能力，可以对世界的任何地方产生影响。如无陆上盟友的支持，以控制领土为终极目标的美国海外干涉行动，必然以两栖作战为开端。本书聚焦于包含海上战场的大陆性战争，在这样的战争中，主导国家总体安全战略的很可能是陆军将领，而不是海军将领。士兵更愿意从陆上发起进攻，而不是从海上，他们视"水"为行动的障碍，而不是输送兵力的媒介，因此，陆军战略的范围止于高潮水位线。与陆军相反，水手们一听到"水"，一定会问：水有多深？对他们来说，水越深就意味着越安全。综合考虑这两种不同反应，如果陆海军能够相互取长补短、协同行动，就可以超越陆海军各自狭隘的"单轨"思维，探索出全新的作战模式。

大陆性战争具有遵循陆军战略的内在倾向，很少顾及海上的情况，陆海军将领都需要对这种错误的倾向负责。德国人创作了一批杰出的军事战略著作，培养了一批极具才干的陆军将领，但大部分杰出的陆军将领都认为，海军在大陆性战争中发挥不了什么作用，甚至对海军隐瞒了施里芬计划（Schlieffen Plan）。[①] 直到今天，还没有任何军事战略著作在综合性上能够超越克劳塞维茨的《战争论》（*On War*）[②]，但克劳塞维茨在著作中却完全忽视了对于海洋的利用。陆权学派（continental school）只是把海军视为水上的一种

---

① 一战期间，德国总参谋部在推进战争进程方面权力很大，甚至有时可以左右首相俾斯麦和德皇威廉二世。1912 年，海军将领提尔皮茨宣称海军没有做好战争准备，之后他的意见就变得无足轻重。尽管有许多机会可以避免走向战争，但是德国总参谋部仍然坚持实施"施里芬计划"，先在西线赢得对法国的作战，然后再去东线进攻俄国。具体内容参见 Robert K. Massie, Dreadnought: *Britain*, *Germany and the Coming of the Great War* (London: Pimlico, 1993) pp. 872–890, 896.

② Karl von Clausewitz, *On War* (London: Routledge and Kegan Paul, 1966).

运输手段，《战争论》甚至没有提及海洋的这种通道作用。《战争论》的创作以克劳塞维茨时代以前的战争历史为基础，他应该能看到许多大陆性战争（如果不是绝大多数）依赖海上方向的"侧翼"安全，如果海上侧翼安全得不到保证，就有可能成为改变战争结局的"转折性"侧翼[1]。如果战争在靠近海岸的地方展开，就必须把全部战场的地理条件作为一个整体进行通盘考虑，必须制定一个"空间战略"（spatial strategy）[2]。但这种情况在实际中极少发生，因为研究战略的人都是等级森严且单轨思维的人。爱德华·卢特沃克[3]认为海上战略没有坚实的基础，这是罔顾事实的错误观点。用某个特定战略来应对在全球发生的所有问题是不切实际的，无数失败的战争说明了这一点。

二、 第一次世界大战

德国"施里芬计划"的错误，就在于没有积极发挥海上战略的作用。德军没有制定任何积极的海上战略，并不是因为不需要，而是因为德国在 1914 年受到马汉式思维的影响，低估了海军在打赢大会战中的作用。"施里芬计划"的出发点是包抄英军的左翼，但计划的制定者似乎认为弗拉芒（Flemish）海岸就是世界的尽头，士兵再向前进就会坠入深渊，英国海军上将约翰·拉什沃思·杰利科（Admiral John R. Jellicoe）的谨小慎微也助长了德国人的这种情绪。1914—1916 的战争完全缺失了海上战场，德国与协约国的战争因此退化为一场纯粹的陆上战争。"施里芬计划"原先的设想是，从侧翼包围并在 1914 年冬季前击败包括英国远征军（British Expeditionary Force）在内

---

① Karl von Clausewitz, *On War* (London: Routledge and Kegan Paul, 1966), pp. 1-63, book3.

② Edward N. Luttwak, *Strategy: The Logic of War and Peace* (Cambridge, MA: Harward University Press, 1990), p. 157.

③ 译者注：Adward Luttwak，《现代战争词典》作者。

的协约国军队，当时估计英国远征军的规模为一个骑兵师和四个步兵师①，共计 15 万人。当德国人受阻后，英国远征军继续向左翼行进，试图对德军右翼实施包抄，而右翼德军则继续向右运动试图对英国军队实施反包抄。11 月，在包抄与反包抄的较量中，双方部队来到了海边。

接下来发生的事情对德国来说更具灾难性，1914 年末至 1916 年，道格拉斯·黑格（Douglas Haig）将军接任英国远征军司令后，远征军由 15 万人增加至 100 万人，大部分增援部队及其给养均由加来地区上岸。1914 年，加来距离战斗前线仅 40 英里。事实上，1914—1918 年，沿岸地区的战斗前线仅仅移动了 40 英里，德国人的计划完全忽视了海洋的重要意义，右翼部队所有行动的焦点都是加强中央突破，从未考虑沿海岸大规模进攻从而封锁法国面向英吉利海峡的港口，而协约国也从未考虑过从比利时沿海对德国部队实施包抄。第一次世界大战，上百万人在堑壕战中伤亡，而海军的毫无作为成为永恒争论的话题。加里波利的登陆战役如果能够取得成功，其利弊可能同样也会引发争论。如果陆权学派的战略家能够意识到海上战略的作用，至少应该尝试利用海上力量去打破堑壕战的僵局。

英国海军确实保障了北海的交通线安全，运送 100 万陆军到欧洲大陆的海上行动也没有受到德国海军的威胁，对德国实施海上封锁的效果令人震惊，严重打击了德军的士气，削弱了德国继续战争的意志；但实际上英国海军也未完全发挥出应有的作用。1940 年在德军以闪电战席卷法国的情况下，英国海军无法对陆上战争进行有效干涉是情有可原的，但第一次世界大战的四年间，英国海军面对 100 万陆军的惨重伤亡而无所作为，就难以原谅了。英国海上战略和陆上战略完全是大路朝天，各走一边。诚然，英国海军进行了英勇的海上斗争，但其兵力布势说明海军对如何真正从海上侧翼影响陆上战争走向缺乏了解。直到 1918 年 4 月，英国海军对泽布勒赫港②的德国驱逐舰和潜艇实施了封锁，有力支援了远征军一举攻占重兵把守的泽布勒赫，这次作战展示了海上侧翼作战的真正威力。③

---

① Corelli Barnett, *Britain and Her Army* (Harmondsworth：Penguin, 1974), pp. 372 – 376.
② 译者注：泽布勒赫港（Zeebrugge），比利时西北部港口。
③ Paul G. Halpern, *A Naval History of World War I* (Annapolis：Naval Institute Press, 1994), p. 411.

事实上，丘吉尔曾给海军施加压力，让他们在中央战线之外另寻突破点，但丘吉尔和第一海务大臣（First Sea Lord）费舍尔海军上将的意见分歧极大，各自选择的突破点也不同。费舍尔似乎更热衷于在波罗的海发动进攻，企图在俄国波罗的海舰队的配合下，将部队运送至距柏林 90 英里的波美拉尼亚海岸（Pomeranian）①。虽然我们不清楚他的具体意图，但这样的行动似乎很难取得有意义的成果。在波罗的海采取行动，意味着大舰队撤离北海，穿越斯卡格拉克海峡，然后靠近德国海岸输送部队上岸，但登陆德国北部海岸的协约国部队能否立足尚未可知，更别提与中央战线的部队会合了。如果费舍尔愿意承受这样的海陆风险，他为什么不向丘吉尔及陆军将领建议从海上向比利时或荷兰发起攻击呢？至少可以确保登陆部队与英国远征军主力会合。这似乎是一个难解之谜。

在反思海上战略的错误之后，我们也要看到英国陆军将领是极其固执的。无论是英国还是德国的军事评论家都认为，英国陆军将领过于执拗于密集火炮打击和紧随其后的攻坚战。任何企图说服指挥官们放弃这种灾难性的、毫无想象力的作战模式的尝试，每次都会被视为耳边风。并不是说这一代陆军将领没有见识过机动战，他们中的许多人成长于骑兵部队，参加过布尔战争，具有机动作战、侧翼攻击的实践经验，但 1915 年的技术进步使得防守方更为有利。坦克面世后，1917 年大量投产并用于战争，英国陆军将领不知道如何运用新装备突破敌人的防线，依然执着于对敌人防线展开猛烈攻击，他们坚信海军不可能对欧洲大陆的战争做出任何贡献，拒绝向海军求援。因此，第一海军大臣②不得不将加里波利登陆作战计划提交至战时内阁，才推动了计划的实现。

---

① Clark G. Reynolds, *Command of the Sea: The History and Strategy of Maritime Empires* (New York: William Morrow, 1974), p. 454.

② 译者注：第一海军大臣，英文为 First Lord of the Admiralty，曾为英国内阁成员，是文官；前文提到的第一海务大臣，英文为 First Sea Lord，是英国皇家海军及海军本部的最高军事长官，同时兼任海军参谋长，受海军大臣节制。1964 年，英国皇家海军本部并入国防部后，取消了第一海军大臣，继续保留第一海务大臣，现第一海务大臣为参谋长会议成员。

三、　两伊战争

两伊战争是一场大陆性战争，但两国在广阔海域进行了激烈的明争暗夺，1989 年之前的和 1994 年出版的两伊战争著作，描述的虽然是同一场战争，却有截然不同的重点。1989 年前的绝大多数著作间接地提到战争起因中的海洋利益因素，但 1990 年伊拉克入侵科威特后我们可以肯定，伊拉克一直在追求海洋利益，为之不惜一战。几百年来，阿拉伯河（Shatt）的归属一直是伊朗和伊拉克两国之间的争议焦点，奥斯曼帝国和波斯王国 1847 年签订的《埃尔祖鲁姆条约》（Treaty of Erzerum）是关于两国边界和阿拉伯河归属问题的第一个强制性条约，条约规定两国之间以阿拉伯河左岸为界。之后，波斯王国反悔，不愿接受这一条款，理由是波斯派出的代表越权签署了该条约。

1913 年的《康士坦丁堡协议》（Constantinople Protocol）再次提及两国的边界问题，申明将派出一个委员会调查南部边界争端，但协议附录确认了《埃尔祖鲁姆条约》的有效性①，波斯以程序存在问题为由最终拒绝接受该协议。19 世纪 30 年代，伊拉克实际占有了阿拉伯河，波斯方面对此提出强烈抗议，由此签订了《德黑兰条约》，条约再次确认了早期协议的有效性，但委托一个专门委员会划定两国南部边界。但德黑兰感到西方列强站在伊拉克一边，很快就拒绝了专门委员会开展工作。1969 年，伊朗单方面废弃 1937 年签订的条约，形势在 1975 年阿尔及尔召开的欧佩克会议上发生逆转，会议就由谁主导南部边界谈判问题达成一致。在 1975 年 3 月签署的《巴格达条约》（Treaty of Baghdad）中，伊朗和伊拉克同意沿阿拉伯河可通航水道划分国界②，伊拉克因此失去了阿拉伯河口的主权，而这个主权是伊拉克海权发展的关键基础。

---

① *British and Foreign State Papers* (Boston：Little Brown and Co.，1954)，p. 764.

② Dekker and Post，*The Gulf War of 1980 - 88：The Iran - Iraq War in International Perspective* (Dordrecht：Martinus Nijhoff Publishers，1991)，p. 23.

伊拉克的命运逆转有着特定背景。19 世纪 70 年代初期，伊朗军事实力、特别是海军实力显著提升，伊拉克感到自己出入波斯湾通向世界的海上通道受到了严重威胁，但萨达姆·侯赛因为什么会同意以阿尔及尔协议为基础签署《巴格达条约》呢？20 世纪 60 年代末期和 70 年代，库尔德人问题成为伊拉克的严重内患，对萨达姆来说，伊朗中止对库尔德人的支持远比阿拉伯河的税收更为重要[①]。但签署协议后萨达姆马上后悔了，因为阿拉伯国家认为他伤害了阿拉伯人的自尊，在这些国家的怂恿之下，他显然在等待时机去摧毁伊朗在波斯湾的霸权。两伊战争和 1990 年海湾战争期间，叙利亚关闭了伊拉克通往地中海的石油管道，这印证了萨达姆对于丧失出海口的忧虑。伊朗占领了波斯湾的两个岛屿，改善了自己在海湾地区的战略态势，为依据联合国海洋法第三次会议公告划定两国海上边界争取了有利条件，这对伊拉克来说意味着形势的进一步恶化。总而言之，将伊拉克这样的地区大国置于没有充分入海通道的窘境之中，无疑相当于在海域地区放置了一个潜在的火药桶。像阿富汗、尼泊尔这样的陆权国家历史上从未拥有过入海通道，他们从思想认知上已经接受了这种战略环境，但伊拉克不是这样，在历史上不论入海通道的宽窄，他们的确一直拥有，也深知扩展入海通道所能带来的利益。1980年，萨达姆迈向战争的第一步就是向联合国宣告，伊拉克废除《巴格达条约》。

1980 年 9 月，伊拉克对伊朗发动了攻击。所有的有限战争都以夺取领土为终极目标，伊拉克对伊朗的战争也不例外，其目标是在战争结束时占有对方大量领土，作为战后和平谈判的筹码，一劳永逸地解决阿拉伯河争端。伊拉克的战争行动以空袭为先导，但空袭未打垮伊朗空军。伊拉克的地面部队分三路进攻伊朗，以南路为主攻方向；北路由米库达迪耶（Miqdadiyah）发起进攻，意图在最靠近巴格达的边境地区掌握战术主动；中路在库特（Kut）以东的作战是为了打乱伊朗军队的部署，为南路的主攻创造有利条件。进攻从迪兹富勒和霍拉姆沙赫尔（Dezful and Khorramshahr）之间正面发起。进攻部队以每天约 10 公里的速度向前推进，9 月末，进攻陷入停滞，整个冬天再无

---

① Maull and Pick, *The Gulf War* (New York: St. Martin, 1990), p. 47.

进展，伊拉克仅仅占领了伊朗城市霍拉姆沙赫尔。

1981 年 1 月，伊朗开始由萨珊格（Sasangerd）发起反攻，一支伊朗装甲部队孤军深入，被伊拉克部队包围并全歼。5 月，伊拉克部队再次发起攻击，成功地将战线推进了几公里。1981 年 9 月，伊朗再次发起反击，成功解除了伊拉克对阿巴丹（Abadan）的包围，除此之外，战况直到 1981 年底都没有什么大的改变。1982 年，伊拉克在中路迪兹富勒发起大规模攻击，但被伊朗击退，伤亡惨重，被迫退至边界以东的多佛里奇河（Doverych River），北路进攻部队同样被击退。与此同时，伊朗发起大规模反攻，收复了霍拉姆沙赫尔。1982 年 7 月，伊朗对伊拉克的南路部队发起反攻，伊拉克部队全线溃败，撤至巴士拉（Basra）以东的人工水库"鱼湖"（Fish Lake）固守，伊朗对守军发起两次攻击未果。至此两伊战争第一阶段结束，伊朗占领了伊拉克巴士拉以东的一小片领土。

1983 年，伊朗调整了自己的军事战略。伊朗认为本国人口众多，军队规模大，消耗战对自己有利，因此采取了在正面全面出击的策略。伊朗对苏里曼尼亚（Sulaymaniyeh）发起进攻，对伊拉克科尔库克（Kirkuk）附近的油田形成威胁，伊拉克库尔德人与萨达姆·侯赛因结盟，背弃了策应伊朗进攻的承诺，伊朗的进攻部队因此被击退。1984 年，伊朗部队对巴士拉以北沼泽地带的一个岛屿发起攻击，但被伊拉克击退，即使伊朗成功占领该岛也不可能对巴士拉构成威胁，战争陷入僵局。经过一番较量，双方都明白决定战争胜负的地区是沿海 50 英里范围的南部区域。战争期间，萨达姆要求他的将军们严格控制部队伤亡，这并不奇怪，因为两伊战争前的最后一次人口普查显示，伊拉克常住人口 1600 万，而伊朗为 4400 万人。在 1985—1986 年战争调停期间，伊拉克陆军兵力达 100 万人。由于不能参与国家战略决策，伊朗陆军领导人对高层的决策持有抵触情绪，革命卫队虽然拥有巨大的热情，但他们的低级战术导致部队遭受了巨大伤亡，引起国民的反感。1988 年，国民的厌战情绪迫使伊朗领导人接受了联合国停战协议。

两伊战争的结束在许多方面让人想起第一次世界大战，1918 年，德国人同样在国力消耗殆尽的情况下签署停战协议。两伊战争开始时，萨达姆的盲目乐观同样让人想起了德国皇帝关于 1914 年圣诞前收兵的承诺。伊拉克需要足够长的海岸线才能成为海洋国家，因此，伊拉克海军的发展前景不明。在某个时期，萨达姆似乎有意扩展海岸线，但苏联顾问提供的伊拉克海军兵力结构的建议并不合理。苏联海军顾问曾向许多国家提供海军发展建议，并向许多国家提供了廉价的海军作战平台，对伊拉克同样如此。伊拉克海军攻击力量主要是为数不多的导弹艇，海上拒止能力极为有限，根本无法对陆上战争进行干涉。伊拉克海军拥有 4 艘苏联制造的中型登陆舰（LST），航渡距离较短，每艘登陆舰可运送 3 辆重型坦克和一个步兵连的兵力。伊拉克空军在战争期间一直对伊朗占有优势，足以保障两栖进攻作战所需的制空权。

　　一场在沿海 50 英里范围内持续 4 年的陆上战争中，双方竟然从未考虑过两栖作战行动，这对任何研究海上战争的人来说都有些出乎意料。前文中我们曾提到，从地理上讲，1970 年前伊拉克方面一直没有大型海军基地，此后在苏联的援助下才修建了乌姆盖斯尔（Umm Qasr）基地。而伊朗既不受地理因素制约，也不缺乏战略雄心，在 20 世纪 70 年代大规模军事扩张过程中，伊朗购买了大量海军装备，但其海军的发展目标似乎是为了打造一支所谓的"均衡"海军——装备数量不多，但种类齐全的海军。两伊战争爆发前，伊朗海军还没有做好承担任何特定任务的准备，更不适宜发动两栖作战。伊拉克拥有空中优势，其海军在主战舰艇方面虽处于劣势，但在小范围的特定海区具备一定的拒止能力，他们有多次机会从海上对伊朗军队进行包抄，特别是1981 年和 1982 年在霍拉姆沙赫尔和阿巴丹地区受挫之后。尽管伊拉克拥有两栖作战的硬件能力和良好的战术位置，但无论是伊拉克海军还是陆军，都没有形成两栖作战的传统。这着实令人意外，因为伊拉克海军军官在位于威林顿（Wellington）的印度参谋学院培训时，接受了大量的两栖作战技能训练，陆军军官也是如此。与其他参谋学院一样，该学院研究的是联合条件下的两栖作战。许多在威林顿参谋学院参加课程学习的学员，都有在本国参谋学院学习一年的经历，他们是经过国家精挑细选出来，学成后回国在本国参谋学院任教的优秀军官。[①] 包括霍梅尼港、三个为哈尔克岛油库提供原油的钻井平

[①] 作者在印度威灵顿参谋学院学习和任教期间，对伊拉克海军取得的进步印象深刻。1971 年，到威灵顿参谋学院学习的伊拉克学生是一名准备转到海军任职的陆军军官，而 1990 年伊拉克派遣了一名海军上校来学习，英语流利，熟悉海军战略思想的各个流派，善于解决各种问题。

台等伊朗的多数经济中心都处于沿海地带，伊拉克一直未对上述地区发动两栖作战行动，的确是一个不解之谜。

在那些没有两栖作战历史的国家里，一定存在着两栖作战概念的推销行为，海军是卖家，陆军是不情愿的买家，陆军的不情愿部分源自对海军拥有自己陆上作战兵力——海军陆战队的反感，这跟海军对陆军拥有自己的登陆舰艇感到不爽一样，都是可以理解的。不幸的是，在大多数情况下，两栖作战的决策能否通过，取决于决策者的喜好。如果陆军指挥官认可两栖作战，就会给它开绿灯，因为在绝大多数国家，陆军将领更接近于决策圈，陆军规模数倍于海军，经费预算远比海军庞大，两栖行动的主导权掌握在陆军领导人手中。在许多情况下，像产品推销失败一样，海军的推销技巧同样会受到指责。至于伊拉克的情况，陆军和海军显然都要承担一部分责任，萨达姆拥有国家重大事务的决定权，他对权力有着深刻的理解，但也许并不了解海权。长期接受印度空军训练团队指导的伊拉克空军不仅在伊朗沿岸圆满地完成作战任务，他们对哈尔克岛油库的袭击给伊朗造成惨重损失，迫使伊朗分兵两路从相对平静的北线和中线对伊拉克进行反击。

当伊朗从南线侧翼准备对法奥（Faw）发起攻击时，伊朗陆军意识到两栖作战是可行的，因为他们在里海曾发动过低层次的两栖作战行动[1]，也拥有可以运送步兵排规模部队的两栖作战船只。法奥进攻战于 1986 年 2 月展开，在夜幕和瓢泼大雨的掩护下，伊朗陆军登陆艇六次成功穿越阿拉伯河，登陆部队顺利占领法奥。此战严重打击了伊拉克人的士气。但人们对这次行动的动机有许多推测，佩尔蒂埃（Pelletiere）认为此次行动是伊朗向乌姆盖斯尔发起第二阶段进攻的序曲[2]，《华盛顿邮报》1986 年 2 月 11 日的一篇报道支持这一观点。伊朗在国际市场紧急采购两栖作战舰艇的行为让人有些困惑[3]，因为在战争爆发之前伊朗就具备了小规模两栖作战能力，1984 年的一篇报道[4]

---

[1] Stephen C. Pelletiere, *The Iran – Iraqi War: Chaos in a Vacuum* (New York: Praeger, 1992), p. 95.

[2] Stephen C. Pelletiere, *The Iran – Iraqi War: Chaos in a Vacuum* (New York: Praeger, 1992), p. 100.

[3] 两伊战争爆发之初，伊朗海军两栖作战实力如下：4 艘登陆舰艇，14 艘气垫船，可装载 8 辆坦克和 1 支战斗营的兵力；伊拉克海军两栖作战实力如下：4 艘登陆舰艇，可装载 12 艘坦克和 1 个战斗营的兵力。

[4] Iranian navy in See comments on the *Jane's Fighting Ships* (London: Jane's, 1982 – 83), p. 223.

称伊朗的两栖作战舰艇已被击沉，但我们很难相信这些舰艇是在执行两栖作战任务时被击沉的，事实上伊朗绝大多数舰艇都是在伊拉克的空袭中被击沉的。第一次世界大战的教训之一就是海军未能采取行动破解陆上战争僵局，但伊朗、伊拉克两国海军在战争中依然没有在海上侧翼采取任何两栖作战行动，这样的行动本应能够缩短陆上战争进程。

四、 硬件和战术

两栖作战教育是世界各国军事院校一个相当规范的教育内容，绝大多数两栖作战概念均来源于加利福尼亚的两栖作战学校，该校曾培育了许多非美国海军军官。该校的两栖作战条令和程序手册一直是世界各国海军两栖作战行动的依据。从作战概念上来看，加利福尼亚两栖作战学校非常奢侈，每个科目都拥有相应的专业舰艇，每项任务都配备专业化通信网络，伤员后撤经常需要大量的船只与设备，规模相当于一个第三世界国家海军的全部，岸滩的问题全部由空军的固定翼飞机或直升机解决。所有学员心里都明白，除美国之外的任何国家海军都无法实施如此规模的两栖作战行动。然而，在这种教育下，即使是最有偏见的学员也会产生一个根深蒂固的观念，即成功的两栖作战行动必须具备最低限度的第一波次登陆能力。那么这个"最低限制"是多少呢？

美国在格林纳达和巴拿马采取的行动不具备研究价值，最近发生的大规模两栖作战是英国在福克兰群岛的作战行动。最初，英国人准备运送一个旅的部队上岸，联合部队的第一波次登陆动用的主要舰艇如下：

　　2 艘船坞登陆舰（LPD），每艘可运送 400 人；

　　4 艘通用登陆舰（LCU），每艘载重 100 吨；

　　4 艘车辆人员登陆舰（LCVP），每艘载重 5 吨；

　　6 艘后勤登陆舰（LSL），每艘可运送 340 人。

第一波次输送了两个营兵力（不包括重型武器）和 8 辆装甲车上岸，总登陆兵力为两个加强旅，也就是一个师，作战能力十分有限。1982 年福克兰战争爆发时，世界范围内几乎有 20 个国家海军具备输送一个师进行登陆作战的能力，因此，英国取得福克兰群岛战争胜利依靠的并不是物质或兵力数量上的优势，取胜之道在于精准的登陆时机和高超的战术能力。传统观念认为，如果海军第一波次行动不能够运送足够兵力上岸，就无法对陆上战斗进行有效干预，史上绝大多数战例也说明了这一点，但福克兰群岛行动是一个例外。传统观念来源于二战期间美国太平洋战争的实践经验，太平洋战争结束前，美国海军拥有运兵船 190 艘，总的输送能力达 25 万人，第一波次登陆行动可动用 22 艘大型登陆舰、485 艘 2500 吨级登陆舰、345 艘 1000 吨级以下的登陆艇、660 艘坦克登陆艇（LCT）、420 艘步兵登陆艇（LCI）。1946 年，美国海军第一波次登陆作战可以运送 2 个军（8 个师）兵力上岸。1945 年以后，海军不愿意运用两栖作战手段对陆上战争进行干涉，原因也许在于对两栖作战行动规模缺乏了解。当陆上战争参战双方兵力各在 10～20 个师之间时，在登陆部队能够和陆上部队建立联系的情况下，需从海上一次性输送 1 个师的兵力上岸，如果陆上部队不能呼应登陆部队，则需从海上一次性输送 2 个师兵力上岸进行独立作战。

五、 马来西亚战役

美国在太平洋战区两栖作战的辉煌成就往往掩盖了日本在同一战区两栖作战的光芒。1939 年《简氏战舰年鉴》（*Jane's Fighting Ships of 1939*）[①] 中显示，日本没有任何两栖作战船只，其两栖作战依靠的是大型平底船只，与 19

[①] 数据来源于 1939 年的《简氏战舰年鉴》。当时日本海军拥有 10 艘战列舰、6 艘航母、23 艘一级巡洋舰和 18 艘二级巡洋舰、148 艘驱逐舰以及 10 艘扫雷艇等。

世纪地中海战争中使用的船只完全相同。日本军队登陆泰国、苏里曼丹、马来西亚的照片显示，他们用船载小艇和平底驳船发起抢滩，但"马来之虎"山下奉文中将通过两栖作战攻占马来西亚的行动，对陆上战争进程产生了巨大影响。马来西亚登陆发生于 1941 年 12 月 8 日，与突袭珍珠港行动几乎同时进行。作为东京权力斗争的受害者，山下奉文在 1941 年 10 月才被任命为马来西亚战役的最高指挥官。他从开始筹划作战计划到发起攻击仅仅用时 3 个月，但其作战视野开阔，计划安排周密，行动直接大胆，令人叹为观止。

图 5.1　日军进攻马来西亚路线图

　　日军登陆部队为第 25 军，下辖 3 个甲等师团，其中一个是摩托化师团。地面支援兵力为两个炮兵旅团、一个坦克旅团，空中支援兵力是第 3 航空队的约 450 架飞机。从马来西亚的交通路线图（见图 5.1）不难看出，日军有可能从东海岸登陆，登陆地点应该是宋卡和北大年（Singora and Patani），也有可能从哥达巴鲁登陆（Kota Bharu）以夺占机场。日本海军没有两栖作战手册，海军除为登陆部队提供掩护之外，对商船的装载、操控、航行没有任何发言权。登陆所用船只都是不专业舰艇，只是在最后时刻从不同港口征集而来的商船。当日军在 12 月 3 日到达装载港口萨马（Sama）港时，距离战斗发起时间仅剩下 120 小时。登陆部队的 3 个师团中，有 2 个完全没有两栖作战经验。

登陆部队分为 3 个编队，按计划分别在宋卡、北大年和哥达巴鲁登陆①。登陆成功与否取决于空中优势。英国人准确地预见到了这一点，但由于英军侦察识别能力较弱，战术处置不当，山下奉文的部队在登陆过程中几乎未遭遇任何抵抗，运输船只在英国人做出反应之前就安全撤离，考虑到英国人的远东政策，山下奉文的成功似乎早已注定。接下来发生的事情，可以说是两栖作战影响陆上战局的典范。1942 年 1 月 15 日，也就是第一次登陆行动 9 周之后，新加坡陷落，700 公里行军、部队休整、制订作战计划、执行作战计划全部在 9 周之内完成，这应完全归功于沿着马来西亚海岸进行的多次两栖作战行动。最令人感兴趣的是，日本陆军第 5 师团、第 18 师团在太平、安顺、巴生港、马六甲（Taping，Telak Anson，Swettenham and Malacca）登陆作战使用的船只，完全是他们在前进途中缴获的船只。也就是说，所有的登陆作战都是即兴之作。

日本海军没有在新加坡以西采取行动，也未进入印度洋，两栖作战使用的所有船只是各种各样的机动船或人力船，成功的秘诀在于出其不意。登陆之前，没有空中轰炸，也没有海军炮火打击（naval gun fire support）。事实上，第一次两栖作战，山下奉文就做到了出其不意，他坚持不事先采取轰炸行动，海军在力争之后还是同意了他的观点。太平洋战争中日军其余的两栖作战行动同样令人惊艳。整个瓜达尔卡纳尔岛（Guadalcanal）战役中，日本使用的船只都不是两栖作战舰艇，输送日军的船只经常搁浅后遭到废弃。后来当日本决定放弃瓜岛后，幸存的兵力全部由 20 艘驱逐舰撤回②。

尽管美日两国海军在和平时期没有发展两栖作战能力，缺少两栖作战舰艇，但太平洋战争中双方陆海军积极利用海洋来影响陆上战局的事例表明：其他战线未采取两栖作战行动影响陆上战局的主要障碍，在于思想认识而非客观条件。的确，成功的两栖作战需要周密的准备，和平时期需要拨款打造专业的舰艇，登陆前需要削弱敌人岸上的防御能力。太平洋战争中，双方多

---

① 日本在马来西亚战役的相关情况参见 Arthur Swinson, *Four Samurai* (London：Hutchinson, 1968)．The land campaign is best covered in the official *History of the Indian Army in World War II* (India：Orient Longman, 1954)．

② Basil Collier, *The War in the East* (London：Heinemann, 1969)，p. 311.

次实施两栖作战，但登陆目标都是小岛，没有可供选择的登陆海滩，航渡时间均大于1天，不可能只在夜间航行以躲避白天敌人的侦察和识别，难以做到出敌不意。因此，以影响陆上战局为目的的两栖作战行动可以不考虑这些因素。

科贝特对于两栖作战行动极具洞察力，领先于同时代的军事思想家①。今天，美国海军《两栖作战手册》依然原封不动地保留了他的许多观点。作为战略家，科贝特试图让人们摆脱马汉舰队决战论的影响，转而将视野投向陆上战争中的海军作用，但科贝特理论框架的基础主要源于英国对欧洲的影响，英国对欧洲的任何干涉行动必然带有两栖作战色彩。20世纪90年代，如果海军不是战争主要参与者的话，让人意识到大陆性战争中两栖作战的作用是件艰难的任务。

六、 两栖战与作战速度

人们对1945年后两栖作战的发展前景抱有疑惑，但朝鲜战争中两栖作战的复兴打消了大多数人的怀疑。然而，朝鲜战争的海上战场占据了很大比重，事实上如果没有海权，就无法赢得战争。如果制海权受到挑战，陆上作战也将不复存在了，因此伯纳德·布罗迪（Bernard Brodie）② 在《海军战略指南》中的下列观点，不过是对真理的复述而已："朝鲜战争之后，海军战略与陆军战略、空军战略，特别是政治战略密不可分。"③ 这很容易理解而且没有疑问，但布罗迪撰写该书的目标与众不同：让大陆学派的战略家们认同海上战略享有同等的地位。当然，这件事相当困难。今天还有人期待萨达姆·侯赛因会

① Corbott, *Some Principles of Maritime Strategy* (New York: Longmans & Co., 1911), p. 304.
② 译者注：伯纳德·布罗迪（Bernard Brodie），美国耶鲁大学国际政治学教授，代表作《绝对武器：原子能与世界秩序》，提出了威慑理论的基本思想，成为冷战期间美国制定防务政策和总结军事理论的基石。
③ Bernard Brodie, *A Guide to Naval Strategy* (New York: Praeger, 1965), pp. 239 – 242.

让伊拉克成为海湾地区的海权强国吗？或者是让穆阿迈尔·卡扎菲意识到，利比亚的政治独立与拒止跨大西洋强权进入利比亚周边海区的能力密切相关吗？答案显然是否定的。奉行大陆学说的陆海复合型国家不仅可以，而且应该更加积极地利用海洋，我们应该反复强调这一观点。

电磁频谱的运用导致海战发生变化，也由此引发了人们对两栖战争的忧虑。海战的变化在于作战速度的变化，这并不是什么伟大的发现，人们对此并无争议，但胜利者与失败者的差异就在于对变化节奏的认知不同。电子侦察设备发明之前，与敌人最远的接触是视觉上的接触，距离不会超过几英里；情报传递是靠人来完成的，海上一般使用快速舰艇，陆上一般使用快马；由于生活节奏不同，决策的消耗时间比现在更长；兵力机动靠步行或帆船，因此采取行动干涉敌人计划耗时同样也比较长。由于上述因素的综合作用，两栖作战更容易达到出敌不意的效果，即便登陆过程难以保密，敌方做出反应并采取行动同样需耗费一定的时间。因此，登陆作战相对较为安全。部队上岸但尚未建立稳固的滩头阵地，指挥所正在转移上岸时，是两栖作战中最危险的阶段。在第一次世界大战以前，这个阶段历时很短，甚至根本不存在。

雷达及其他侦察设施的发明至少在理论上为岸防部队调动足够力量对抗登陆行动提供了可能，无线电话、计算机决策和数据交换技术的发展，使得从发现敌人到做出反应的时间周期（包括决策时间在内）大大缩短，对所有登陆行动形成了威胁。这样的观点有一定道理，但英军在马来西亚、阿根廷军队在圣卡洛斯，都具备除计算机决策之外的上述所有侦察手段及信息传递技术，却依然未能取得反登陆作战的胜利。显然，电子化的岸防部队并非不可战胜，何况还存在着阻碍电子侦察系统运行的手段。因此，不能说作战速度变化完全推翻了两栖作战的可行性，而是说登陆部队需要加快自身作战速度，在敌人集结兵力建立有效防御之前迅速发起攻击。我们将在后面的章节中对此进行详细论述。

20 世纪后半段以来，对两栖作战最大的忧虑主要有两点：一是登陆部队规模是否足以影响陆上战局，二是作战速度变化所带来的负面效应。第二次世界大战期间，在意大利的萨勒诺和安奇奥（Salerno and Anzio）实施的登陆作战，就综合体现了这两种忧虑。萨勒诺登陆战役中，盟军动用 3 个师兵力进行登陆，部队规模足以影响意大利主战场的作战进程，但输送船队被德军发现，在抵达岸滩前遭到了长时间的轰炸。情报肯定被泄露了，否则大量的德军不可能在登陆地点严阵以待。在空军和海军的强力支援下，盟军才得以完成了登陆行动。安奇奥战役的情况恰恰相反，尽管登陆部队在登陆地点 100 英里处进行集结，但却完全实现了出其不意。[①] 但这次登陆的兵力规模太小，不足以改变主战场的作战进程，指挥官又未敢大胆地向内陆挺进，这给了德军可以暂时无视登陆行动的时机，直到集结好充足兵力后才开始反击。两次战役行动都没有加快盟军占领罗马的步伐，这要归因于不同的人为错误，而不能归因于任何技术因素。

任何特定军事行动的重点均在于以最小的伤亡达成作战目标，对两栖作战部队规模和作战速度变化负面效应的忧虑，最终归结为对伤亡的忧虑。许多人将伤亡人数作为非决定性战斗胜负的判别标准，但我们不能将两栖作战的伤亡人数与根本不实施登陆行动进行比较，而应该与达成同样目标的陆上行动的伤亡人数进行比较。陆军攻击的距离越远，伤亡就越大，莫斯科战役开始之初，拿破仑拥兵 40 万，兵临莫斯科时仅剩 9.5 万人；马塞纳（Massena）率 40 万大军穿越比利牛斯山，仅有 4.5 万到达托雷斯维德拉斯（Torres Vedras）[②]，很难想象任何一次海上挫败会造成如此严重的伤亡。无论怎么看，1915 年的加里波利登陆作战都是一场灾难，但在声讨这场战役之前请记住，任何一次跨越几百英里的陆上作战的伤亡人数，都不会低于一场"危险"的两栖作战。

七、 战略层次的两栖作战

所有的海上战略思想家都承认海上作战的目标通常需要在陆上实现，但

---

① Vagts, *Landing Operations* (Washington DC: Military Service Publishing Company, 1946), pp. 742 – 746.
② Aston, *Sea, Land and the Air Strategy* (London: John Murray, 1914), p. 55.

大家关注的重点有所差异。卢特瓦克（Luttwak）[①]认为海权是大战略的一个要素，但马汉对于海上决战的痴迷将他本人的观点从战略层次，降格为有争议的海战指挥艺术的层次。如果将海上战略目标与陆上斗争割裂开来，我们的海上战略思想家应该接受这样的批评。事实上，马汉也提出了通过海上控制（sea control）影响大陆性战争的进程。然而，他的著作诞生于海上控制可以实现的时代，不能适应当代的发展要求。如今，大家普遍接受的概念是"利用海洋"（sea use），即为包括两栖作战在内的海军次要作战行动创造条件。今天，我们有必要再次强调海上战略在大陆性战争中的作用，如卢特瓦克所说，世界上存在着像苏联一样不依赖于海上交通的国家[②]，因此，对这样的国家强调大陆性战争中海上战略的意义是一种挑战。

在卫国战争期间，苏联海上力量并未独立发挥明显的作用，但从战略层次评估国家海上力量的作用应该考虑这样的因素，即苏联应该做什么？或者说本应当采取哪些行动，但受海军实力或技战术能力限制而未采取行动。如果海军具备能力的话，苏联绝不会容忍 1940 年德国对挪威的占领，也绝不会容忍德国将丹麦作为整个战争期间自己农产品的供应基地。冷战期间，大多数北约国家海上战略的重心在于防止苏联占领挪威海岸、改善其地缘战略环境，在苏联支持下，挪威有能力控制斯卡格拉克海峡（Skaggerak）的北岸，进而控制整个波罗的海。实际上在整个二战期间，波罗的海始终是一个安全的德国湖，是 U 型潜艇和驱逐舰舰员的训练场地。苏联海军的参谋人员在二战期间没有做好作战规划，但战后的苏联海军显然已经吸取了教训。

1940 年，苏联大战略主要由斯大林和陆军元帅们制定，海军基本没有发言权。当时，大量水兵被整编为步兵营，海军事实上处于陆军的指挥之下，列宁格勒和黑海区域的大量小规模两栖作战行动就是在这样的背景下实施的。所有关于卫国战争题材的苏联现实主义艺术作品在描述海军的作用时，关注的都是水手步兵营的英勇事迹。戈尔什科夫上将纠正了苏联海军的发展偏差，北约国家将苏联对北部国家的威胁与其对中欧的威胁相提并论。苏联已经很

---

① Edward N. Luttwak, p. 162. 译者注：爱德华·卢特瓦克，美国国际与战略重心研究员，前总统里根时期的政府顾问，地缘经济学家。

② Edward N. Luttwak, p. 158.

好地吸取了世界大战的教训，其他欧洲陆权强国也应吸取这样的教训，有些国家的海军已经发展了几百年，但从未制定过真正的大陆性战争中的海上战略。有人主张，在两次世界大战期间出现过严肃的大陆性海上战略，法国海军上将卡斯泰和"青年学派"的观点就是此战略形成的"灯塔"。

如果法国"青年学派"认为商业袭击战就是海上战略的话，他们的观点就很难站得住脚。陆权强国的真正对手往往也是陆权强国，即使英国也不认为商业袭击战是战胜拿破仑的最重要手段，拿破仑的军队一直未从莫斯科远征的惨败中复原，如果英国遭遇的是远征前的法国军队的话，滑铁卢战役很可能是另一种结局。所以，陆权国家的海上战略家面临的挑战，是如何为国家陆地安全问题寻求更好的解决方案。法国海上战略家的任务并不在于确保英国无法承受商业袭击或海上封锁的结果，也不在于决定使用战斗舰艇还是潜艇来执行封锁或商业袭击的任务，这仅仅是指挥艺术问题，而不是海上战略。因此，不能将法国"青年学派"的观点等同于某种战略。令人感到奇怪的是，一战前的法国海军并未做好任何针对德国或英国战争的准备工作。

上一章中我们曾提及，现在对陆权强国实施海上封锁的最大不利因素在于海上力量的相对弱化。我们列举了几个原因：一是无线电的发明加快了作战速度，削弱了舰队对岸行动时的隐蔽性；二是弹药技术的发展使得舰艇的抗毁伤能力相对降低，飞鱼导弹重创了英国"格拉摩根"号（Glamorgan）驱逐舰就是这样的一个事例，这枚导弹是由临时组装的岸基发射架发射的。空对舰导弹的发展使得空军具备了双重能力，既可以对抗敌空军，也可以打击敌舰艇。

第二次世界大战期间，具备综合作战系统的舰载机完全可以与岸基战斗机匹敌，在航母周边空域作战时，性能稍次的舰载机甚至更有优势。不过，机载侦察设备体积越来越大，只有大型航空母舰才具备足够的空间和能力搭载高性能飞机。由于舰载机的早期预警和武器发射能力受到很多限制，陆基飞机逐渐在战术上占据了优势。此类技术进步引发了这样一种理念：几乎不可能在敌人近岸海区实施海上作战，这种理念又演变为一种判断：两栖作战风险过高，不宜继续采取此种作战方式，由此得出了两栖战不再是海上战略选项的结论，海上战略作为独立战略的地位受到严重质疑。在探讨技术进步对战略的影响时，上述逻辑屡见不鲜，火药和蒸汽机的发明同样导致了海上战略和海权概念发生惊人的变化。遵循上述逻辑的人没有正确认识特定时代的特定现象，认为自己所处的时代是独一无二的发展时代，是战争历史的转折点，以偏概全，然而新时代新技术一定会推翻他们的论断。

舰艇在对岸攻击中的地位变化与坦克在陆战中的地位变化极其相似。时至今日，依然有军工企业在鼓吹坦克即将从陆地战争中消失，没有坦克部队服役经历的部分陆军军官持同样观点。从总体上看，武器平台有自己的高潮期，也有其低潮期，他们偶尔会销声匿迹，战列舰就是如此，但销声匿迹的平台往往会重现踪影，战列舰在某些战区已经再次现身。我们承认技术进步对战略具有重要影响，但要坚信战略永远是战略，任何技术进步都不会改变这一点。与 50 年或 100 年前相比，今天的两栖作战发生了很大变化，但两栖作战概念依然生机勃勃。

舰艇实力与基地实力的对比同样发生了变化，马汉海权思想的信徒强调基地及其安全，但法国"青年学派"完全忽视基地的地位，科贝特则认为随着基地实力的增强，在进行商业战的同时必须对基地实施攻击才有可能取得商业战的胜利。过去 50 年海上战略的发展充分意识到了岸上基地的重要作用，这也是 19 世纪 80 年代和 90 年代美国海上战略发生变化的原因之一。

第六章

美国海上战略：闭环

任何战略观点的正确与否都需经过时间验证，就像马汉选取了近 200 年的欧洲历史来对其著作中的各项原则进行佐证一样。对美国这个当今世界最强海权国家的海上战略发展演变过程进行考察，或许有助于我们理解在大陆性战争中对海上战略进行明确定位的重要性。关于在大陆性战争中究竟该采取什么样的战略这个问题，世界各国的海军战略决策者并无统一标准，美国海军高层在历史发展不同阶段也采取了不同学术流派的观点，呈现出较强的波动性。本章对美国近 175 年的海上战略思想的发展历程进行了梳理，着重考察了大陆性战争中海上战略的制定与运用情况。在这 175 年中，美国海上战略的发展轨迹形成了一个完整的闭环。

一、　海上战略与北美洲的大陆性战争

在第一章中我们指出，在美国南北战争中北部联邦海军采取的"双轨战略"，是摧毁南部邦联军队战争潜力的重要因素。陆上相邻国家之间的战争是典型的"大陆性战争"，本书中讨论的海上战略主要是针对这一类型的战争。南北战争并不是美国海军自独立后参加的第一场战争，1812 年的美英战争是海军第一次参加的大规模冲突，但英美战争并不是大陆性战争，实际上是两个国家之间发生在大西洋两岸的海上战争，战争目标主要集中于经济方面，而不是领土方面。如果说 1812 年美英战争也有领土方面的考虑，主要体现在美国联邦政府试图获取加拿大肥沃的土地，从而促进本国农业的发展。总的来看，美国南北战争可以归为在同一个大陆上两个相邻国家爆发的大陆性战争。

在 1812 年美英战争中，美国联邦政府军实际上在陆上更具本土作战优势，但奇怪的是以克雷（Clay）为首的"鹰派"却主张要与当时世界上最强大的海权国家——英国进行一场海上战争。1810 年左右美国政客与军队将领之间的联系非常贫乏，政客们对海权也是知之甚少，如果你对这一情况有所了解的话，就不难理解上述现象了。在特拉法尔加海战已经结束之后的 1810 年，没有哪个欧洲国家有实力挑战英国的海上优势。新生的美国海军，即使是动用其吨位最大的护卫舰，也很难在与英国的海上战争中实现国家要达成的各项政治目标。到 1814 年战争结束之时，英国在战争中对美国的海上封锁直接导致美国的出口贸易额从 1807 年的 1.3 亿锐减到 700 万①。英国的封锁遭到了美国私掠船一定程度的破坏，私掠船队以纵帆船（具有两个以上桅杆的帆船）为主，比英国海军的战舰航速更快。美国的私掠船在战争中劫掠了约 1300 艘英国商船，但其中近一半商船又被英国舰队救回②。西奥多·罗斯福和马汉都对 1812 年美英战争进行了深入研究与分析，但当后来南北战争——第二次世界大战爆发前美国海军参与的强度最大的战争——爆发时，西奥多·罗斯福和马汉的分析并没有受到战略界的重视。1812 年美英战争实际上为美国军队提供了许多经验。这场战争结束后，美国联邦政府开始着手建立常备军。尽管美国军队在 1812 年战争中表现差强人意，但当时联邦政府高层中反对建立常备军的势力还比较强大，因此常备军的规模很小。1815 年，美国成立了海军委员会，该委员会由 3 名中校及以上军衔的军官组成，主要任务是协助海军部长工作。海军委员会可以就舰艇制造与维修事宜向海军部长提出建议，但海军部队管理、人员晋升以及作战舰艇部署主要由海军部长决定。海上战略范畴的相关问题，如海军的规模和海军在战时任务则由美国议会决定。南北战争爆发之时，海军已经在以下几个方面吸取了 1812 年美英战争的经验教训：

——如果战争持续时间较长，海军实力优势一方对敌实施封锁是有效的。但即便海军实力再强，也很难完全阻止私掠船的活动，不过私掠船只是战争中的次要问题。

——舰艇在大范围海域内的机动必须以获得该海域的制海权为前提。英国海军在切萨皮克湾（Chesapeake Bay）的成功，以及佩里准将③的胜利为美

---

① Harry L. Coles, *The War of 1812* (Chicago: University of Chicago Press, 1966), p. 89.

② Harry L. Coles, *The War of 1812* (Chicago: University of Chicago Press, 1966), p. 98.

③ 译者注：佩里准将（Commodore Perry），1853 年率领美国舰队敲开了日本的大门，日本称之为"黑船事件"。

国赢得了大湖（Great Lakes）地区的控制权，这些事例都证明了上述论断。

随着《根特条约》（Ghent）的签订，美英战争结束。美国在欧洲的利益实际上置于英国海军的保护之下，因为美国是英国重要的海外贸易出口市场，而英国可以从美国进口许多廉价商品。1815 年至 1846 年美墨战争爆发前，随着美国贸易在世界范围内的扩展，海军规模也开始扩大。1841 年美国海军部长在提交给总统的报告中反复强调，"扩大海军规模非常必要，因为当国家的海外商业利益受到威胁时，需要海军做出快速反应，以消除威胁"①。这一期间，美国海军开始向海外扩展以保护美国在太平洋和南美洲的利益。1846 年美国对墨西哥的战争涉及领土占领问题，具有一定的帝国主义侵略性质。许多海军历史学家普遍认为，美国海军参加的美墨战争，是 19 世纪内战爆发前最重要的历史事件。在这场战争中，美国海军不得不再次同时采取两个战略。首先，在当时的历史环境下，当时的海军高层赋予海外分舰队指挥官的权力很大，因为当时海军部长下达的指令通常都是政策性的，因此，没有海上战略或学说用来引导海军沿着可预测的路线开展行动；其次，在墨西哥战争中，海军的主要任务是支援陆军进行陆上作战，而不是对墨西哥实施海上封锁。正是在海军的支援下，美国陆军得以在陆上快速机动，以至于在后来加利福尼亚战役中，英国海军放弃参战，战争结束。两国进攻墨西哥的战斗进展迅速，美军由 10000 人组成的部队在瓦诺科鲁兹（Vera Cruz）实施登陆作战。登陆成功后，美国海军在佩里的带领下，进行了一系列轰炸、占领和搜索行动。战争结束，两国签订了《瓜德罗普岛条约》（Treaty of Guadeloupe），美国获得了今天南部如加利福尼亚、新墨西哥、内华达、犹他、亚利桑那等州所在的领土，以及部分怀俄明州和科罗拉多州的部分领土②。在这场战争中关于海军作战最有意思的方面，是被美国著名历史学家黑根（Hagan）称为"为建立蓝色帝国而进行的黄水战争"，因为佩里准将命令他的旗舰，一艘装备 74 门炮的"俄亥俄"号战列舰返回美国，接着将一艘吃水较浅的战舰"密西西比"号作为指挥舰。

① Dudley Knox, *A History of the US Navy*（New York：Putnam），p. 159.
② Kenneth Hagan, *This People's Navy：The Making of American Sea Power*（New York：Free Press, 1992），p. 137.

这段时期很有意思，因为其中充满自相矛盾的地方。将墨西哥部分领土并入美国，使美国成为世界上最大和最繁荣的大陆性国家之一。美国之所以能够并入这些领土，与其在大陆性战争中发挥海军对陆军的支援作用密切相关。广袤土地的获得引出了商业的快速发展，从而促进了美国商船队的建立，美国开始利用海洋开展世界范围内的贸易。为了保护远洋商船队的安全，美国海军已经开始向蓝水方向发展，尽管当时其舰队作战能力主要是基于干预大陆性战争。美国海军在技术方面的创新主要是为了获得在沿海地区的优势地位。明轮船"赛格诺"号（Saginaw）从技术方面来看是当时设计最先进的轮船，最远航行到中国，这令英国海军十分羡慕。船上配备的舰炮由戴尔格林（Dahlgren）海军中将设计，采用了他关于克里米亚战争和墨西哥战争中海军对岸攻击的经验总结。这一时期随着美国在海上方向安全防务需求的增多，海军实力处于上升阶段，海军技术方面的进步也反映出海军的主要关切点和以往对岸上要塞进攻的作战经验。因此，当南北战争爆发时，从技术方面来看，北部联邦海军已经做好了充分准备，制定了如何进行大陆性战争的战略。此时的英国，由于其国家利益主要是在海上，战略思想的发展缺少像美国那样的大陆性战争经历，因此始终在致力于建造"无敌"号等大型战列舰，从而使英国海军恢复昔日远洋海军的荣光，并且接下来的二十年里在远洋作战方面一直领先于美国海军。[①]

美国南北战争中北方联邦海军的表现在第一章中已经详细讨论过了，这一章重点分析内战前美国海军战略的发展演变，这样就可以更好地理解内战中发生的各种情况了。有关美国海军及其战略发展论述最为详尽的著作应该非肯尼斯·黑根莫属[②]。美国南北战争的一个明显标志就是在海军序列中缺少战列舰。无论是南方还是北方，双方参战人员大都参加过 1812 年美英战争和墨西哥战争，因此受这两场战争的影响较深。这两场战争的经验表明：一支执行封锁任务的海军可以配合陆军对敌方沿岸城市实施两栖登陆作战；如果

[①] Kenneth Hagan, *This People's Navy*: *The Making of American Sea Power* （New York: Free Press, 1992）, p. 160.

[②] Kenneth Hagan, *This People's Navy*: *The Making of American Sea Power* （New York: Free Press, 1992）, p. 162.

占据绝对海上优势，将给敌方海岸防御造成极大威胁；但不管是否占据海上优势，如果某一方的陆军能够成功攻击并占领敌方心脏地带，他将赢得战争。

在南北战争行将结束之际，北方海军与陆军紧密配合对南方发动最后攻势，确保北方联邦取得最终胜利，这对那些将海洋视为天然领地的海军战略家造成了巨大冲击。一方面，不可否认的是，北方联邦海军在南北战争中攻下罗尔港、新奥尔良、彭萨科拉、维茨波格、查尔斯顿以及福特等重要沿岸港口，对陆军发挥了重要的支援作用；另一方面，南部邦联在海上处于劣势主要是由于缺少作战舰艇，而且不得不承认南部联邦对海上交通线的依赖还是很高的，因为南方的战争资金主要来源于出口棉花的收益，但这些收益大部分都落入私人手中。战争使南部各州陷入了物资极度困乏的境地，但南方那些从事私掠船的船主却在战争期间截获了3000多艘商船，大发战争横财。

对于北部联邦海军在内战中的作用，有两派截然不同的观点。一派大力倡导打造一支蓝水海军。"蓝水海军派"否认海军在内战中陆上的表现，反而大肆鼓吹南部邦联私掠船在海上攻击商船的重要作用。另一派认为南部邦联私掠船在海上的游击战并不是影响战争结果的主要因素，南方最终战败主要原因在于北方海陆联军攻占了其首都里士满。这一派人士指出，虽然北方海军实力较强，但也不足以对南方实施全面的封锁。这种观点其实缺乏数据支撑。实际上在战争中，北方联邦海军对南方沿岸要塞和港口的攻击还是有目共睹的。另一方面，南方采取了海上游击战术，每当私掠船截获商船成功，都会进行宣传，私掠船主也会获得个人的财富与名望，与此形成鲜明对比的是，很少有人会对封锁进行大张旗鼓的宣传。

内战结束后，美国国会和公众都对海军失去了兴趣，因为公众和政府高层认为未来不太可能再次出现类似南北战争那样的场景，使海军有机会把其在内战中的行动再次重复一遍。1850—1900年间，美国的进口额增加了3倍，出口贸易额也从1.66猛增到12.94亿[1]。货物运输主要由外国商船承担，美国本国商船承担的货物运输量从66.5%下降到9.3%。如果北方联邦海军将商业袭击战宣传成为一场大战的话，美国政治领导人有可能看到一条连续的

---

① Dudley Knox，p. 319.

线索隐含在内战前后所采取的一系列政策中。但不幸的是，那些认为海军在大陆性战争中发挥重要作用的人被认为是建立"小海军"的坚定支持者；同时，那些支持建立大洋海军的人把英国作为可能之敌，并以此作为建立远洋海军的主要原因。在北部联邦军队取得安提塔姆战役胜利之后，英国一改战争爆发初期坐山观虎斗的中立态度，开始明确支持北方联邦政府。如果说在大陆性战争战略家和蓝水海军战略家之间存在观点冲突的话，同时在风帆动力和蒸汽动力的各自倡导者之间也存在着争论。蓝水海军战略家支持蒸汽动力，但是大陆性战争战略家认为蒸汽动力不适于在敌方水岸附近作战。尽管动力推进方法属于技术或战术层面的问题，不属于影响海上战略层面的范畴，但关于动力问题的争论还是延误了美国蓝水海军建立的进程。上述争论的结果导致战后美国海军实力大幅下降，这样的结果通常应该是在没有任何战略的情况下才会出现。

仔细考虑一下，这些争论其实完全没有必要。如果没有海上优势，美国南北战争中北方联邦海军就很难对陆上战争结果产生影响。由于在内战中北方联邦海军不费吹灰之力就获得了海上优势，使很多人误认为在战争中可以想当然地获得海上控制权，甚至有人认为海上优势对岸上行动并不是必然的。如前所述，美国建立远洋型海军的努力受阻，部分原因反而恰好就在于像法诺哥特（Farragut）和波特（Porter）这样的指挥官在陆上作战的出色表现。他们在战后提出保留海军大部分舰艇以执行远洋任务，使政策决策层和公众中支持海军的那部分人陷入了困惑之中。

二、 马汉、 卢斯与海军战争学院

19世纪最后20年，美国海上战略发生了巨大变化，主要动因有三项：美西战争、海军战争学院和海军学会的成立，以及后来马汉著作的出版。回顾历史，美西战争爆发的主要原因在于两国民众以及高层之间的态度。西班牙是个正处于衰败过程中的海上强国，一个虚弱的、占有许多海外殖民地的老牌君主制国家；而美国是一个正处在上升状态的、充满活力的、多样化的民主制国家，最重要的是充满了帝国主义野心。美西战争爆发前，发生了一系列重要事件：约瑟夫·弗莱（Joseph Fry）事件、"缅因"号战舰爆炸，以及鲁德亚德·吉普森（Rudyard Kipling）提议美国政府帮助菲律宾的白人减轻殖民政府强压给他们的重负，很难说究竟是哪一件事导致了美西战争的爆发。可以肯定的是，这是一场注定要爆发的战争，并且在战争爆发前，有很多关键人物都参与了即将到来的海上作战的战前筹划。西奥多·罗斯福和马汉的观点不谋而合，在马汉关于海权与海军战略的著作出版之后，罗斯福对其中的观点大加赞赏。同时，罗斯福与海军中将乔治·杜威（George Dewey）的关系也非常密切，杜威后来被任命为美国海军太平洋分舰队的指挥官，前往菲律宾作战。

南北战争结束后，有关这场战争的各种观点众说纷纭，莫衷一是。面对这种情况，卢斯认为非常有必要建立一个能够进行公开讨论的场所，以及一所学院，让海军军官能够有机会接受系统正规的学习。在一些政治领导人的支持下，卢斯创立了海军学会和海军战争学院（NavalInstitute and the Naval War College）。在卢斯的推动下，马汉的著作在美国国内产生了广泛影响。海军学会和海军战争学院的成立，为美国国内有关战略向何处去的讨论提供了重要平台。毫无疑问，马汉的海权理论对这场讨论产生了重要影响，因为这两个机构都是卢斯主导创建的。

在上述三个要素共同作用下，美国的海战理论从影响陆上战争转变为在远洋赢得舰队决战。把海上战略发展走向与兵力构成混淆起来是不合适的，风帆动力与蒸汽动力、近岸海军与远洋海军之间的争论，已经扩展到海军的使命任务以及其他属于海上战略层面的问题。在上述三项因素——美国海军在美西战争中的使命任务、马汉的著作和海军战争学院的建立——的共同促进下，美国政府采取了一系列行动，最终使美国海军成为世界上最强大的海上力量。然而，这种转变使美国海军在内战中获得的对大陆性战争施加影响的经验成为过去式，陆军和海军协同行动以实现国家目标的经验也被放弃，直到1920年才出现了论述联合作战的一本名为《近岸防御》（*Coast Defence*）

的小册子，实际上该书所论述的有关陆海军联合行动的观点，早在若干年前的南北战争中就已经被付诸实践了。①

美国海上战略复兴后 100 年里，历史的车轮走过了近乎一个圆圈。在 20 世纪末期，美国海军发布了新的海上战略文件——《……从海上》（...From the Sea）。这份战略文件指出，海军需要具备对陆上战争结果产生影响的能力，以及在可承受范围内所需的海军兵力结构。美国海军认为，对未来海军承担使命任务范围的界定与现有兵力结构紧密相关。美国海军应该放眼全球，但同时也不要忽视这样的事实，即海上战略已经在近 100 年里完成了一个轮回。在我们得出美国最新海上战略的本质内涵就是对陆上战争施加影响之前，我们可以继续梳理 19 世纪末对美国海军海上战略发展产生重要影响的因素。

三、 赢得了战列舰竞赛， 却迷失了战略方向

1897 年，美国海军位居英国、法国、德国、俄国和日本之后，位居世界海军排行榜第 6 名；1898 年美国国会通过《海军法案》，到 1902 年，美国海军排名提升至第 4 位；到 1908 年，跃升至第 2 名，紧跟大英帝国海军之后。在 1895 年至 1910 这十五年间，美国根据马汉的舰队决战理论打造了一支"新海军"。建造吨位更大的舰艇，与其说是国家利益的推动，不如说是与其他国家海军军备竞赛的需要。日本军力的快速扩张及对中国东北地区的占领，促使美国认清了太平洋地区面临的真正威胁，此前美国政府在这个问题上一直在俄罗斯和日本之间犹豫不决。日本海军在对马海战中击败俄罗斯舰队，促使美国政府提高了对日本的警惕。美国政府的许多困惑主要是由于英国政府的积极游说造成的，英国劝说美国要加强军备，因为这是抵抗德国建立远

---

① Robert Albion, *Makers of Naval Policy* (Annapolis: Naval Insititute Press, 1980), p. 354.

洋舰队的重要保障。随着军备竞赛的加剧，同样的问题反复出现：究竟是战略目标导致重新武装，还是新建立的军队推动战略的发展？我们只能根据两份可以查到的文件——黑色计划和橙色计划——来解决这一难题。"黑色计划"很难被归入战略的范畴，甚至都不能被认为是战役层面的计划。本质上，"黑色计划"是针对某一行动的战术方案。譬如，德国可能会派遣海军舰艇去攻占古巴、波多黎各和哥斯达黎加，进而攻击美国东海岸，因此美国海军要对这一行动实施阻断。鉴于德国与英国海军的实力对比明显居于劣势，且德国的重心主要在中欧地区，因此，德国根本不可能派舰队到美洲地区行动。（即使我们现在知道了在 1905 年时，海军决策者难以预见到潜艇会在不久的将来成为对海战产生重大影响的因素）"黑色计划"充其量不过是为一个早已做出的决定——重建美国作战舰队——而寻找的托词与借口而已。

　　另一方面，"橙色计划"确实极具洞察力与前瞻性。在"橙色计划"中，美国设想通过在中太平洋地区的一系列突击，夺回战争初期被日本占领的菲律宾地区，而 40 年后的太平洋战争几乎一模一样地再现了这个场景。美国面临的最大难题在于，究竟是应该把海军兵力集中部署在太平洋或是大西洋，还是把海军兵力一分为二，分别部署于太平洋和大西洋。如果采取两洋舰队分别部署的方式，无论是与日本海军相比，还是与德国海军相比，美国兵力都不占优势。1914 年，建造历时十年之久的巴拿马运河终于开通，部分解决了上述难题。巴拿马运河计划起源于 1903 年，美国政府支持巴拿马人民反抗当时的哥伦比亚政府，反政府军得到了美国海军的支持。打通巴拿马运河，实现兵力集中，进而控制太平洋，这是美国制定的大战略。但这是所有计划的全部吗？也许像西奥多·罗斯福总统可以从大战略的高度认识打通巴拿马运河的重要意义，但并没有情况可以证明当时美国海军部也遵循了同样的思路。

　　美国在战列舰的建造方面已经追赶上了英国，但在制定一个能够和英国不相上下的海上战略方面，还是存在着较大差距。1900 年，大英帝国已经制定了一个具有全球视野的海上战略，旨在保护其庞大的海外殖民帝国和"英国治下的海上和平秩序"。为便于政府对遍布全球的皇家舰队实施指挥控制，英国修建了全球性的海底通信电缆，后来又利用高频通信技术，让英国海军的任何一艘舰艇都可以通过电台保持远程通信。复杂的通信网络是英国海军对全球海洋范围内任何变化进行快速反应的核心基础，而这一时期美国海军还不具备这种能力。事实上，直到20世纪50年代，美国才在世界范围内为海军建立起一个与当年英国相媲美的通信系统。

对马海战后，英国与日本签订了同盟条约，对美国造成了沉重打击。根据英日同盟条约，如果日本遭受一国攻击，英国将保持中立；但如果日本同时遭受两国攻击，则英国将加入日本一方实施反击作战。同时英国给予美国一些特许权，以对其进行安抚。但英国和美国对于彼此的战列舰建设工程都保持着高度的警惕。到1905年，马汉的理论对美、英、德、俄、日本等国产生广泛影响，被各国海军奉为"圣经"，只有法国部分地接受了马汉的战略思想。上述所有国家都将舰队决战视为决定海战胜负的最终因素，而围绕战列舰建造展开的军备竞赛，实际上比拼的是各国政府的财政能力。由于对战列舰的狂热崇拜，导致美国在参加第一次世界大战时，都没有明确海军在这场战争中能发挥什么样的作用。直到1910年，美国才最终确定日本为可能的威胁。对日本威胁的判断，并不是基于经济竞争或利益冲突，主要是美国认定日本是亚洲地区最有潜力成为强国的国家，并且拥有许多战列舰。据称，日本出于惩罚的目的，对美国提出要占领墨西哥的一个港口，但被美国拒绝并将其击退。如果当时我们就知道第二次世界大战的相关情况，也许就会相信并支持美国在一战之前做出的日本是下一个威胁的判断。但需要注意的是，日本向东南亚的扩张，以及对菲律宾的占领，那是三十年之后才发生的事。而且，当时美国也不可能对德国潜艇对战争进程的重大影响先知先觉。如果说对潜艇在战争中作用的估计不足还只是一个小的失误，那么美国政府认为未来作战中敌方将会遵循现有战争法运用潜艇则是大错特错。这种错误的看法直接导致"路斯坦尼亚"（Lusitania）号商船被袭击引发爆炸，当时商船上有2000余名乘客，还装有400万磅小型武器的弹药，这简直就是一个致命的组合。"路斯坦尼亚"号商船爆炸导致严重伤亡，与当时美国政府签署的战争法案有很大关系，该法案允许大型民用商船运输军火。

许多人对英国海军在一战之前制定的海上战略提出质疑。这一战略实际上是经过了精心考虑的，特别是针对德国的封锁，以及加强海军与经济战部门的合作的内容更是如此。战略的其余部分，比如主战部队的任务、战列舰队的配置都受到了批评。与英国海上战略受到的批评相比，美国的海上战略受到的应该算是重创了。战争之初，在威廉姻·S. 西姆斯（William S. Sims）海军上将率领海军开赴欧洲之前，当时的海军作战部长只是告诉他，美国海军可能不久就会与英国开战，就像跟德国开战一样①。如果我们对这一指示详加分析，就可以理解美国海军没有制定出比"黑色方案"更好的应对德国的战略了。当时美国对其在欧洲面临威胁的认定是不明确的，制定的对英国作战战略更加证实了这一点。尽管在 1914 年前有报道，美国的兵棋推演中的确以英国海军为假想敌，但这样一个对英国的作战计划，即使真的存在，也不会公开宣传。

在 1916 年被提交给美国国会的《海军授权法案》（*Naval Appropriations Act*）之中，宣称美国海军并没有明确的针对欧洲强国的海上战略。1915 年美国海军部提出要建立一支战列舰舰队，以应对英国、德国、奥地利和日本等任何两个国家的结盟，但由于受到国内选举的影响，并没有立即得到高层的回应。1916 年该法案通过，为"新海军"的建立奠定基础，从而有能力对一战之后英国皇家海军的超级地位提出挑战。但为什么要对英国海军的霸权进行挑战呢？至少在一战之前，美国的商业利益还没有在世界范围内扩展，对英国构成挑战。如果说美国的海军战略与国家的政策目标之间存在关联的话，那么可以认为，在 1914 年时这种关联还不是很清晰。

与此同时，战争期间唯一有价值的海上战略在执行时却因为各种要心眼，违背了当时海军作战部长威廉姆·S. 本森的本意，他可是直接越过 26 名上将就任海军作战部长的牛人。这一不寻常事件的背后，是因为当时海军内部有许多高级将官联合起来，抗议时任海军部长的约瑟夫·丹尼尔（Joseph Daniels）滥用职权。美国在第一次世界大战中的贡献，主要在于护送人员与物资安全通过德军潜艇的封锁海域，避免被敌方战舰发现。身在伦敦的西姆斯上将向美国海军部报告，欧洲大陆是主战场，美国海军参战只需提供反潜护航舰艇即可，于是最终美国建造了 400 余艘护航舰艇。在战争期间，共计

---

① Kenneth Hagan, p. 255.

120 万美国陆军和陆战队在法国登陆,而美国的战列舰在战争中却一枪未发。戴维德·比蒂(David Beatty)将军的舰队下辖 5 艘战列舰,在日德兰海战爆发很长时间之后才到位,以替换 5 艘老掉牙的战列舰,从而增强了反潜作战力量。

战争结束之后,美国前往巴黎的代表团弥漫着强烈的反英情绪,这主要是因为战争期间,英国坚持对德国实施封锁,并在执行封锁过程中把许多美国生产的物品宣布为禁运品。尽管英国在确定了德国可以找到其他替代品生产军火的情况之后,解禁了美国产的部分商品,但是美国仍然认为,英国人试图在世界海洋范围内建立一种秩序,即只有得到英国海军的同意,贸易才可以正常进行。在主战平台的谈判过程中,美国不愿意对英国妥协从而保证英国战列舰的总吨位位居世界第一。而在英国人看来,正是他们的反对成功阻止了美国威尔逊总统建立国际联盟的努力。僵局一直持续到 1922 年,英国、美国、日本、法国和意大利五国就战列舰吨位问题最终达成协议,各国吨位比例分别为 5:5:3:1.75:1.75。

航母的建造同样受到吨位比例限制,英国和美国分别可建造 13.5 万吨的航母。在第一次世界大战的最后一年,海军航空兵的作战威力已经初步显现。在英国,海军航空兵没有受到应有重视,因为几乎所有经验丰富的海军航空兵飞行员都被抽调加入 1918 年新成立的英国皇家空军。因此,1920 年英国的海上战略无论如何不会将航母置于中心地位。另一项迫使英国在 1919 年承认美国海军平等地位的重要因素,是英国在战争中欠下了美国巨额债务。战争结束之际,美国正在建造的战列舰的吨位达到 61.8 万吨,而英国却只有 17.2 万吨,但这已经是其财政所能承担的极限了,因为英国必须将国防支出的 40% 用于偿还战争债务的利息。英国海军获得的国防拨款份额由 1918 年的 3.56 亿英镑,下降到 1920 年的 1.12 亿英镑,1923 年达到最低点,只有 5300 万英镑①。而同一时期,美国海军却成为世界上最强大的海军力量,至少在战列舰吨位上雄踞榜首。

1905—1935 年间,美国海军处在探索发展期。其他国家海军也面临这种

---

① Paul M. Kennedy, *The Rise and Fall of British Naval Mastery* (London: Unwin 1988), p. 268.

情况：敌人难以明确。这一时期对海军和海上战略的发展可以分为两种观点。一种是海军发展周期较长，没有人能够真正实现对兵力标准的精确掌控，这是海军部长卡尔·文森（Carl Vinson）在兵力水平严重波动的情况下讨论海军政策时的观点。另一种观点是一支海军不能因为当前的现实威胁消失就被废弃；同样也不能因为另一种威胁出现就转而打造一支新的海军。政治家、公众和那些控制财政拨款的人更容易受上述简单思维的影响，但是，能够把一支海军凝聚起来的、把世界一二流海军区分开来的无形要素，却需要很长时间才会建立起来。海军上将安德鲁·坎宁汉姆（Andrew Cunningham）的话也许有点言过其实，但是无论是海军人才的培养，还是战术条令的制定，都需要长时间的积累。在这样的条件下，当所有的敌人都暂时消失时，一个国家要打造一支什么样的海军，应该主要依据国家的长远利益和在未来国际格局中应占据怎样的位置而定。如果用这个标准来衡量，美国海军大规模建造战列舰主要为了确立海上霸主地位，在第一次世界大战后被认为是理所应当之事。一支实力强大且均衡的海军，可以有效应对意外之敌所带来的各种威胁。在这种情况下需要5到10年的准备时间，但这对于重新建立一支新海军是不够的。在两次世界大战之间，美国对主要威胁的判断在日本与德国之间不断切换。两届罗斯福政府都试图让海军重点关注欧洲，但海军实际上更关注日本。最后，当真正的敌人揭晓之时，美国海军是否已经具备了一支均衡的力量呢？答案显然是否定的，因为直到1939年，最终在第二次世界大战中发挥重要作用的武器——航母和潜艇，在美国海军中的发展显然都还处于不平衡的状态。

四、　第二次世界大战

也可以从另一个视角对美国海军参加战列舰军备竞赛的原因进行分析。理论上，武器平台的类型不应该成为制定海军战略的影响因素。如果某一战略在舰艇建造前就已经制定出来，这一观点应该是成立的，但在实践中，这种情况几乎不存在，必须对战略进行一定的调整，从而能够利用现有兵力结构实现战略目标。如果从这一视角来看两次世界大战之间美国海军的发展，有关航母与战列舰之间的争论就显得更加意味深长了。关键的问题是，如果说海军兵力类型的问题应纳入作战层面讨论，而不应归入海上战略范畴，那么究竟是以发展战列舰，还是航母，或是潜艇为主，对于美国战略有何意义呢？答案与太平洋的地理位置和日本经济有关。令人匪夷所思的是，直到1937年日本大部分石油进口都来自美国。众所周知，如果美国对日本实行石油禁运，日本经济很快就会瘫痪。但直到1940年7月，美国才对日本实施包括石油在内的战略物资禁运①。但在对日本的作战计划中，并没有考虑运用潜艇对其实施海上拒止作战。战前，美国不仅仅向日本出口石油，还出口包括铁矿石和废金属在内的大量战略物资。战争爆发后，美国对日本实施了潜艇攻击，重创并击沉运输石油与金属的日本船只。对照一战中英国在1914年对德国实施封锁战的详细计划就会发现，1940年之前美国对日本的封锁根本就没有什么具体标准，从而反映出大战略的缺失。

从地缘战略方面来看，太平洋地区令人印象深刻的因素体现为日本所依赖的海上交通线是如此漫长。这种形势要求在各个方面都应当运用马汉的舰队决战战略，而且这也是自1905年以来美国海军一直采取的战略。唯一的问题是马汉的理论被人误解了，他提出舰队决战必须以装备大口径舰炮的战列舰为主力展开，实际他的本意是，主力舰应该首先在海上决战中夺取制海权，尔后才能在对陆作战中充分发挥作用。到1939年时，航母实际上已经成为美国海军的主战舰艇，但是它的主要功能还没有得以真正发挥出来，只是为战列舰提供侦察情报和防空掩护。太平洋非常辽阔，在某一海域偶然发现或追踪到敌方目标后，舰队从其他海域向该海域实施大规模机动的距离过于遥远，双方战列舰舰队决战爆发的可能性非常小。任何暴露舰艇兵力的战术行动，总是会首先导致双方之间的相互攻击。上述情况说明马汉的战略并没有过时，

---

① S. E. Morison, *History of the US Naval Operations in World War II* (Boston: Little Brown&Co., 1954) Vol. 4, p. 60.

只是要由航母组成的舰队来进行舰队决战——这恰好也是日本山本五十六赋予南云忠一的先遣兵力的主要任务。以往曾有许多人认为，从战略上来讲，日本偷袭珍珠港非明智之举①，但事实并非如此，在二战爆发前的三十余年里，海军的主要任务就是舰队决战。同时，在美国制定的陆海联合对日作战的计划中，海军被赋予了一项进攻性任务——夺取马绍尔群岛。要想从日本手中夺得对马绍尔群岛的控制权，一场海上舰队决战是必不可少的。尽管与日本海军的舰队作战看起来似乎是不可避免，但在美国相应的战略计划中却似乎并没有突出强调这一点。简而言之，我们要认识到，这些计划越是与美国在华盛顿和伦敦会议上确定的重点离得越远，就越发显出 20 世纪 30 年代的美英敌意，以及 1916 年《海军法案》提出发展能够胜任两线作战的海军的不必要性。

珍珠港战役是发生在太平洋战场的唯一一场马汉式的海战，但交战结果却并不像日德兰或中途岛海战那样具有决定性。莱特湾海战被称为史上参战兵力规模最大的一次海战，但由于哈尔西上将被日军的佯动编队诱骗北上，因此舰队的海上决战并没有最终出现。战前美国海军制定的战略和参战后在战争实践中逐步形成的最终赢得战争的战略，有很多不同的地方。大西洋潜艇战使潜艇运用战略被提升为独立的海上拒止战略。与大西洋的潜艇战不同，美国的潜艇战很成功。美国在太平洋的潜艇战之所以能够成功，主要是由坚实的工业基础做保证，能够及时调整战争之初因战略失误而导致的兵力结构失衡。在 1940 年一艘潜艇可以在 3 个月内建造出来，所以在 1～2 年内调整兵力失衡还是可能的。但潜艇在夺取日本本岛过程中所发挥的作用，在一定程度上有点言过其实了。

《美国战略轰炸研究》（*Strategic Bombing Survey*）刊登了大部分相关数据，一经出版就引起了广泛争论。美国海军认为这份研究报告的出版，主要是为空军成为独立军种提供支撑。空军反驳海军单方面发布的战略轰炸数据，认为这有可能重新打开"潘多拉盒子"。罗纳德·斯科特（Ronald Spector）在

① S. E. Morison, *History of the US Naval Operations in World War II* (Boston: Little Brown&Co., 1954) Vol. 4, p. 132.

著作《太阳下的雄鹰》（*The Eagle against the Sun*）一书中指出，"潜艇在美国海军兵力结构中的比重不到 20%，但攻击效果却占到了日本海上损失的55%"。当时，美国国内充斥着各种无须登岛作战就可以使日本投降的言论。黑根在书中指出，"潜艇的战绩表明其具有令人畏惧的杀伤力"①，证明了即使是在"不进攻日本本土和俄罗斯不参战的情况下"，美国也具有迫使日本投降的能力。同样，美国陆军少将海利伍德·哈赛尔（Haywood Hansell）也认为，"战略轰炸表明，即使不使用原子弹，美国对日本的空中优势也足以促使其投降，而无须进攻日本本土"②。这些观点都忽略了一个事实：当时无论是潜艇，还是飞机，之所以能够发挥巨大的作战威力，前提是美国已经占领了冲绳、硫磺岛，重新夺回了菲律宾，作战距离的缩短大大增强了潜艇和飞机的作战效能。实际上，如果不进攻日本本土以及使用原子弹，那么面对日军的顽强抵抗，无论是海军的封锁战还是空军的战略轰炸，都不足以结束这场战争。将日军在冲绳和硫磺岛战役中的伤亡人数与被俘人数进行对比，就可以清晰地看到进攻日本本土将付出怎样惨重的代价。

在研究中还需进一步弄明白的是，美国海军潜艇在太平洋海战中取得的战绩和体现出的价值，是在战争中已经被上级指挥官所知晓，还是在战后总结过程中才被发现的。二战中出现了一批有名的潜艇，把他们的事迹收集起来，可以窥见当时潜艇在二战中的作战表现。这些辉煌战果的细节——日本可用运输船只吨位的下降、日本的石油战略储备数量、最后一个运油船队到达日本的日期，以及其他许多这样的细节，经常在描述潜艇战的著作中看到，这实际上都是二战之后的发现。这一观点也得到了当时大西洋舰队司令艾萨克·基德（Isaac Kidd）上将的支持，他认为：

> 美国在二战中的经验主要是将战线前推到敌方的濒海地区，争取控制敌方本土。战后，我们将继续运用二战中建立的海军兵力结构去完成如下任务：
>
> （1）运用航母战斗群实施对海攻击以及对敌方本土的攻击；

---

① Kenneth Hagan, p. 333.

② Haywood Hansell, *Strategic Air War against Japan*（Washington: US Government Printing Office, 1980）, p. 90.

（2）运用两栖部队实施登陆行动；

（3）运用水面舰艇和潜艇实施警戒，最终目标是拒绝敌方利用海洋。①

尽管上述观点没有公正地评判德国 U 型潜艇在大西洋的胜利和美国潜艇在太平洋的战绩，我们仍然可以发现，从 1943 年在魁北克召开的联军参谋长会议和当年冬季在罗会召开的海军会议开始，美国海军不再热衷于马汉的海军战略理论了。美国参联会在最后提交给总统的备忘录②中提出了结束对日战争的最终方案——在九州岛实施两栖登陆，攻占东京，预计伤亡人数为 28.6 万人。

战争的结束再次引发了一场有关技术与战略之间的争论。广岛事件让美国各军种都见识了原子弹的战略威力。新成立的美国空军（是他们向广岛投放了原子弹）认为空军在战略领域的优势地位无人能及，这一点都不奇怪。海军不愿意承认海军在力量投送中的地位下降，决定调整兵力结构，从而具备投送核弹的能力。于是美国海军开始建造吨位更大的航母，可以搭载能够投送核弹的舰载机。美国海上战略的整个逻辑框架，在大西洋和太平洋经过 5 年多的战争检验，最终被新的核战略所取代。两栖作战似乎不会再发生，海上舰队决战也过时了，对陆作战的常规武器也已成为过去式。随着朝鲜战争的爆发，以及将核武器视为威慑核心的核战略思想的逐步成熟，这种状况有所改变。常规武器再次成为战争制胜的重要因素，海军兵力运用的原则也发生了改变，至少在最高层面，海军主战舰艇的功能不仅仅是打击敌方舰队，还是战略核威慑的重要力量。

---

① Adimiral Isaac Kidd, "The View from the Mid 1980s", in L. Geroge, ed. （Boulder：Westview），*Special Studies in Military Affairsp.* 81.

② JCS 1388/4, dated 11 July 1945, pp. 26–47, declassified from "Top Secret" on 22 Jan. 1971.

五、 核时代

当前，美国国家战略和海军战略正在沿着双轨路线推进：装备核武器的主战舰艇用以回应苏联的核打击，装备常规武器的舰艇和两栖作战力量用于遏制苏联的扩张。随着英国海军先是从地中海东部撤出，继而从苏伊士运河以东撤出，美国海军战略开始向全球范围扩展。由于罗斯福总统的《租借法案》（Lend Lease）出台较晚，直到 1941 年英国从美国购买的武器装备都是用现金支付，因此英国不可避免地陷入了经济危机。高昂的战争耗费导致英国入不敷出，自二战结束后英国海军开始衰弱，到 20 世纪 60 年代中期只在北大西洋保持了一定的兵力。于是，美国海军开始承担英国海军原来担负的大部分角色，并借鉴了英国曾经在太平洋战争中采用的方式——在某一海域建立制海权，在空中优势的掩护下，派遣陆战队实施登陆行动。在美国海军看来，上述任务实际上只是次要角色，并不需要对外大肆宣传。但是，在四十余年冷战的时间里，这项任务一直延续不断，成为美国海上战略的核心主线。另一方面，冷战期间，海上战略曾一度跌到历史最低点，沦为技术的附属品。20 世纪 50、60 年代见证了核潜艇以及核导弹的诞生，这都是先进技术快速发展的结果，并在后来的年代里主导了海军运用理论的发展。用潜艇发射核导弹，是当时美国勇敢创新的技术天才们提出的设想。核动力的攻击型潜艇出现，对苏联海军拥有的 350 艘潜艇（这是唯一的能在海上对美国构成威胁的对手）对美国通往欧洲的大西洋航线构成的严重威胁做出了及时的回应。苏联海军对欧洲不断增大的威胁，要求美国海军必须在苏联红军和华沙条约组织推翻西欧国家之前，予以有效的遏制，这一需求使获取制海权实施两栖登陆作战重新成为美国海军关注的重点，必须制定出适应这个需求的新战略。这将成为美国的常规海上战略，但并没有改变在两次世界大战中的运用条件。世界大战的中心仍然在中欧，美国海军的主要任务是帮助西欧国家保持对华约国家在两大集团分界地区的军事优势。

20 世纪 60 年代，美国海军成为一支均衡的力量，承担着多种使命任务：大型作战舰艇主要是实施核威慑，大型核潜艇在固定翼飞机的支援下在大西洋对苏联海军实施攻击。随着"乔治·华盛顿"级战略导弹核潜艇的入役，技术优势支配战略的趋势进一步加强。战略导弹核潜艇与先前担负战略核威慑任务的航母等大型舰艇，对苏联形成了严重威胁。美国海军兵力结构的变化引起了苏联戈尔什科夫元帅的密切关注，他作为苏联唯一的海军战略理论家，主导了冷战期间苏联海军战略的制定以及海军力量的建设发展。苏美两国核弹头数量的不断增长实际上不断降低了核威慑的可信度。1972 年，两国签署《第一阶段削减战略核武器条约》，促使双方保持最低限度的核威慑。

美国海军应对苏联威慑的主要构想，并没有帮助美国取得越南战争的胜利。如果说有哪一场战争是在没有战略的情况下进行的，那么一定是越南战争，因为关于这场战争的大部分决策都是华盛顿的那些文官们做出的，他们的战略背景知识几乎为零。越南战争是一个反面教材，很难从中吸取到任何军事方面的经验与教训。因为在这场战争中，和平与战争的界限模糊不清，所以很难根据战争原则来实施这场战争。事实上，在这场战争中存在着严重的指挥失误。总统身边的文官幕僚们实际控制着战争的进程，他们按照危机处理的思路来筹划这场战争，命令经常从最高层越级传达到基层军官。公众对于这场战争的立场，最终升级为强烈的反对与敌意，这也是导致很难对这场战争进行军事教训总结的重要因素。总而言之，在越南战争中美国海军发现自己仿佛又遇到了内战时的困境。

在海上，美国庞大的舰队没有对手可战；在越南丛林里，美国海军的一支在内河作战的兵力，却对陆上战局发挥了真正的影响。就像南北战争时一样，尽管海军内河部队在打败越南民主共和国的春节攻势（Tet offensive）中发挥了重要作用，但是荣耀、宣传以及失败却都属于航母的空中作战。不幸的是，由于人员伤亡较大，国内反战的呼声强烈，美国政府被迫撤出了内河海军部队，并将这一任务交由越南共和国政府执行。朱姆沃尔特上将是美国在越南战争中海军的指挥官，后来任职海军作战部长。在越南战争期间，朱姆沃尔特努力将他关于海军战略的观点付诸实践，但是失败了。正如南北战争后海上战略失败的翻版，美国海军再次陷入有关核动力与常规动力的毫无意义的争论之中。

1986 年，美国发布了《海上战略》的公开版本。实际上，早在八年之前，海上战略的制定工作就已经开始。美国海军在兵力规划中引入"前沿战略"（forward strategy）概念，这一观点受到了戈尔什科夫关于未来舰队决战构想的很大影响。20 世纪 60 年代，"乔治·华盛顿"级战略核潜艇入役后，法国建造了"拉菲耶特"（Lafayette）级护卫舰，世界见证了一款新型主战舰艇的诞生。但是，正如第二次世界大战中的战列舰指挥官没有预见到航母在取代战列舰成为主战舰艇之后，马汉式战略仍然有效那样，航母指挥官们同样没有预见到航母的主战地位将被战略核潜艇所取代。航母指挥官们之所以没有预见到这一点，部分原因是因为他们不愿接受这样的事实：作战范围极大扩展导致指挥控制更加分散；在武器发射中和发射后不再需要战术信息保障；将军们已经停止了实施大规模海战的计划。

苏联的戈尔什科夫由于没有既得利益的包袱，更倾向于将战略导弹核潜艇作为主战舰艇，并以此为核心进行战略制定与兵力结构设计。要取得对美国海军的胜利，苏联海军必须具备在被核武器攻击之后的生存能力，并且能够利用生存下来的主战舰艇对美国心脏地带发动攻击，舰队的其他组成部分主要是用于支持这一行动，这在本质上属于马汉式的战略。戈尔什科夫对苏联海军战略的设计无意中推动美国海军制定出一个更加清晰、更加集中的海上战略。戈尔什科夫设计的苏联海军战略主要是建立在苏联各军种协同作战的基础之上，核潜艇和导弹驱逐舰的作用主要是用来确保战略核潜艇的行动自由。苏联海军后来发明的直升机航母也是为了满足该项战略需求。然而，由于认同军种协同作战以及事实上运用反潜舰艇支持潜艇作战，戈尔什科夫实际上认为美国海军航母将会参战，但不管其吨位大小以及载弹能力如何，航母发挥的将只是辅助作用，即在第三阶段或第四阶段战争升级到保护或进攻战略核潜艇的时候才会登场。戈尔什科夫想当然地认为，美国海军会按照他设想的以军种协同的方式进行战争，关键的第一步是部署战略核潜艇。但是，综观西方海军战略理论著作，并没有证据表明西方国家海军会倾其全力实施潜艇作战。事实上，当苏联的戈尔什科夫对海军力量进行全局筹划准备潜艇战时，美国海军正在积极研究运用潜艇进行护航的技术与战法，这恰好与戈尔什科夫的观点相反。当苏联的海军常规潜艇和战略导弹核潜艇获得导弹驱逐舰和直升机航母的支援掩护时，戈尔什科夫意识到这些水面作战舰艇在作战海域将对美国航母构成一定的威胁。所以，戈尔什科夫认为，战争升级的过程将会持续，美国海军将不得不面临军种协同作战的情况，尽管美国战略家们在战前的计划中并没有这样的内容。

《海上战略》的发布是美国海军的一大进步，长期以来，海军一直都因为没有制定出像陆军和空军那样的军种战略而受到批评。20 世纪 70 年代初，戈尔什科夫设想美国海军会被迫实施军种协同作战，但实际上他的判断是错误的。当赫里克（Herrick）的权威著作《苏联海军战略：五十年的理论与实践》（*Soviet Naval Strategy*：*Fifty Years of Theory and Practice*）[①] 出版之后，证明戈尔什科夫对苏联海军战略的设想过于谨慎和保守。赫里克的著作首先被美国海军分析中心（Center for Naval Analysis）认可为权威之作，该中心研究员詹姆斯·科奈（James Connell）在《苏联海军外交》（*Soviet Naval Diplomacy*）一书中指出，由于美苏之间签订了《削减战略核武器》的条约，所以苏联的战略核潜艇及核弹头将被集中部署在靠近本土的区域。只有在苏联利用水平落后的 C3I 指挥系统保证地理上分散部署的兵力进行通信，并且能采取有效措施确保军种之间不相互干扰的情况下，戈尔什科夫提出的军种协同作战理论才存在实现的可能性。大部分西方国家之所以反对利用其他平台支援舰艇作战，主要原因在于战术上实现对潜艇的控制非常困难，而且这种困难通常还会被潜艇指挥官故意夸大，因为他们希望在执行任务过程中不需要在开火前通过高频或电磁信号得到确认。基于以上事实，苏联海军战略导弹核潜艇的作战范围实际上并不广大，因为在实战中缺少苏联海军航空兵的支援和水面作战舰艇的持续支援。当 1980 年海军作战部长海伍德授权成立战略研究小组（Strategic Studies Group）之时，赫里克著作中的设想终于成为现实。战略研究小组的主要任务是将战略与兵力结构规划联系起来，因为直到 20 世纪 80 年代初，当美国官方公布 450 艘舰艇、600 艘舰艇或 800 艘舰艇计划时，只是

---

① Robert W. Herrick, *Soviet Naval Strategy and Policy*（US Government Print Office，1988），p. 315.

单纯地研究了在不同区域部署舰艇的类型和数量①。美国著名学者哈滕多夫（Hattendorf）认为，战略研究小组采用了新的研究方法"确立了一个前沿海上战略，并且赋予了其基本内容和理论可行性。他们集中分析了苏联的目标与行为偏好，认为苏联在各战区范围内采取了诸军兵种协同作战的方式获取对西方国家的优势"。1986年1月，美国对外公布了《海上战略》的非保密版本，并在接下来的5年里一直作为官方战略存在。实际上在1984年，美国就已经制定了保密版本的《海上战略》。

六、 海上战略

不出所料，1986年《海上战略》公布之后，引起了广泛、热烈的争论。争论的焦点，首先在于这一战略是否可行，其次在于这是否是一个"海上"战略。从本书立论的视角来看，最重要的是在经过这么多年的徘徊之后，美国海上战略终于重新回到一直以来难以解决的问题上来：如何对大陆性战争进程施加影响？600艘舰艇计划合理吗？冷战初期美国海上战略主要是建立在苏联所谓的大型常规潜艇力量的基础之上，美国认为一旦战争爆发，苏联的潜艇会对美国东海岸到大西洋之间的海上交通运输线造成重大威胁。笔者在20世纪60年代和70年代，曾经搭乘苏军舰艇在北大西洋和波罗的海航行，并且亲眼见识了苏联常规潜艇部队的战备状态与技术水平。笔者确信苏联的潜艇并不会在战争中对大西洋的交通线构成威胁，在大西洋重新开战的可能性微乎其微，但美国海军却对此深信不疑，并强调美国必须拥有强大的电子和太空装备。这一切都给人一种美国海军能够预先洞察战争未来发展的印象。1986年《海上战略》的出版，扫清了之前那些对海军事务持观望态度的人们心中对海上战略历史基础的疑问。

---

① John B. Hattendorf, "The Evolution of Naval Thinking in the 1970s", *Naval War College Review*, p. 12.

1986 年之后，一切变得明朗起来。在格陵兰—冰岛—英国之间的海域的东部可能会爆发一场马汉式的舰队决战，在这场战争中及战后，美国海军将在北翼对陆上战争进程产生影响。战争的结果将会证明新型主战舰艇的价值，正如珍珠港或中途岛海战那样。苏联对美国海上战略几乎没有什么反应，认为那不过是政治宣传的伎俩罢了。1986 年 11 月，苏联海军中校切尔塔诺夫（Chertanov）① 发表文章对美国海上战略做出回应。切尔塔诺夫在文章中向苏联读者详细介绍了美国海上战略的主要内容，并在文章结尾部分强调指出，美国海上战略已经把航母作为主要的常规武器平台。争论也许并无太大必要，相反，我们可以肯定地说，在核时代，当战略核潜艇毫无争议地成为最重要的主战舰艇之后，美国海上战略却对在挪威海可能爆发常规海战的可能性进行深入分析，并且探讨了对岸进行兵力投送的行动，从而使航母再次成为主要作战舰艇。美国海上战略的主要结论是，海军将在一次大海战之后进入欧洲战场，且海军的干涉行动将发挥主要作用，保护海上交通线、贸易战和世界范围内的禁运将成为次要的任务。美国海军对外发布的首个官方《海上战略》再次表明，如果一场战争的重心在陆上，交战双方的海军要想方设法为赢得陆上战争贡献本军种的力量，或者努力使战争重心转移到能够发挥海军决定性影响的地方。

七、　完成轮回

关于美国海上战略，还有评论家批评其不是以海洋为导向的，整个战略充斥着大陆主义的倾向，认为美国要保持在欧洲大陆的存在，才能充分显示其海上力量。1986 年后，美国海军承担的力量投送的任务发生了一定的变化。在 1985—1991 年间《美国年度防务评论》中，有人指出，"尽管不是很明显，

---

① Kapitan Pervova Ranga Chertanov，"Zarubezhnoye Voyennoye Obozreniye"，Morskoi Sbornik，Nov. 1986.

但是海上战略为后来'来自……'（forward...）的出台奠定了基础"。从1986 年的《海上战略》到 1992 年 9 月的《……从海上》，并不是暂时性的小范围微调，而是重大的战略性调整①。苏联解体使得冷战期间的中央战线变得不再重要，原先的战略重心突然之间消失殆尽。在如何面对未来在世界范围内兵力运用的挑战方面，美国陆空军和海军一样做出了快速反应。与以往许多观点认为苏联解体造成战略格局改变对海军影响最小的观点不同，海军实际上受到的影响最大。美国核潜艇技术的发展已经打造了一支强大的水下核威慑力量，这也是冷战期间美国投入大量财力物力建设的重点。尽管其他许多国家的经验已经证明，如果只能保留一种核能力的话，那应该是水下的这种能力，但核力量消减的整体趋势也将不可避免地会对美国海军战略核力量产生影响。美国海军的战略作用将会被削弱，失去保持大规模存在和现有主要作战舰艇的充分理由，接下来有可能面对在挪威海两支敌对海军之间冲突升级的可能。诺曼·弗里德曼（Norman Friedman）在 1991—1992 年文章中提

---

① Joseph Kruzel，Mershon Center of Ohio University 主编的《美国年度国防》（*The American Defense Anuual*）在每一期都会刊登有关美国海上战略的文章，对于 1986 年出台的海上战略的执行情况以及冷战形势变化进行评论。

1985—1986 年《美国年度国防》发表了 Ullman 和 Woollsay 的文章，详细阐述了威慑失败可能带来的结果，并强调航母在力量投送中的重要性以及使用传统海基空中力量去攻击前沿部队的作用。

1986—1987 年《美国年度国防》发表了 Harry D. Train II 的文章。在公开宣布官方发布海上战略的同时，重点关注运用弹道导弹核潜艇赢得核战争和航母显示前沿存在的重要性。要在两项任务之间达成平衡，就需要一支 600 艘舰艇的海军。

1987—1988 年《美国年度国防》发表了 Elmo Zumwalt 的文章。文章用大量篇幅阐述了在第三世界逐步升级冲突中赢得和平的重要性。力量投送首次作为一个单独问题在海上战略中加以论述。

1988—1989 年《美国年度国防》发表了 James George 的文章，重点开始转向讨论 600 艘舰艇海军是否能实现。因为舰艇数量在这一年中遭到了削减，包括 16 艘护卫舰、1 个飞行联队和 1 艘弹道导弹核潜艇。苏联正在逐步走向解体，有必要对海上战略进行调整，海军承担的任务包括力量投送、前沿存在和保护海上交通线，但看起来有些自相矛盾。

1989—1990 年《美国年度国防》发表了 Arkin and Handler 的文章。苏联经济崩溃已经确凿无疑，老布什政府制订了第一个五年防务计划。当前海军面临的最大挑战就是苏联解体，越来越多的人开始强调陆军和空军在力量投送中的重要性。

1990—1991 年《美国年度国防》发表了 Trost 的文章。美国仍然制定了海上战略，苏联已经不再是首要威胁。Trost 认为重点应转向"投送灵活机动部队遏制国际危机"。

1991—1992 年《美国年度国防》发表了 Norman Friedman 的文章。文章回顾了 20 世纪 50 年代以来美国海上战略的发展演变，强调苏联解体后，美国应重回二战时期的太平洋战略，以航母战斗大队为基础。他主张海军应获取优于陆军和空军的军费份额，从而能够继续更好地行动，为国家外交政策目标的实现提供支撑。

1992—1993 年《美国年度国防》发表了关于力量投送应对危机与能力建设的文章，建议未来海军战略要服从国家战略，海军和海军陆战队要通力合作，能够实现全球危机地区快速反应。

出，"马汉的舰队决战再次被否定，美国的海军战略重新回到了二战期间太平洋战争的战略——控制海洋，为两栖登陆作战提供保障"。这一时期美国的海上战略开始沿着朱姆沃尔特在 20 世纪 70 年代提出的构想方向发展。当时，朱姆沃尔特提出的构想遭到了航母派和核动力派的强烈反对，后两者都认为美国海军应该制定一个基于硬实力的海上战略。

美国海上战略发展至今，正如在《……从海上》中所体现的，要对陆上战略施加影响。实际上早在 20 世纪 80 年代，战略研究小组执行官威克斯（Weeks）[1] 在起草第一版海上战略时就已经提出。威克斯认为，随着威胁的变化，必须要及时调整或制定新的战略，这些威胁来自资源获取受限、失去航行自由权、盟国面临地区性威胁，以及保持对苏联核能力均势等方面。要应对这些威胁，美国海军必须具备较强的力量投送能力和领导国际合作的能力。威克斯提出，如果苏联对其力量进行重组，美国早期参与起草的海上战略就必须进行调整，因为在早期海上战略版本中有 24 个月的预警时间。

1992 年 9 月美国海军发布的《……从海上》文件，是为建设 21 世纪海军做好准备，吸纳了威克斯提出的许多观点。该份文件引用了老布什总统在阿斯彭研究所[2]的演讲，以及参谋长联席会议提出的基本需求转换，即从夺取海上控制权的需求，向从海上实施联合作战的需求进行转换。《……从海上》提出，在实施海外干预行动时，海军与陆战队的联合将在第一阶段联合作战行动中发挥主导作用，并在后续的行动中，利用自身强大的海运能力为陆军和空军重型装备的投送提供支撑。在"沙漠风暴"行动中，联合特遣部队的指挥权最初在海军手中，直到作战重心转移至陆上，指挥权才转移到陆军指挥官手中。只有掌握了濒海地区的控制权，对岸进行力量投送才可能成功，这实际上已经取代了原有的两栖作战行动中的海上控制概念。《……从海上》文件对这种变化进行了总结："当海军从冷战时期的蓝水海军战略转向区域性、近海的、远征作战转变时，海军的组织结构将发生变化。"依据这一清晰明了

---

① Weeks, *Drafting a New Maritime Strategy* (Annapolis: United States Naval Institute Proceedings, Jan. 1992).

② 译者注：阿斯彭研究所（Aspen Institute），国际知名非营利组织，总部设在美国华盛顿，致力于提高领导力和推进公共政策。

的指导思想，《……从海上》提出了四种关键作战能力：指挥、控制与侦察能力，战场空间优势，力量投送能力和兵力维持能力（command，control and surveillance，battlespace dominance，power projection and force sustainment）。文件在结尾再次强调"战场空间优势是海战的核心能力"。如果说技术产生的困惑已经消除，那么《……从海上》与120年前海军在南北战争中的战略在实践上是一样的，因此美国海军战略完成了一个闭环。

在军事和海军发展史上，人们经常会用"美国式战争"或"英国式战争"之类的字眼。如果真的存在"美国式战争"的话，那么其特征应该是直接的、大规模的和对战争重心进行前沿攻击；而"英国式战争"的主要特征则表现为在战争爆发前或战争爆发后，将战争重心转移到英国占优势的地方。由于环境影响，战争很有可能会在交战一方的核心地带爆发，通常会在陆上决定胜负。美国海上战略175年的发展历史表明，单纯的海上战略不会对大陆性战争产生决定影响。那些曾经试图制定单纯海上战略及相应兵力结构的人，最终不得不承认，现实终将促使战略回到最初的根源——联合作战上来。

第七章

战场空间优势与作战速度

一、 兵力的相互联系——舰队与岸上兵力

之所以要讨论这个题目，部分原因是受到了冷战后美国海军首次公开发布的文件《……从海上》中阐述的海军战略快速转型的启发。前面我们已经探讨了封锁作战的效能，一国海军到底能够对敌国的经济生命线产生多大影响，主要取决于海军能在多大程度上接近敌方海岸。两栖作战行动成功与否，主要取决于在登陆兵力建立滩头阵地之前，海上指挥能够在何种程度上保持连续性。地理因素在这两种情况下影响重大。英国皇家海军在第一次世界大战中实施远距离封锁的成功秘诀，在相当大程度上应该归功于英国优越的地理位置，使其能够有效地控制经过北海的主要航线。如果敌方的海岸直接面向大洋，这种情况将非常糟糕，因为此时到达敌方海岸的最狭窄区域就是敌方海岸本身。在宽度过大的海域想要达成有效封锁，需要部署大量的封锁兵力，从而使己方兵力捉襟见肘。在美国南北战争中，南方邦联军队成功地封锁了北方的走私船和私掠船，但这并不是北方联邦海军能力欠佳所致，而是因为地理环境的优势明显在南方手中。

无论封锁区域有多大，近距离封锁总是要比远距离封锁更为有效，因为现实中的海洋总是比从海图上看到的海洋要宽广得多。问题的关键在于近距离封锁中的这个"近"字。首先，多近才算是近；其次，海军能够在多大程度上接近敌方的海岸。这个问题早已有之，在实战情况下对其进行理性思考的第一人可能是沃尔夫冈·韦格纳（Wolfgang Wegener）[1] 海军中将，他从被封锁方的角度来思考这一问题，并在研究过程中充分考虑到了英国的强制作

---

[1] Vice - Admiral Wolfgang Wegener, *See Strategic des Weltkrieges*, *1929* (Annapolis: United States Naval Institute Press, 1989), translated into English by Holger Herwig.

用。① 韦格纳可能是德国军事理论家和战略家当中真正意义上的海军思想家。他认为德国的海军战略，并没有在莱茵哈特·舍尔上将（Reinhard Scheer）和埃里希·雷德尔元帅（Erich Raeder）的理论中发展到足够的深度。他们二人都持有相同观点，即夺取德国海岸附近的海上优势，是德国海军战略任务的充分展示。无论围绕日德兰半岛发生了怎样的争论，事实却是在 3 年的战争中，占据绝对优势的英国大舰队（Grand Fleet）始终不敢贸然接近德国海岸。众所周知，当时的形势对比是这样的，英军杰利科上将和贝蒂上将在一起或者单个比较，都要比德国海军的舍尔和希佩尔（Hipper）能力要强。但是当舍尔和希佩尔撤退到多格滩的水雷阵地后，依托水雷、潜艇和鱼雷快艇组成了多层防御，上述对比形势就被颠倒了过来。

实际上，早在 1914 年，可以改变单独的水雷区就已经颠倒了舰队与岸上兵力的力量对比的观点就已经被接受。113 年前当英国纳尔逊进攻丹麦时，②占领哥本哈根成为海上舰队攻克严密设防海岸的一个最典型战例。要准确了解当时丹麦人的武器性能非常困难，但是哥本哈根貌似无敌的防御力量明显是依托于三个海上浮动炮台，另外再加上部署在中立国西侧海峡里的军舰和驳船上的火炮③。纳尔逊的 12 艘战舰④按线式展开，在侧舷拥有 321 门 18 磅火炮的齐射火力。他首先集中兵力攻击海上的浮动炮台，此时丹麦人的海岸炮台只能作壁上观。因此，英国人的火力明显要强于丹麦人。这一效果的达成完全得益于纳尔逊高超的指挥艺术，因而可以出其不意地在丹麦人南面发起攻击。从哥本哈根战役（1801 年）到美国南北战争（1861 年）期间，只要存在机动空间，舰队始终能够运用这种方法达成对海岸防御兵力的优势。正如纳尔逊在哥本哈根所做的那样，这种机动能力能够保证舰队集中火力攻击

---

① 沃尔夫冈·韦格纳：19 世纪末 20 世纪初，德国著名海军思想家，这里提到的英国的强制作用主要指 1916 年英国在日德兰海战中对德国实施海上封锁。

② 即哥本哈根海战，一场发生于 1801 年 3—4 月间的战争，英国的纳尔逊将军率领舰队和丹麦—挪威舰队在哥本哈根附近交战，事件起因是英国为了打破波罗的海国家对英国的贸易封锁行动。

③ A. T. Mahan, *The Life of Nelson* (Boston: Little Brown and Co., 1897). See the diagram of the battle, p. 84.

④ 纳尔逊率领的舰艇主要包括：Edgar 74，Ardent 74，Glatton 54，Isis 50，Agamemnon 64，Bellona 74，Elephant 74，Ganges 74，Monarch 74，Defiance 74，Russel 74 and Polyphemus，依次排开，在侧舷形成 321 门 18 磅火炮的齐射火力。

海岸的某一点。在岛屿战争中，如果舰队坚定地运用对海岸的作战优势，海岸防御力量在任何一处都无法阻止敌方舰队的逼近。

　　不可思议的是，当海战正处于发展的十字路口之际，马汉出现了，并写下了他的传世之作。当时他写道："对于海战的完整分析，可以使任何分析家得出同样的结论。"然而，海战的本质及其对大陆性战争的影响正在发生急剧变化，甚至在马汉撰写这本对海权产生巨大影响的著作时亦是如此。在马汉之前的 30 年，英国和法国利用部署在克里米亚半岛（Crimea）的海军，对俄罗斯的陆权施加影响；在马汉之后的 30 年，当时世界上最强大的海军对佛兰德（Flanders，欧洲西北部一块历史上有名的地区，包括法国北部的部分地区、比利时西部地区和北海沿岸荷兰西南部的部分地带）战争产生影响，英法两国海军在达达尼尔海峡对一个弱小得多的政权——土耳其——进行了另外一场克里米亚战争。是什么发生了变化呢？主要是水雷的广泛应用。在哥本哈根海战中，纳尔逊率领的英国舰队就遇到了水雷阵的阻隔。水雷的出现让海权国家认识到海洋侧翼的薄弱性。而鱼雷却是另外一回事，当作战海域比较适合小型舰艇时，鱼雷的发展将引导战斗走向胜利。在对抗大型铁甲战舰时，只要数量足够，装备鱼雷的小型舰艇也能获得战胜的机会。因此，这些小艇是挑战制海权的一次尝试。事实上，由于小艇航程非常有限，只有在对方舰艇接近海岸时才会出现上述可能。为什么对方要接近一个充满危险的海岸呢？实际上，只有对方企图影响陆上事态发展时才会这样做。反对意见主要来自韦格纳，他在第一次世界大战中试图为德国海军构建一个海上战略。

　　韦格纳，一个陆权学派的海军战略家，是一位试图为陆权下的海军寻找战略性答案的海军上将。韦格纳清楚意识到了大陆型国家海军的窘境，他试图去构建一个真正的海上战略以对抗海洋国家英国，但同时却忽视了大陆国家法国与德国之间存在的主要争端。韦格纳认为，海军的存在是为了实现政治目标，德国海军的政治目标是"确保德国海岸的安全"，至少要让德国民众和政客们看到这一点[①]。只要英国舰队不能攻击德国的海岸，德国海军战略的

---

① "Refletions on our Maritime Situation", First Squadron Memorandum of 1 Feb. 1915 as contained in Appendix A of Wolfgang Weegner, p. 138.

底线就保住了。虽然他非常反对那些激进者所提出的运用德国舰队主动攻击英国的海上霸权，但他却倾向于接受而不是排斥陆权战略理论。大家都承认战术必须从属于战略，但是却无法搞清楚挑战英国舰队的海上优势将导致何种后果。①

德国批评家认为马汉的著作只对英国海上力量产生了影响，而德国不得不探索自己的道路。韦格纳在书中没有明确阐述，在 1914—1918 年德国所面临的战略环境中，应该在哪里实施"重点突破"（Schwerpunkt）。如果韦格纳提出的战略建议能够对"重点突破"原则产生影响，使其重点向海上方向稍加调整，或者迂回到敌方主要防线的侧翼，正如丘吉尔在达达尼尔海峡试图做的那样，韦格纳都将在德国未来的所有海上战略中永远占据一席之地。德国的总体战略之所以完全无视海军的存在②，部分原因是因为海军并没有在战略上与陆军共同思考问题。韦格纳的痛苦在于德国海军部的影响力与总参谋部并不对等，这很容易得到理解。如果这两个部门能够精诚团结，共同制定作战计划，德国在第一次世界大战时就完全可以实施在第二次世界大战中才付诸实践的战略计划。德国占领了挪威和比斯开湾的港口，彻底改变了海军的战争视野。这一情况令德国海军始料未及，因而多少有点手足无措。在1915 年韦格纳就英明地预言，德国海军将在第二次世界大战中发挥战略性作用。然而最终，德国预言家们（包括韦格纳）都错误认为，英国舰队将有计划地进攻德国，却没有发现英国的海上优势主要用于支援法国，德国海军的战略思想完全忽视了"重点突破"原则。

有时要多花些时间来证实，在北海布设如此密度的水雷能否真正阻止敌方舰队对己方海岸的攻击。要想在 1917 之前获得一份关于在一战中北海所有水雷的分布图非常困难。最近一个标有完整水雷分布的海图出现于科贝特所

---

① "Military Retrospective, June 1915", as contained in Appendix B of Wegener, p. 146. 德国陆军和海军之间战略上缺少协调配合的缺陷在"施里芬"计划中体现得非常明显，该计划强调对法国巴黎的快速进攻，却忽视了对大西洋沿岸港口的攻击，从而切断法国与英国之间的联系。相关评述参见 Anthony Sokol, *Seapower in the Nuclear Age* (Washington DC: Public Affairs Press, 1961), p. 209.

② Anthony Sokol, *Seapower in the Nuclear Age* (Washington DC: Public Affairs Press, 1961), Appendix C, p. 204.

著的《官方战史：海战》（*Naval Operations，Official History of the War*）① 一书中。据英国人所知，当时北海沿岸的雷场密度，并没有大到使英国海军被迫放弃进攻德国海岸的程度。相反，德国海军被总参谋部逐渐拖入了一场在波罗的海发生的战役。这次战役是整个战争过程中德国海军试图影响陆上战争的唯一一次重要行动。不列颠战役的发起是为了保护德国陆军左翼的安全，其中涉及夺取奥赛尔岛和月亮岛（Osei and Moon islands）②。由于投入了一个步兵师，该次作战行动显然属于战役级别。海军参战兵力包括第三和第四分舰队（12 艘主力战舰），3 艘巡洋舰，3 艘轻型驱逐舰。尽管两栖作战经验比较欠缺，德军登陆兵力还是俘虏了 2 万名苏联人。单从战果上当然无法与东线相提并论，但此次行动仍然比达达尼尔行动更具有意义。尽管兵力规模不大，且无力改变战役的发展进程，但与整个战争中海军的节节败退相比，波罗的海登陆集团也许是德军海军唯一一次成功地参与陆上重要战役的作战行动。而战争的总体趋势已经开始明朗——德国海军抵达敌方海岸的可能性正在变得越来越小。

对于正在思索大陆性战争问题的海军战略家而言，其中一个关注点可能就是海上技术的发展，它由舰队对岸上兵力再次确立优势的"需求"所推动。这种需求很难为今天的人们所理解，因为许多海军战略都具有惯性的特征。这种惯性突出表现在战争中武器和技术的发展历程。唯一不变的因素是每一代人都认为，技术的逐渐落伍是因为某些前辈们过于敏感而不允许新技术得到发展。例如，第一次世界大战的经验表明，在进行"一对一"对抗时，潜艇已经成为一个无敌的作战平台，民用技术的发展又大大增加了潜艇的威力，但反潜武器系统及其必要软件的发展能够满足实战需要是在 1942—1943 年间，这时距离德国潜艇发动首次攻击已经过去了四分之一个世纪。事实上，在地中海巡逻的意大利护航舰艇，直到 1942 年依然没有装备任何探测潜艇的声纳设备③。在比利·米切尔证实了战列舰对空防御存在致命弱点 20 年之后，

① Map，Home Waters，Julian Corbett，*History of the War：Naval Operations*（London：Naval & Military Publishers，1986）.

② Paul G. Haopern，*A Nava History of World War I*（Annapolis：Naval Institute Press，1994），p. 213.

③ A Survey of *Jane's Fighting Ships*，1939.

一流的海洋国家仍然在花费巨资建造新的战列舰，如此一来留给航空母舰的预算就非常有限了。

　　谁也不可能保证类似的严重决策错误在未来不会再次发生。体制的变革也许可以降低这种错误发生的概率，但体制也是由人来推动和发展的。我们所得出的关于海战的结论都是基于这样一些史实：海军花费了许多时间才明白战争已经呈现出一个全新面貌，在适应新形势之前已经浪费了相当多的时间。只有在一种情况下可以缩短这些时间间隔，那就是在战争的压力之下。1939—1945 年期间舰载防空武器的发展就是一个典型例证。[①] 美国和英国的主战舰艇都装有一门主炮和一门副炮，一旦需要，战列舰和巡洋舰可以用它们来对抗飞机。而德国和日本甚至到了 1939 年才认识到军舰配备小口径防空火炮的必要性。两大军事集团将分别展示其"家庭作业"的准确性——评估舰艇与飞机在"一对一"对抗时的脆弱程度。反潜武器的发展却是另外一回事。1940 年初，人们才明白海洋中的隔音区是怎么回事。在这个区域声呐无法有效探测；反潜舰艇在这片区域向潜航的潜艇投掷深水炸弹时，不仅命中精度大为下降，丢失目标的可能性也增大了许多。采用前射方式的反潜武器，比如刺猬弹，在一年内就研发并装备了战舰，从而有效地解决了这一难题。与此形成鲜明对比的是反舰导弹的传奇历程。1960—1962 年间，苏联舰艇首先装备了反舰导弹[②]，但是反舰导弹的作战效能却是在 1967 年击沉"埃拉特"号之后才得到认可。很明显，导弹出现以后，曾经作为反舰主要武器的火炮就失去了用武之地，在水面舰艇上继续保留火炮的唯一原因是它们可以为地面兵力提供火力支援。然而，法国海军在 20 世纪 70 年代末期才装备舰对舰导弹；英国海军更是直到 20 世纪 80 年代初期才装备了这种导弹。

　　上述这些例子说明，一种新的武器技术最终转化成实战装备需要大约 15 年的时间。它们在军舰或飞机上的出现只是第一步，因为这仅仅是为平台提

---

　　① 对 1939—1945 年间的《简氏战舰年鉴》中战舰装备对空武器进行统计分析可以看出：1940 年前建造的所有战列舰、巡洋舰和驱逐舰主要装备的是 40 毫米及以下小口径防空火炮；1940 年后建造的舰艇对空火力大幅提升，装备有 120 发 40 毫米和 20 毫米的对空炮弹。英阿马岛海战后，英国皇家海军下辖舰艇都还增配了加特林机枪。

　　② 舰艇装备反舰导弹最早出现于 1961—1962 年。其后 15 年间，欧洲国家海军开始陆续装备舰舰导弹，现在已经成为驱逐舰和护卫舰的主要作战装备。

供了"一对一"的战术优势而已。运用这样一个编队，或者是制定与其能力相匹配的作战条令却需要 10—15 年的时间。当一种新武器出现在海军中时，它最先产生的影响就是搅乱了海战的原有平衡。在武器系统与被攻击对象之间总是存在着某种平衡，这种平衡有时表现在物质方面，有时表现在思想方面。潜艇与反潜兵力之间此消彼长的斗争史，就是这种平衡反映在物质方面的实例。任何一方错失了重要的发展时机，或者在关键装备的研发上发生重大决策错误，都将影响这种平衡的发展方向。

近期由于技术的发展引发平衡发生了新的变化。无法克服平衡中出现的新问题，其中一个原因是因为决策者们没有认清新平衡的轮廓和要素。那些在军队中能够发现这个问题、研究这个问题的人，都将成为历史上伟大的征服者和战略家。成吉思汗（Genghis khan）和拿破仑并没有利用技术革新，却通过加快战争速度改变了战争形态。巴伯尔（莫卧儿王朝的建立者）用火炮征服了印度并建立起一个新的王朝，他击败了依靠大象这种过时而又脆弱的"战车"武装起来的当地军队。在海上，许多新的平衡可以追溯到 19 世纪末期。以指数速度发展的技术催生了许多新的平衡，试图去维护那些原有平衡的做法被称之为惯性。这些新平衡包括鱼雷的发明、潜艇的建造、水上飞机的出现、飞机与舰艇的结合、电磁技术的应用，以及外层空间的开发等等。所有这些变化都发生在过去的 75 年时间里，因而有许多国家没能意识到掌控这些由于新技术发展而引发的新平衡的紧迫性。在那些不引人注目的平衡之中，就包括舰队与海岸兵力之间的平衡。

海军是陆军最有力的侧翼兵力，这曾经是军事战略的基本常识。约翰·吉根（John Keegan）在其所著的《战史》（*History of Warfare*）① 中再次进行了研究。他着手去证明 19 世纪末期主要海战都发生在靠近海岸的区域，因为战争总与后勤物资补给相关，海军的作战能力在许多研究中一直都被低估。事实上，在海军保护了陆军的海上侧翼安全时，海洋也成为发动世界性征服的重要基地。综观整个战争历史，把海军界定为陆上战役的附属兵力并不是一个正确的结论，西班牙征服南美洲和英国征服印度的情况就是例外。这两次

---

① John Keegan, *A History of Warfare* (New York: Knopf, 1993), pp. 65–68.

征服都是有史以来最经济运用武力的例子。陆军在发起攻击前自己必须保持平衡。许多发生在陆上的战争都是努力使对方丧失平衡，经过一系列不可逆转的战斗行动后，失去平衡的一方将被击败。因此，从多种发射平台用火炮实施攻击时，发射兵力能够保持平衡是必需的前提。这正是海上力量在海岸上所取得的优势所在，无论在南美还是印度都是如此。在征服印度时，英国人像红潮一样沿着三个方向缓缓前进——西线从孟买（Bombay）、东线从马德拉斯（Madras）、西线从加尔各答（Calcutta）——都是印度的主要港口城市。在开始阶段，在这三个城市成为独立的军事中心之前，英国部队按照不同的战役需求，通过海路从一个方向转向另外一个方向。在 1757 年发生的普拉西（Plassey）战役中，英国用船把士兵从马德拉斯运送到加尔各答附近，从而取得了一次大胜。从马德拉斯开始航渡，对加尔各答从陆上发起攻击，可以使军队免受天气、疾病和地形的不利影响。因此，我们必须回到前面得出的结论，舰队对于岸上兵力的优势在于它能够迅速机动而不被敌人发现，美国南北战争和第一次世界大战中也是这样。在此之后，舰艇的相对弱点导致了舰队作战方式的改变。毫无疑问，这一变化受到了马汉的影响。在一个可行的海上战略还不能有效替代先前的控制海岸战略时，马汉的论述被认为是当时的经典指导。

20 世纪末，有一个国家的海军，也是唯一的一个，颠覆了舰队运用的传统方式。美国海军在名为《……从海上》的战略文件中阐述了自己的海上战略，越过海岸夺取战场空间优势被确定为战略目标之一。本章的标题之所以取自该份文件，是因为没有其他词汇能够更好地概括海上作战的未来发展趋势。没有哪个国家发布过关于专门的海上战略文本，除了美国不久前发布的《海上战略》之外，该战略受到当时国际形势的影响，美国海军在苏联解体后迫切需要彻底摆脱老战略的影响，转而确定一个新的战略。美国海军也许已经发现，利用必要的技术可以迅速实施近海优势战略。而其他国家海军却没有这么幸运。因此，这些海军必须发展一个全新的理论来取代已经失效的旧理论。这些海军在硬件缺乏的情况下，有迫切地进行学说和理念变革的需求吗？基本上没有。所以在我们思索这个问题之前，我们需要对控制平衡的特性进行详细研究。

二、　新的平衡与海军

一个新的平衡对于武装力量而言是一个不稳定因素，武装力量的顶层结构代表着稳定。军队的纪律要求尊重权威，权威与军队中的地位相伴，体制的变化将导致对高级军官所处的地位，以及他们行为的本质产生疑问。这些问题对于军队来说是一顿夹生饭，需要花时间来慢慢消化。这个消化所需要的时间就是前面我们所讲的惯性。战争不断净化着军队系统，最先受伤的往往是那些身居高位的军官们。他们的离职，是军队应对战争时需要迅速掌握诸多新平衡的前提条件。对于变革进行阻挠并不是军队特有的现象，工业界早在 19 世纪 60 年代已经发现了这个问题。人们想了许多办法来克服这一难题，比如在管理循环中引入管理变革的方法论，并通过座谈或二次培训向项目经理们灌输这一思想。尽管工业管理变革已经大获成功，但工业部门所用的一些更为复杂的工具却是从防务管理领域借鉴而来。工业部门实施主动管理时会涉及工作态度、运转流程和组织结构变革等多方面问题，而军队只需要着重解决一个方面——由技术发展导致的管理变革。有些专家认为，只需通过单纯的理论指导就可以实现管理变革[1]；而另外一些专家却认为，在学习过程中必须把下意识的心理状态也要考虑进去，这种下意识是指必须树立起这样一种思想观念，即变革非常必要[2]。

所有海军都有能力运用武力，至少是某一种武力。当一支海军失去对平衡的控制时，往往意味着海军所拥有的武力无法适应那些特定环境。当我们讨论海军获得舰对岸优势时，我们不得不对相关参数进行分析。正如我们在前面阐述的那样，在舰队与海岸的斗争史中，第一次世界大战是优势明显倾

---

[1] John S. Morgan, *Managing Change* (New York: McGraw Hill, 1972) Chs 5 and 6.

[2] Hugh Marlow, *Managing Change: A Strategy for Our Time* (London: Institute of Personnel Management, 1975), pp. 71 – 74.

向于海岸的实证。以北海为例，英国和德国都试图对敌方海岸施加影响，实际上德国确实成功地发动了一次针对雅茅斯（Yarmouth，英格兰东海岸港口城市）的攻击。但是后续的一些行动计划却没有实施，部分原因是担心在敌方岸炮火力范围内无法突破水雷障碍。水雷当然可以清扫，前提是扫雷舰艇必须得到该海域制海权的保护。为了确保夺取哪怕是短时间内的制海权，都需要在特定海域集中相当数量的舰船来护卫扫雷行动的展开。这需要在一定程度上掌握敌方的行动情报，在 1916 年这种情报只能通过飞机或飞艇侦察获得。情报至关重要。因为在扫雷过程中，大多数时候是由驱逐舰或其他小型舰艇担当警卫，大型舰艇在远处实施支援。这种交叉支援的部署非常必要，因为大型舰艇如果被限制在一个固定区域内活动时，极易遭到潜艇的攻击；而潜艇对所有战舰都具有"一对一"的优势。我认为一次大战中的方程式应包括以下变量：防御一方具有基本的空中侦察、预先布设的水雷场、潜艇和一支远洋兵力（没有远洋作战任务时仅在港口附近活动，以避免不必要的损失）；攻击一方拥有优势的远洋舰队、基本的空中侦察、数量足够的扫雷舰艇和潜艇。兵力结构与战术背景无关①，这是攻防双方唯一的共识。

　　没有特定的战术背景使得战略的稳定状态能够保持更长时间。盟军在诺曼底实施登陆时，最大的担忧不是如何把如此大规模的军队输送到滩头，而是登陆集团在陆上作战中能取得怎样的战果。敌方兵力的组建速度是个不确定因素。1944 年的防御方未在相关海域布设战略性水雷场，空中侦察兵力不足，水面作战能力较低，并且没有足够的潜艇。进攻方有足够的潜艇，压倒性的空中和水面优势，技术手段先进，掌握登陆作战的诀窍，有足够的速度摆脱潜艇拦截。假如英国海军不去包围欧洲大陆海岸在战术上是可行的，那么通过调整兵力，盟军仍然可以使"霸王行动"（Opcration Ovedord）成为可能。其主要原因是盟军具有空中优势，也正是这个原因阻止了德军在 1941 年的作战企图。空中力量可以阻止水面舰艇的干扰，在登陆兵力最易遭受攻击的阶段为其提供掩护。

---

　　① 力量的相关要素构成是大多参谋学院的标准课程。对于衡量兵力结构方法的详细阐述参见 Reginald Bretnor，*Decisive Warfare*（Harrisburg：Stackpole Books，1969），pp. 55 – 70.

如果有人认为近海的战场空间优势贯穿整个两栖作战行动，那就应该自我纠正一下这个误解。我们曾经讨论过（见第 5 章）许多国家的海军建设目标，并不是为了拒止某些大陆型国家随意使用他们的海岸，他们的目标比实施两栖作战所需的海上控制要高出很多。后者是在需要的时间建立起优势，以保证两栖作战行动进行。这就是为什么暂时的海上控制能力，不完全是一个志在影响大陆性战争的海军的建设方向。如果进攻型海军想要发动一场战争以有效遏制对方经济，并在最利于实施陆上战争的地域进行两栖作战行动的话，己方需要建立起比对方海军更大的优势，这一优势比在实施海上控制作战中的优势要大得多。如果杰利科当时所拥有的优势无法使英国海军影响陆上战争的话，大舰队所拥有的海上控制能力明显不足，那么将无法实现任何政治目标。因此，战场空间优势是一个比暂时海上控制更高的目标。拥有这种优势，你就能够确保己方的海上力量更持久地存在于敌国近海，充分享有拒绝敌人使用其海岸的所有好处。

空中力量的必要性也许会使许多海军产生悲观思想，即坚信没有大型航空母舰，就没有夺取近海战场空间优势的任何可能。使用大型航空母舰也许会在某些方面更容易实现对近海的控制，但是这样做并不是毫无风险——航空母舰越大，所面临的风险也越大。今天，当舰队接近海岸时，将面临飞行速度为 2.5 倍音速、具有下视下射能力的岸基飞机的严重威胁。海军当然更青睐这样的飞机：重量在 18 吨左右，够在 350 英尺长的甲板上弹射起飞。按照这个思路自然会得出大家所熟知的结论，那就是只有美国海军拥有足够的资源来装备大型航空母舰，因而美国海军也拥有比其他海军更强的近海控制能力。现在，让我们再次回到这个问题：对于一支海军来说，海上战略能够适应大陆性战争的地方是什么？当一个国家面临着更加紧迫的陆上战争威胁时，它不可能去建造代表远洋战略投送能力的大型航空母舰。因为这样做会分散有限的国家资源。但现实情况并非完全没有希望。让我们一起来（从字面上）看看一艘大型航空母舰的费效比。一支航母战斗群（CVBG）通常包括 6 艘护航舰艇、2 艘核动力潜艇，以及一个由 1 艘补给船、1 艘护卫舰艇组成的伴随保障编队。建设这样一个战斗群在 1996 年时的总造价是 130 亿美元。①

　　能够保证攻击编队部署于危险海域的最主要兵力是航空母舰上能够执行空战巡逻任务的舰载机。在一个航母战斗群中，制空型战斗机约有 20 架②（通常是 F – 14），其造价约占整个战斗群造价的 4%。如果航母战斗群需要在近海实施对陆攻击，执行该任务的兵力是 40 架③攻击机（20 架 F – 18 和 20 架 A – 6E），其造价约占整个战斗群的 7%。全部费用中只有 11% 是有效的，无论用什么标准来衡量，这都不能算是一个划算的投资。但是海军武器装备仍然依据特定原因，沿着特定路线发展，结果有目共睹。在制定海上战略，或者利用现有兵力结构（从过去继承下来并且在可预见的将来也很难改变）去抵近敌方海岸时遇到难题，就是，其他战略选项都已无可能，只剩下运用攻击舰队进行作战这唯一选项。

三、 兵力的平衡

　　以色列缺乏战略纵深，因而所有的战略都必须受到时间因素的限制。我们前面所讨论的达成海上战略效果所必需的时间因素，并不掌握在以色列手中。因此，以色列把海上行动导向了这样一个领域，在这里，"……从海上"的兵力能够以较小代价迅速地作用于陆上战略重心。以色列所面临的海上安全形势，比大多数海军进行大陆性战争时所面临的形势更加复杂。时间至关重要，因为纵深非常小，没有"空间"或"海洋"可以让军队用来挥霍。部

---

　　① 事实上，舰艇的造价会发生变化，比如 1 艘进攻型航母在 1982 年开始动工建造时预计造价 18—20 亿美元，随着建造过程的推进，其造价可能上升到 55 亿美元，到 2035 年预计将有 11 艘航母入役。其他装备总价预估为 65 亿美元。其中，核潜艇 12 亿美元，保障舰船 20 亿美元，F – 14 战斗机 2.5 亿，F – 18 战斗机2.5亿，A – 6 攻击机 2 亿等。相关数据参见 General Accounting Office（GAO）report,"Navy"s Aircraft Carrier Programme: Investment Strategy Options, 1993'。

　　② The normal complement of a large carrier's air wing is $120 \times F – 14$.

　　③ The normal complement of strike aircraft of a large carrier is $20 \times F – 18$ and $20 \times A – 6E$.

队要在一个严密的环境中在实施海上作战行动,不仅会遭遇复杂电磁干扰,而且人员消耗也会很大。以色列海军采取的方法是集中力量于秘密战争①。有许多方法可以精确地投送火力。一个国家可以采用美国海军的发展方法,在这条路上你所能够前进的距离,取决于你储备了多少资金。以色列的方法无疑是非常高效的,尽管它也许不能提供一个全面的战略选择,但是,正如老话所说,不管黑猫白猫,抓住老鼠就是好猫。比如,在对高价值目标实施精确定位时,以色列并不需要美国海军那样庞大的侦察兵力,因为他们在和平时期已经通过情报人员完成了这项工作,而利用特种部队实施爆破同样也是一种有效的方法。

四、 超级大国的解决办法

如果把"沙漠风暴"行动看作是美国海军《……从海上》战略文件的预演,你将会发现,作战战略引导联合兵力取胜的最关键因素是:在恰当的时间框架内,在恰当的空间,投入恰当的兵力(Relevant Force within a Relevant Space in a Relevant Timeframe)。在所有的重大失败中,最主要的原因是失败一方从来不认真研究战争。这一现象贯穿整个历史,从埃尔比勒战役(Arbela,位于现在的伊拉克北部,公元前 331 年亚历山大在此击败了大流士三世),到 1940—1941 年法国、缅甸和马来西亚的陷落,再到 1990 年萨达姆·侯赛因的失败。我们已经讨论过了,战略能够使胜利的一方依据战争原则正确地运用技术。一份对美国海军在"沙漠风暴"行动中所使用的技术分析报告表明,美军依据明确的大战略系统使用和改进技术。它们是:

——能够在伊拉克空中打击半径内的重要海域展开行动的航母战斗群。

---

① More details in Samuel Karz, "Flotilla 13: Israel's Naval Commandos", *Naval Institute Proceedings* (Annapolis: March 1993), pp. 119 – 123.

战区内的编队安全由强大的制空战斗机来保障，舰载预警机可为战机提供比来犯敌机更强大的主动雷达引导。舰载攻击机负责应对水面舰艇的威胁，舰载反潜机负责应对潜艇威胁，舰载攻击机的安全则由电子战飞机和护航战斗机来保证。

——能够为其他兵力提供支援的潜射巡航导弹。所有水面舰艇和潜艇都能够发射巡航导弹，只有在国防部测绘局更新了巡航路线上的地形数据以后，导弹才能从平台上发射并飞向伊拉克境内的目标。公众对于"战斧"导弹及其对点打击能力已经非常熟悉，但对于部署这种导弹所需要的大量保障装备并不了解。

——保密性好、抗干扰能力强的宽带全球卫星通信系统，能够保障在邻近敌方海岸的地方进行大量的电子通信。

——能够探测敌方舰艇的卫星侦察系统。这里有相当内容都是保密的，我们只能假定：通过对某些敏感区域辐射的电磁信号进行截获和分析，已经解决了高分辨率雷达、红外光或可见光侦察照相设备中的诸多技术困难。

——能够联通军舰与国家卫星和电子战系统的战略 C3I 和战术 C3I 系统：这种数据链使美国海军能够拥有相对敌方海上编队无可比拟的优势。

——陆基固定翼飞机和监视系统。预警机和联合监视与攻击雷达系统增强了卫星侦察能力，能够在敌方陆上与空中不间断地实施侦察，因此大大增加了作战飞机的生存能力与攻击精度。另外，岸基空中加油机能够保证己方在选择攻击航线时充分利用地形优势。

——不同轨道高度的战术侦察卫星。在"沙漠风暴"行动中，只要"飞毛腿"导弹一发射，这些在轨卫星就能对其迅速定位。

以上列举的都是大家耳熟能详的作战能力，它们代表着 20 世纪末期装备技术的发展方向。美国海战研究中心（Center for Naval Warfare Studies）① 的一份特别报告对相关内容进行了研究，文中夸大了应用最新技术的好处。技术的进步提高了武器的杀伤力，但这并不是我们所关心的战略上的变化。当我

---

① Donald Danie, "The Evolution of Naval Power to the Year 2010"（Strategic Research Department, US Naval War College, 7 Dec. 1993）.

们走向 21 世纪时，有些人认识到海战速度已经发生了永久性改变，而有些人却并没有理解这一关键要素的变化。经过仔细考察，我们发现海上的胜利与失败也正源于此。

一份关于美国海军兵力结构的研究报告表明，在进行形势评估的普通参谋工作或者标准程序中，"影响因素"一栏里的兵力对比将影响对方的兵力行动，同时对己方的兵力行动也将产生影响。对于美国海军的特混编队或特混大队而言，直接进行兵力对比没有实际意义，因为美国的特混编队能够直接获得国家资源的支持。这将自然而然地给部队带来外在的而非内在的优势。但这样做并非没有代价。在"沙漠风暴"行动中的一个航空母舰编队，包括护航舰艇和支援舰艇，都能够得到前面我们所列举的系统的支持，位于华盛顿的国会研究署（Congressional Research Service）给出的实战部署支援兵力经费对比，是非常有意思的数据。尽管这些数字只是个大约值，但已经足够准确地反映出合理的支援兵力与火力投送兵力的装备经费比。

打击系统	
6 个航母战斗群（包含相应的舰载机联队、护卫舰艇和保障舰艇）	90 亿美元
战斧对陆攻击系统和国防部测绘局的支持系统，包括相应的测绘卫星、基础设施和潜射导弹的支持软件（相当于 600 枚导弹的价值）	18 亿美元
共计	108 亿美元
支持系统	
舰队通信卫星互联网系统，得到林肯卫星实验室和后来商用卫星通信系统的加强	7 亿美元
雷达和红外探测卫星的跟踪、识别和分发系统，海军份额为为 25%	12.5 亿美元

18 个机载预警与控制系统（AWACS）和 8 个联合侦察与目标攻击雷达系统（J-Stars）及相应的地面支持系统，160 空中加油机，其中 20% 为海军型	机载预警与控制系统是 4.32 亿美元；联合侦察与目标攻击雷达系统是 2 亿美元
低轨道快速发射卫星，海军份额为 25%	17 亿美元
国防部通信系统，包括自动数字网、国防通信系统、国防数据网、国防卫星通信系统、国防转换网、甚高频卫星通信系统和全球军事指挥控制系统，海军份额为 20%	8 亿美元
共计	53.82 亿美元
两项总计	161.82 亿美元

　　如表中所示，作战舰艇和航母舰载机总共需要 108 亿美元；而在国家资源中海军所占的份额，以及海军专用装备，比如通信卫星和海上巡逻机等，总计是 53.82 亿元。作战单元与支援单元的经费比率约为 2:1。没有其他哪个国家的海军能够达到这样的经费比例。如果有疑问，这些国家的海军也会认为他们的主要弱点在于作战平台不足。例如，在福克兰战争（即马岛战争）中，英国皇家海军动用了两个航母特混编队，每个编队各有 6 艘护航舰艇和 2 艘核动力潜艇，总的装备经费是 40 亿美元，支援编队的经费约为 2.7 亿美元，两者比例约为 15:1。皇家海军的这一比例与其他地区海军的数字基本类似。毫无疑问，由于投资方向的变化，海战的样式和类型已经永久性地发生了变化，而绝大多数分析家并没有认识到这一问题。因此在冷战期间，许多有关太平洋地区均衡海军的分析研究都是基于舰艇的数量[1]。然而，美国军事评论家弗里德曼（Friedman）准确地指出，构成美国海军技术优势的基础是由打赢外围空战的需求推动的[2]。国家资源的支持对于美国特混编队的作战能

---

　　[1] Stephen Cubert, "Great Power Naval Strategies in North East Asia", *Comparative Strategy*, 6 (Nov. 1987), pp. 385.

　　[2] Norman Freidman, "The Maritime Strategy and the Design of the US Fleet", *Comparative Strategy*, 6 (Nov. 87), pp. 415-434.

力至关重要。它将决定在关键的 5 分钟里，空中力量是赢得还是失去外围空战的胜利。同样一批装备的调整部署，使得"沙漠风暴"行动的作战战略显得非常英明。

这是对依照舰艇数量评估海军实力做出的一个调整。哈罗德·基尔斯利（Harold Kearsley）研究了海军武器装备的产量，提出自己的海军兵力结构建议[1]。其建议之一是根据不同的到达能力或本国的经济状况把海军分成若干个群，这种方法能否为衡量一支海军的实战能力提供某种标准尚不清楚。可以肯定的是虽然武器装备的类型非常重要，但更重要的是海军规划人员要明确兵力结构，说服海军高层相信并且愿意投入资金建设相应系统。

五、 小海军的发展路线

大多数海军的兵力结构并没有反映出海战的发展趋势，即必须在侦察、监视、卫星通信和卫星成像等方面投入更多的研发资金。当然，许多国家海军数十年来一直搭乘美国海军的便车来廉价享用这些设备，但是冷战的结束迫使他们思考自己的战略责任。许多海军依赖国际导航卫星（GPS）为武器提供精确导航，但这要承担一定风险。如果某个海军依赖美国的保护伞来提供侦察和通信的关键信息，那么其战略选择的独立性将受到严重制约。

这就是为什么小规模海军需要在卫星通信和侦察系统方面投入更多资金的另外一个原因。当舰艇数量较少时，需要更多的预先情报才能正确部署兵力，如果没有先进侦察系统显然不可能办到。这是相互矛盾的，但值得再三强调，因为在海军规划过程中，传统理念认为，因为"我们是小海军"，所以不需要在通信和侦察方面投入太多资金。第二次世界大战以后，军事领域引

---

[1] Harold John Kearsley, "Rethinking Maritime Power", *Comparative Strategy*, 11 （April 1992）, pp. 195 – 210.

入了管理学的一些术语，比如"优化"和"费效比"（optimising and cost‑ef-fectiveness），在通常情况下不能把这两个参数与军队所能投送的弹药总量捆绑在一起。兵力与其运用的空间相联系，既然海军在进行作战任务时的相关空间由国家战略决定，那么这个参数就不能修改。对于一个控制了较大空间的小规模海军来说，每艘舰船的行动都是有目的的。有句老话说得好，战争中90%的时间很乏味，只有10%的时间充满了紧张与刺激，这源自黑暗中的摸索，就像舰艇在海上寻敌战斗的日子，或者是封锁一片海域阻止敌人通过的时候。随着在情报收集方面投资的加大，海军无所事事的时间越来越少了。如果资金受到限制，各国海军都将被迫做出某些艰难的决策，即减少在那些代表着海上力量强弱的有形装备上花费的资金，比如潜艇和军舰，同时增加在通信、侦察和监视系统等无形装备上的投资。

在过去300年中，世界上许多海军实力一般的国家都经历过包含有海战成分的大陆性战争。这些国家包括法国、德国、意大利、印度、伊朗、伊拉克、巴基斯坦、中国、巴西、阿根廷、秘鲁、南非、阿尔及利亚、埃及、土耳其、希腊、西班牙和越南。在此名单以外的国家，要么是非常明显的海洋性国家，要么是明显的大陆性国家。本书将对这些国家海军思想发展的曲折历程进行讨论，他们的兵力结构更适宜于评估其参与大陆性战争的能力。这些国家中较富裕的那些国家，在重新构建兵力结构时受到的限制较少；而那些较贫困的国家可能会依据另外一种海上战略的思路，以较慢速度重建兵力结构。关于这些国家这几年投资模式的精确数据无法找到，但是按某一标准计算的现有兵力数量却有据可查。法国企盼着通过发展核武器成为超级强国，因此建立了管理战略兵力的一部分基础设施，能够利用自己新建的网络使海军具备使用近乎"快速"作战的能力。法国能够部署具有远程投送能力的航母特混编队，西班牙和印度也拥有可以在海上夺取空中优势的航空母舰，但却只具备非常有限的封锁能力。因此，除了法国，其他国家都严重依赖于唯一的侦察手段——固定翼飞机。尽管这些国家大多已经拥有巡航导弹技术，但只有电视/红外导引头，而没有地形跟踪装置，因此他们都不真正具备巡航导弹能力①。他们也没有专用的国家卫星通信系统，尽管该系统的花费只相当于建造一艘主力战舰的费用。毫无疑问，每个海军都会去权衡自己将在分配预算的老路上继续走多远，但是，与美国海军相比，这些国家支援兵力的装备经费所占比例极不合理。把美国海军的实力归功于兵力规模，显然不符合事实。对于可能参加大陆性战争的海军来说，他们必须克服困难，加快作战速度，在敌方海军拥有岸上兵力支援的情况下，掌控其作战节奏。

关键问题是：因为大多数海军没有意识到主要技术发展对于海战的影响，比如潜艇、航空母舰和舰对舰导弹的应用，转型时期的海战还是目前的模式吗？技术的发展促进了作战速度的加快，情报收集系统的建立使舰队能够利用快速、不间断的设备获得控制海岸的能力。结论是海军必须拥有这样的情报收集系统，就像军事体系中重点发展的向敌方海岸设施投送火力的武器系统一样。上述国家的海军都有经济和技术能力实施这一转型，只要他们真正愿意改变现有的兵力结构，并且不试图发展另外的能力，代价是可以接受的。一艘现代化军舰的造价按 6 亿美元计算，可以购买下列装备：

——一颗地球同步通信卫星，以及地面接收站和中继站；

——研究和开发舰载巡航导弹系统的费用；

——组建和装备一个连的海上突击队，并配备先进的水面和水下投送系统；

——改装一个中队的 4 架民用远程飞机，使之具备空中早期预警功能。

海军干预陆上战争的第一步是能够完全封锁敌方的海岸，这是一个必须解决的战术问题。对以往战争（比如福克兰战争、印巴战争和"沙漠风暴"行动）的分析表明，敌方 C3I 系统是首要的攻击目标，比攻击敌方海上作战集团更为重要。既然利用空中力量打击敌方海岸是指挥官重点关注的问题，那么风险评估将表明，企图建立任何形式的空中优势以掩护攻击机行动都不见得有效，阻止敌人获取任何目标情报才是一劳永逸的根本方法。这意味着必须瘫痪敌方的海上侦察系统或者指挥控制系统，并摧毁其海岸传感器。目

---

① 巡航导弹是最早产生的导弹之一。但一些国家只有电视/红外导引技术，没有专用的国家卫星通信系统，因此他们并不具备真正使用巡航导弹能力。

前海军的兵力结构难以胜任这些任务，这并不是装备本身存在的缺陷所致，而是海军决策层脑子里想的全是怎样打赢大洋上的战斗。美国海军作为世界海军的先导，从 19 世纪 80 年代初期就已经转向了海上战略，美国海军关心的重点是如何影响陆上战争，战争的重心也从大陆心脏地区转向了欧亚大陆的濒海地带。最新的战略文件表明，世界上最强大的美国海军的战略目标是，能够控制任何一个大陆的近海地区以影响陆上战争的进程。自 20 世纪 80 年代初以来的各个海上战略都清楚表明了这一转型。然而除了以色列和其他海洋国家的海军以外，所有其他国家的海军都在明显地逆潮流而行。

面临大陆性战争的国家，不可能突然对海军实施简单的转型，他们需要一个战略规划以变革其兵力结构。海军建设不是一蹴而就的，在所有军种之中，海军的发展路线转型所需时间最长。本书所讨论的海军转型，是以美国海军为先导的转型，应该按照详细的、能够管理未来兵力结构的战略标准进行量化。如果这些标准可以用几个字来总结的话，那就是"作战速度"。过去20 年里，技术的发展已经共同作用为一个战略要素。雷达、导弹、微电子和计算机技术都对海上作战产生了巨大的战术影响，每一项技术都在战术层次改变了海战模式，并可能影响指挥艺术的发展，这些影响集中在一起会引发海战在战略层次发生怎样的变化殊难预料。现在对于战略理论的要求是能够在所有情况下正确使用武装力量，用一句话可概括为：在适当的空间和时间里运用适当的兵力。因为从时间角度来看，所有的技术发展都导致作战空间被不断压缩。因此，目前的战略理论可以概括为作战速度。

六、 作战速度

在海战概念中，作战速度应该是一个比单纯的火力投送强度更重要的因素，但这个观点目前还未被广泛接受。美国国防大学有一门关于美国海军在未来 21 世纪发展的课程①，预言在面对不确定对手时，美国海军只能依靠均衡海军的内在灵活性来保持其选择的开放性，以避免出现战略衰退，这就像老对手拿破仑在 1815 年消失后英国海军所面临的情况一样。笔者理解《……从海上》所阐述的战略必要性，但在敌方海岸附近保持海军兵力存在将变得更加危险。最终的建议是，海军战略思想应该从智力投资方面获得收益，每名海军军官都应在进入海军战争学院之前的 10 年内通过参谋学院的培训。更详细的有关技术论述，比如，怎样更好地运用一支小型海军，这些都可以在安东尼·考德斯曼②（Anthony Cordesman）的著作中找到。他认为，那些企图玩弄技术的人必须理解以下 8 条"铁律"，它们决定着技术的引入。一份完整的系统分析报告中列出的问题，都会在引入新武器系统的程序中或多或少地存在。考德斯曼列出了敌视美国的国家中已有的薄弱环节。它们是：

——条令、训练和高技术融合方面的理论弱点；

——情报与侦察；

——C3I 与作战控制系统；

——空中控制、预警和防御能力；

——全天候作战能力；

——精确制导弹药的缺乏；

——技术陈旧；

——电子战能力不足；

——软性战略目标；

——脆弱的后方；

——机械化程度较低。

这些正好也是伊拉克在"沙漠风暴"作战中暴露出的完整的劣势清单，并最终导致了失败。考德斯曼明确指出，这些情况普遍存在于大多数国家。如果海军想利用这些弱点，正如美国在"沙漠风暴"中所做的那样，机会蕴

---

① Caoatain Petrie, *Commander Ronncolato and Colonel Schwartzman*, "The US Navy and the 21st Century, Uncharted Waters（April 1994）", Course Essay, Naval Post Graduate School, Monterrey.

② Anthony Cordesman, *Compensating for Smaller Forces*: *Adjusting Ways and Means Through Technolgy*（Carlisle, Pennylvania: Strategic Studies Institute, US Army War College, 1 April 1992）.

含于从那些推论归纳出的战略之中。考德斯曼认为军事优势是可以建立的，如果能对美军弱点进行客观评估，那么，优势还是有可能保持的。我们前面讨论过优势的相关内容，在 20 世纪之初的对岸作战中已经发生了明确转换。100 年后，技术发展为局面翻转提供了机会。但一切不会自动发生。如果海军能够坚持加快作战速度，并发展与之配套的兵力结构，则必将对陆上战争产生重大影响。

目前海军经历着革命性而不是渐进性的变化，这些观点在《海军变革的政治学》（The Politics of Naval Innovation）① 一书中有精彩论述。这本书认为，宙斯盾系统的立项必须克服来自航空界人士的阻力，因为他们相信宙斯盾对自己的饭碗是个威胁；后来的威胁来自核动力驱逐舰，这险些葬送掉了整个宙斯盾项目。这些反对意见造成了笼罩着整个研究项目的怀疑氛围。从概念研究到装备部队，宙斯盾项目用了 20 年时间。"战斧"导弹的发展历程更加曲折。相关技术在研究立项时必须能够打动海军的高级将领，不管是现役的还是退休的，这点与许多武器项目在本国发展过程中所经历的喧闹非常类似。"战斧"一开始是作为越来越力不从心的 B - 52 飞机的补充力量研发的，最终得到认可是因为其在空袭中具有很高的突防能力。朱姆·沃尔特上将在任期内最辉煌的一件事就是把战术巡航导弹当作反舰导弹使用，水面作战兵力的唯一任务就是保持安静，以免干扰了海军同行们对导弹的制导。用战术巡航导弹对伊拉克领导人实施"斩首"，这个想法非常具有远见，它是沃斯泰特（Wohlstetter）先生而不是海军领导们的创意。作为陪审团平民代表的他，向时任海军作战部长的海伍德②上将提出了这一建议。朱姆·沃尔特上将发现了"战斧"的最佳用途，并用清晰明确的语言描述出来。

不管海军对于变化抵制的偏见何时会被克服，军队兵力结构的变化将是必然的，尽管有时这种变化姗姗来迟。虽然全世界都亲眼看到了美国海军在"沙漠风暴"中的完美胜利，但是詹姆士·布雷克（James Blaker）在海军分

---

① Hayes, Smith, Hone, Engel and Easton, 'The Politics of Naval Innovation', Occasional Paper of the Center for Naval Warfare Studies, Strategic Research Department, *Research Report* 4 - 94, Naval War College. 上述文章认为"宙斯盾"作战系统和"战斧"巡航导弹是美国海军研发的具有创新性的两大武器装备。

② Hayes, Smith, Hone, Engel and Easton, 'The Politics of Naval Innovation', p. 29.

析中心的一次会议上①，提出了许多对于美国海军的自我质疑，并进而预言：
《……从海上》战略中提出的特混编队概念也将发生变化。布雷克预言，以航
母战斗群为核心的特混编队将缩减为所谓的"海军远征特混编队的兵力包"。
这将导致对舰艇类型的不同需求，水面舰艇与航空母舰的比例将从 1988 年的
13∶1 调整为 2001 年的 10∶1；核动力潜艇对航空母舰的比例将从 20∶1 调整为
6∶1；扫雷舰艇对航空母舰的比例将从 1∶3 上升为 5∶4。同样，航母舰载机联队
的作战目标将从打赢外围的空战，转变为夺取近海的空中优势；封锁部队的
作战目标也将从击沉敌方舰艇，转变为发射对陆精确制导武器；核潜艇的任
务也将从在开阔海域实施反潜，转变为在近海实施监视、战场支援和目标指
示；水面舰艇的任务将从为航母护航，转变为战场火力支援、战区防空和导
弹防御。总体上，大家对这些预言几乎没有争论。有一点非常明确，现在军
舰装备的弹药将尽可能对陆上目标实施打击，这使得装备"战斧"导弹的舰
艇非常有用。

　　兵力结构与指挥关系在伊拉克战争中暴露出的问题，有些是我们可以忽
略的，有些是我们应该关注的，那就是军舰在对岸作战过程中的生存问题：
军舰可以攻击岸上目标，但是岸上火力同样也能够击沉军舰。如果舰队的目
标是对作战重心产生影响，所有具有对陆攻击能力的武器全部开火也不可能
一次性解决战斗。要实现舰队在近海的长时间生存，只有确立了对岸优势以
后才有可能。如果有一个战略能够达成这一目标，那么它将成为变革兵力结
构的智力支撑。战略必须有足够的理论支撑才能经得起时间的考验，从而保
证兵力结构的变革不会在一代人中变得过时。每经过一次战损评估后，舰艇
就会进行相应改进，兵力结构却不能按这种方式进行，毕竟前者要求立即采
取行动且没有过时的危险。当重大变革显得很有必要时，就有必要对指导先
前兵力结构的战略提出疑问。对旧的海上战略进行提炼，可为参谋部草拟未
来海军建设的需求提供理论基础。指导这样一个战略的理念就是作战速度。
有一点需要牢记，本书的重点是海上战略与大陆性战争，因此它更多地与并

① James Blaker, *The Transition in US Naval Planning* (Washington：CNA) Brief presented at CNA – ISKAN meeting, 18. Oct. 1993.

未拥有强大海上力量的国家相关，因为这些国家很少或者根本没有其他选择，只能把精力集中于这里所讲的海上战略之中。这些国家的地缘战略环境与美国也不相同。

因此，尽管作为本书中提到的与海上战略相关的国家，美国已经变了其发展路线，但是谁也不能保证在若干年后，美国海军不会因为实施大洋战略而再次改变其路线。这不是矛盾的，因为美国相对世界其他国家而言，其地缘战略是独一无二的。美国海军战略与他们的海上作战思想相一致，甚至当若干年后一些大陆型国家也拥有了强大的海军，这个战略也将保证他们自己变革路线的稳定，不会使美国海军在大洋上无所事事。

让我们再来回顾下"沙漠风暴"行动。从作战速度的角度来看，伊拉克就像是一架头朝西面的秃头三角翼飞机，机翼前缘的宽度从南到北约为550英里，机翼后缘的宽度约为700英里。在前面所提到的那些国家中，伊拉克不算大，但也不是最小。伊拉克的海岸线总长只有50英里。大家对"沙漠风暴"行动了如指掌无须多说，但接下来我们将试图从破坏强度来谈一谈这次作战行动。伊拉克军队驻扎的这一地区，我们称之为"战场空间"，在战争伊始实际上已经不存在任何军事秘密。覆盖伊拉克全境的24小时不间断侦察早在数周前就已经展开。战争实际的打响时间，应该是舰艇发射对地战术导弹的H时（作战发起时刻）减去90分钟。[1] 从南方进入伊拉克的航线上有伊军两个重要的雷达，101空降师的特种作战直升机在H-22分钟时摧毁了它们。在H-9分钟时，F-117飞机攻击了该地区的防空作战中心，并紧接着攻击了该地区的空中拦截作战中心。于是，美军就在伊军南线的中央地区防空链条中，打出了一段连续的缺口，并一直保持到战争结束。第一次夜间攻击就是通过这个空隙进行的。到H+5分钟时为止，伊军全部20个防空中心，以及几乎所有的C3I中心、电力和指挥节点都被摧毁。同样的攻击行动由昼间攻击机在黎明时分再次重演。第一周结束后，也就是在D+6日，空中优势已经确立起来（实际上在D+2日时就已经实现）。[2]（伊拉克）战略防空和C3I

---

[1] All details of Operation Desert Storm have been taken from "Conduct of the Persian Gulf War", *Final Report to the Congress*, pursuant to Public Law 102–125, April 1992, a DoD Publication.

[2] Air supremacy was actually declared on D+10.

节点已经支离破碎，国家和政治领袖与人民之间被相互隔离，主要的公路桥梁被切断，已知的核、生、化武器储备点已经被摧毁。萨达姆可以通过手提式卫星上行链路向世界发表声明，却无法与自己的国民沟通。

在开战前两周，如果不是已经建立了强大的支援力量，整个联合舰队将非常无助。在所有与伊拉克飞机的空战中，联军飞机都收到了空中预警机 E－3 或者 E－2C 的早期警报；160 架空中加油机也使得远程空中攻击成为可能；伊拉克军队只要有任何调动，在一开始时就会被卫星和联合监视与攻击雷达系统发现，几乎整个伊拉克装甲部队的位置都已经被卫星照相在空中力量摧毁他们的数周之前实施了精确定位。

再有一场类似美伊之战这样的战争的可能性几乎不存在。敌国的高层指挥不会如此混乱，敌军的士气也不会都如此低落，但有一点可能是相同的，那就是任何一方在制定战略和兵力结构规划时可以努力追求同样的作战速度。尽管在可预见的未来，没有任何国家可能获得美国那样的基础设施，但是战争依然可以在不同的技术层面发生。通过卫星连接的通信系统使敌方盟军有可能胜过现在欧洲北约的军事通信系统。在美国国防部的报告中，有关情报和侦察支撑以及多光谱图像的信息非常少，只是提到国家局、中情局和国防情报局已经通过 C3I 网络可以为所有的情报分析机构提供直接的情报输入。多光谱图像在规划两栖行动和收复科威特行动中发挥了重要作用，并且将行动中涉及的地图进行了全部更新。

在已经出版的解读海湾战争的著作中，许多都试图调整以往过于乐观的情绪，指出伊拉克的特殊作战环境与未来战争之间在许多方面都存在巨大差别。大多数的此类分析都认为，如果伊拉克拥有这种或那种武器系统，战争的结局将发生变化。然而，事实并非如此。两军之间的最大区别在于联军所具备的作战速度。从装备角度来讲，伊军并没有过度消耗。假设一下，本应在 H＋4 时摧毁的目标如果被拖延至 H＋24 时完成，应该在 D＋2 日完成的任务如果被拖延至 D＋8 日完成，那样将会发生什么？结果肯定会大相径庭。施瓦茨科夫没期待伊拉克军队会崩溃，这点非常英明；如果他那样想，就不会只储备 60 天的作战物资。实际结果是地面战斗只进行了不到 4 天就结束了。在 D＋1 日伊军的指挥系统就被瘫痪了，并且一直未能被修复。如果联军的作战速度比实际再慢些，这些系统肯定会被修复。作战速度必须尽可能快，因为在 D 日之前伊拉克的情况就像打开的书本那样一目了然。技术能力的优势使得海军或其他军种在判读伊拉克战争目标时轻而易举。战争的唯一意外，就是"飞毛腿"导弹的发射竟然在开战 48 小时后就基本上被控制住了。在"沙漠风暴"行动中，"飞毛腿"导弹一旦发射就会被立即定位，反击火力将会在几分钟内开火。因此，很难计算出 20 世纪后半期技术在战争中进步了多少，这种或那种武器的杀伤力提高了多少。这个结果只是在战术层次的基本表现。为了在战役和战略层次上有效地应用军事进步，战区内的先进武器和传感器必须发挥出整体效果。结论是：技术的进步已经达到这样一种程度，它使得正在成为胜利关键因素的作战速度成为海战的新特征。既然速度是相对的，所有面对大陆性战争的海军都必须做出决断，进行何种规模的投资才能保证舰队获得对于敌方海岸的优势。

在海上作战中利用作战速度取得胜利也许是个新的概念，但在陆上作战中却是一个相对古老的概念。古代最著名的实践者就是成吉思汗，他的军队所达到的作战速度甚至连第二次世界大战中的装甲部队也无法匹敌。在海上，只有当舰队成为一支独立作战力量之后，作战速度才有实际意义。然而，纳尔逊却独立地发现了引导海战胜利的这一要素。当这一切发生时，纳尔逊正在率领具有高度凝聚力的舰队作战，这也就是为什么早些时候他会被认为是一个出色战术家的缘故。在成吉思汗之后另外一个依靠作战速度赢得战争的伟大指挥官是拿破仑。在海战中，广阔的海洋曾经被认为是战争胜负的决定因素。法国登陆编队在维尔纳夫舰队的护航下，成功地避开了英国封锁舰队抵达埃及。这个例子表明，即使是一个像地中海那样狭小的海域，仍然有足够辽阔的空间保证恰当的兵力在恰当的时间出现。成吉思汗在 13 世纪创造了一种使敌人感到窒息的作战样式，正如萨达姆在 1990 年所感受到的那样。成吉思汗的信使能够利用驿马在一天内前行 220 英里，因此，蒙古大军在 1210年就能够依靠这个惊人的行进速度进行兵力的集中或分散，就像 1990 年卫星通信系统所发挥的效果一样①。在成吉思汗第一次攻打花剌子模（Khwarazim Shah）的战役中，蒙古大军于 1219 年夏天从额尔齐斯（Karra Irtish）河出发，具体数量不详，蒙古与其他民族的兵员数量比顶多是 2∶1。当成吉思汗的两股部队与土耳其—波斯军队在锡尔河（SyrDarya）地区相遇时已到秋天，在 90 天里行军达 1000 英里。当蒙古大军决定向西挺进时，已近冬季。成吉思汗率领大军在锡尔河和西侧的布哈拉（Bukhara）之间行进了 750 英里，其中在克孜勒库姆（Kyzl Kum）沙漠中行军 45 天。到达布哈拉时，尽管敌方防御部队的人数多于蒙古大军，但是蒙古大军通过快速机动，成功实现了兵力集中，从而弥补了数量不足的弱势。在成吉思汗去世后很长时间里，通过机动获得兵力集中弥补数量上不足成为蒙古军队作战的典型特征。

在蒙古对欧洲的战役中，从穿越伏尔加地区到占领莫斯科仅仅用了 30 天。这期间蒙古大军一共行进了 1200 英里。经过一年修整后，1241 年 1 月又对现在的乌克兰和波兰及匈牙利地区发动了进攻。② 蒙古人分成两个纵队行进，间隔 400 英里，4 月 10 日在萨吉尔河畔战斗中彻底击败了波兰和匈牙利军队。从 1241 年 1 月至 4 月 10 日，蒙古军的行程约 1000 英里，进行了 4 次主要战斗，平均每天推进 10 英里，这其中还包括休息和作战的时间。从 1238 年离开伏尔加河开始，蒙古军队在 3 年时间里行军超过 6000 英里，还包括整个 1240 年和 1239 年半年时间在原地休息。

回首往事，蒙古人给每一位军事分析家们都留下了两个不可磨灭的记忆——巨大的疆域和极高的作战速度。蒙古人能够把机动——这个大规模战争的原则应用得炉火纯青。为什么他们能够达到这样高超的战术境界呢？也许在战争初期蒙古人只是沿袭了自己打猎和作战的传统模式，一旦他们发现这些战术非常奏效，就在随后组织战役时把作战速度作为第一作战原则牢记于心。在对匈牙利和波兰作战过程中，主要是因为速不台（Subedai）最后及

---

① *Robert Marshall quoting Marco Polo In Storm from the East*（Berkeley：University of California Press），p. 86.

② The details of the movement of Genghis Khan's four corps have been reconstructed from the accounts contained in Marshall and Leo De Hartog, *Genghis Khan*（New York：St. Martin's press，1989）p. 89. For details of the relative rates of advance in allegedly blitzkrieg styles of warfare, see Bretnor, *Decisive Warfare*（Stackpole Books）.

时赶到列格尼茨①战场投入战斗，从而在战争的最后一刻力挽狂澜，使拔都（Batu）免遭失败的危险。这又让人回忆起 1815 年在滑铁卢，正是因为布吕歇尔（Gebhard Lebereht Von Bliicher）② 及时赶到，才帮助威灵顿取得最后的胜利。

在海上控制作战空间非常困难。笔者试图在世界海战的历史长河寻找，看是否曾经有过有意识地运用这一原则的战例，结果显然是否定的。主要原因是在海上前沿部署兵力的方法还没有完善到一定的程度，而不同的兵力部署方法，在开战之前基本就已经决定了战斗的胜负。横跨大海进行通信需要借助于电磁波技术，直至 20 世纪后期人们才掌握了这一技术。视界的高度在海战中非常重要，到了 1914 年视界才从桅杆的高度，提升到战列舰上施放气球的飞行高度，而现在可以达到太空数百英里的高度。从太空看海洋，海洋变小了，可以对军队实施近乎实时的指挥，能够以类似成吉思汗的速度优势击破敌人的防御。这种分析结果与货币循环速度很相像，以更高速度循环的货币，将获得比数量更多的静止货币更大的利润。

在海上，弱势一方试图通过加快作战速度来赢得强势一方的可能性一直都没有得到广泛认可。运用这样战略取胜的例子通常被称为"孤注一掷"之举。在中途岛战役中，具有优势兵力的日军试图在一定时间和空间内实现多方力量的集中，但是却因为情报与通信渠道不畅而失败。而弱势一方的美国海军第 16 和第 17 特混编队，在弗莱彻和斯普鲁恩斯（Fletcher and Spruance）少将的指挥下，从 6 月 3 日 15 时开始，到 6 月 4 日 17 时，结束对日本海军最后一艘航母"飞龙"号（Hiryu）的攻击任务③。让我们来看一下美国海军的作战区域，西到东经 140 度，东到西经 170 度，北到北纬 40 度，南到北纬 25 度，整个作战区域南北长约 900 海里，东西宽约 2400 海里。S. E. 莫里森（S. E. Morison）在其官方历史著作中并没有提到美国通过密码截获与分析获

---

① 列格尼茨（Liegintz），在柏林东南 220 公里，布拉格东北约 160 公里。

② 译者著：布吕歇尔（1742—1819），普鲁士元帅，在 1812 年 6 月 18 日的滑铁卢会战中，正当威灵顿与拿破仑战斗至筋疲力尽时，布吕歇尔率领普军主力赶到了战场，从而扭转了整个战局，致使拿破仑大败而逃。

③ 中途岛海战的细节参阅 S. E. Morison, *History of the United States Naval Operations*: *Coral Sea*, *Midway and Submarine Actions*（Boston: Little Brown and Co., 1949），Vol. 4.

得的特殊情报，但在后来许多相关文献中可以看到有关论述。莫里森之所以没有提到这一事实，是因为直到 1949 年之前，他都不能在书中公开情报的来源。5 月 24 日，两支日本特混编队分别从日本本土和关岛（位于战场的西部边界）出发，于 6 月 3 日 15 时会合在中途岛以西 700 海里的地方，美军获取了这一关键情报。另外，美军得知一支航母编队将于 6 月 4 日从西南方向对中途岛发动攻击。

经过情报分析，美军推断 6 月 4 日凌晨在中途岛将有一场大战。但美军又是如何得出这一结论的呢？日本联合舰队在 5 月 24 日出港驶向茫茫大海，他们"消失"后会干什么呢，就像当年成吉思汗到达锡尔河西岸时那样，但由于地理条件的限制，栗田（Kurita，指栗田健男中将率领的为登陆兵力提供近距离火力支援的编队）和近藤（Kondo，指近藤信竹中将率领的中途岛登陆编队）编队的机动未能完成，预定会合时间也未实现，而这个时机却恰恰被对手给抓住了。事实上从 6 月 3 日 15 时获得情报到战斗打响，留给美军的作战时间已经很短了。与之相应，作战区域也被减半了，日军距离美军只有 1200 海里，西部边界现在位于东经 170 度，但是日本联合舰队的山本五十六和南云忠一却没有意识到这一点。另外，对日本海军更为不幸的消息是，西部边界正好处在中途岛海上巡逻机的作战半径之内。在中途岛上驻扎有 32 架卡特琳娜（Catalina）巡逻机，因此日本海军想隐蔽地接近中途岛是不可能的。在这些种种不利条件之下，南云能够在 6 月 4 日晨率领航母编队机动至距离中途岛 215 海里的地方而不被美军发现，应该是创造了一个奇迹。突然袭击未能实现，是因为日本原以为美国的作战区域是长 900 海里、宽 2400 海里，而实际上这个区域在日军没有觉察时已经被压缩了一半。

在日方看来，作战区域应该只是上述矩形区域的东北部海域，因为美国如果要确保抗击日方航母对中途岛的攻击，就不可能把航母机动到距离中途岛 200 海里以外的地方。然而美军已经知道了日军的攻击时间，因此日本的作战区域已经被压缩至 400 海里的范围之内，作战区域则减少为第二日拂晓发起攻击前的 24 小时。如果日方想要进行一场速决战，就应该掌握所有必要的情报，但是当战斗打响之时，日本却没有掌握任何情报。这场战斗在许多场合，在许多参谋学院被作为经典案例进行分析，共识性的观点认为南云的作战目标过于分散，山本用兵违反了集中的原则，但这都不足以导致日军在这场战败中失败，因为美军也犯了许多错误。譬如当时中途岛上驻扎有 127 架飞机，但在整个战斗过程中中途岛的飞机除了进行过一次机枪扫射之外，没有对任何日方舰艇造成损伤；再如一个航母的舰载机联队错过了整场战役。但类似的错误双方都有，区别在于美军具有先发制人的打击能力。如果山本拥有北方的阿留申航母战斗群，并获得南云的有效支援，那么战役结果可能会完全不同。同样，如果斯普鲁恩斯的航母编队在受到日本"飞龙"号攻击时，能够得到弗莱彻的支援，"约克城"号航母就不会被击沉。弗莱彻和斯普鲁恩斯之间模糊的指挥关系破坏了战争原则。当美国海军的作战速度慢下来之后，"约克城"号航母立即被击沉。6月4日7时2分，美军对日本航母战斗群发动了第一波攻击，"约克城"号的舰载机晚 1.5 小时起飞，却意外地与其他航母的舰载机同时到达。当天 15 时 30 分，也就是 8.5 小时之后，美军对日本最后一艘航母发动了第二波攻击。总的来看，就像"沙漠风暴"行动一样，这是一场战争开始之际即已确定胜负的战斗。斯普鲁恩斯本来可以在 6 月 4 号坐等战斗结束，但是由于情报失误，他并不知道日方有多少航母被击沉，也不知道还剩余几艘航母，结果就延缓了作战节奏，从而导致"约克城"号被击沉。

引用威廉·A. 欧文斯（William A. Owens）上将的一句话："先进的 C3I 系统可以确保美军指挥官影响对手的决策流程，在对方来不及反应或者尚未做好准备时就调整兵力攻击其弱点。先进的监视和目标捕获能力———一部分是美国太空优势的结果，一部分是快速分析和处理海量数据的能力——不仅仅揭示出对方军事实力的强弱，而且能够辅助美军指挥官识别和定位敌方重要的指挥节点。"①

欧文斯的论述反映出，美国海军试图在 21 世纪构建起一种可靠的兵力部署模式时，究竟如何理解自己相对其他国家的技术优势。我们可以将欧文斯的观点进一步延伸，尝试着提炼出那些即将在 21 世纪发生的、已经被他论证过的战争新变化。如果我们能够触摸到那些变化的独特本质，我们就能够掌

---

① Admiral William A. Owens, *High Seas* (Annapolis: Naval Institute Press, 1995), p. 51.

握一个海上战略对于大陆性国家海军的核心意义。欧文斯说道："我们不同意现在对这些变化的称谓，一些人称之为军事技术革命，另一些人称之为计算机战争。"① 事实上，这种变化不是别的，就是作战速度。向着能够适应快速作战的海军转型，对于大多数国家来说意味着减少兵力数量，这肯定会遭到海军高层的抵制，就像过去海军高层抵制潜艇和航空母舰的应用一样。美国海军通过在两个方面实施结构重组，对这种意料之中的反对意见进行反击：

——要对装备项目的合理性进行评估，看该装备能否提高近海作战能力；

——把项目主管的军衔级别降至二星少将，隶属于一名有权整合资源需求的上将之下。②

制度可以克服个人偏见的阻力吗？祖克曼和考德斯曼（Zuckerman and Cordesman）认为这几乎不可能。如果一个舰队指挥官能够接受航空母舰即将成为未来打击力量核心的观点，那么作战速度的观念可能会导致更大规模的战斗。这样就需要缩减现有海军的数量规模，因为只有缩小舰队的规模，才能为提高作战速度所需的技术和设施提供足够资金。不幸的是，那些坚持海军利益的人们，甚至都没有进入能够通向海军金字塔顶端的指挥官队伍。美国海军的经费比例，其他国家在未来许多年里都难以达到。因为冷战的推动力不再那么强劲，没有人会再花费那么大的力气去开发太空通信技术，去实施全时的防空戒备，一年365天对敌国进行侦察、监听。如果存在某些外部因素可能导致海军兵力结构本身发生变化的话，那就是舰船、潜艇和飞机造价的螺旋式上涨。这种发展趋势不可避免，如果按照目前的速度发展，到2050年将有许多国家的海军没有钱去建造哪怕一艘军舰。如果缩小舰队规模以避免上述情况发生是不可避免的话，为什么不把这种被动变成一种主动优势呢？毕竟，作战速度的概念并不要求海军兵力能够抓住大洋上的敌方编队并与之战斗。因此，少量的兵力单元能够用于快速的、有计划的战斗之中，而不必再分散宝贵的兵力去引导那些由于"霉运"而错失战机的海上编队。

---

① Admiral William A. Owens, *High Seas* (Annapolis: Naval Institute Press, 1995), p. 52.

② Admiral William A. Owens, *High Seas* (Annapolis: Naval Institute Press, 1995), p. 125.

第八章

航向一个可用的
海上战略

一、　某些选项

英国海军中将赫伯特·里奇蒙德（Herbert Richmond）等一些优秀的海上战略家们显然已经意识到了战略协同的重要性，甚至将这种战略命名为"联合战略"。里奇蒙德注意到，即使是联合战略也存在着细微差别而让人困惑，判定联合战略的标准不再是该战略属于大陆学派还是海洋学派，而是该战略应归属于海洋学派的哪一分支。在里奇蒙德时代关于大不列颠国家政策的著述中，海洋学派分化为两大分支：一个认为海军应该参与陆军攻击敌方殖民地的行动，另一个认为海军的作用应限于运送陆军上岸并为上岸陆军提供远距离支援。[1] 面对里奇蒙德时代的战略背景，赞同本书观点的读者（甚至包括那些确信大陆性战争迫切需要海上战略的读者）也会对海军的任务产生分歧，那些终身致力于定义大陆性战争中海军职能的战略家们也未能给出准确的答案，海洋国家在意外地遇上大陆性战争时往往面临同样的困境。在第二次布尔战争（the Second Boer War）中的皇家海军就是这么一个例子。当布尔人的骑兵包围金伯利、梅福根和莱迪斯密斯（Kimberley，Mafeking and Ladysmith）时，英国发现自己卷入了一场大陆性战争。看看奥兰治自由邦和德兰士瓦（Orange Free State and Transvaal）的地理位置，我们就会明白早期的英国大战略，即从海上孤立这两个共和国的大战略是极其成功的。英国皇家海军五百年来一直毫不犹豫地坚持海上战略，现在却突然陷入了一个没有任何可用战略的窘境——这种处境对于其他国家海军而言是非常熟悉的。二战中苏联海军曾经向陆军提供 40 万士兵，而此时的皇家海军却只能为雷德弗斯·布勒（Redvers Buller）的部队提供一个陆战旅的兵力和一些拆卸下来的舰炮。这些

---

[1] H. W. Richmond, *National Policy and Naval Strength*（London：Longmans，Green & Co. Ltd.，1928），p. 48.

可以被视为海军的额外贡献，但海军的核心贡献仍然在于将 5 个半师的陆军输送至开普敦和德班（Cape Town and Durban），保障了远征军司令罗伯茨勋爵（Lord Roberts）的反击作战行动。不过，布尔战争只是皇家海军历史悠久的纯粹大洋战略的一个间歇，不久之后，皇家海军就愉快地恢复了他们最擅长的战列舰和巡洋舰的运用传统。①

　　大陆性国家的海军没有如此地幸运。布尔战争中，皇家海军为陆军提供了陆战旅，但在与布尔战争类似的一系列战争中，大陆性国家海军只能充当陆军的运输队。每两场陆上战争中，如果海军至少在某一场中能够充当战斗角色，就说明海军配得上独立预算。如果海军承担了战斗任务，但战史并未对海军作战行为进行记载的话，政治领袖仍然会将海军预算放在次要地位。以色列总理哈依姆·赫尔佐克（Chaim Herzog）曾说，海军如果参与大陆性战争，就意味着放弃大洋思维，将自己的行动限定在近岸海域，以色列海军就是如此②。如果是玩一场蛇与梯子游戏③的话，对容易卷入大陆性国家战争的海军规划者来说，刚刚越过大洋战略这条巨蟒，就会在前方遇到两条相互缠绕的大蛇，即近岸作战和预算不足。在 1965 年第二次印巴战争中，印度海军采取了大洋战略，其战略目标是运输船只、港口和重要货物的安全，但由于未与敌人进行交火，不可能给政治家留下深刻印象。

　　出色地完成一次近岸作战，需要展开一系列英勇的、充满危险的行动（Yorn Kippur War，正如以色列海军的特种部队在赎罪日战争中的表现那样），这仅仅为海军争取到充足的经费以胜任下一场更加复杂环境下的同类任务。对于海军将领来说，这些经费意味着一支"侏儒"海军。这支几千人小海军所需的经费，自然也仅仅是国防预算中微不足道的一部分。不起眼的角色，可怜的经费，周而复始，形成了恶性循环。在大陆性战争中，海军只有做好扮演更重要角色的准备，才能打破这种循环。对那些缺乏大规模两栖作战或保障海上侧翼安全作战经验的海军将领来说，联合作战是一个巨大的挑战。从一战时施里芬失败的"右勾拳"战略，转变为二战中伦德施泰特和克莱斯

---

① Thomas Pakenham, *The Boer War*（New York：Random House, 1979），pp. 168, 272.

② Chaim Herzog, *The War of Atonement*（Boston：Little Brown &Co. 1975），p. 269.

③ 一种益智小游戏，通过骰子摇步数前进，遇到蛇要退回数格。

特（Rundstedtand Kleist）的闪击战略，在这一过程中魏格纳的思想必定发挥了重要影响。许多二战历史学家对日本陆海军参谋部按照不同方式制定战略反复进行了研究。即使如此，当日本海军在太平洋节节败退时，日本陆军却仍然有 175 万兵力在中国（其中 75 万在满洲）、25 万在东南亚地区作战，这个现象实在令人费解。[1] 有人指责麦克阿瑟和尼米兹在对日作战中缺乏协调，那么对这些人来说，日本陆海军的行动根本就是南辕北辙。日本陆海军步调不一致的主要责任在陆军，因为陆军掌控着政治决策权，不愿意迁就海军。有趣的是在日本投降时，日本陆军并未遭受重创。

二、 普世经验

上一章中，我们分析了几个案例，对海军参战或未参战的一些大陆性战争进行了总结。这些案例并不是孤立个案，为避免给读者造成误解，我们对战争进行整体分析，最终的结论是海军未参加的战争数量远多于海军参加的数量。由于政治盟友的推动，某些很少参与大陆性战争的海军曾在几十年间被赋予战略任务，这样对海军来说不见得是坏事，前提是政治家不仅要看到海上通道的重要性，还要将海洋看作向陆地投送兵力的坚强侧翼。我们从每个大陆选取了一些战争案例（美洲除外，因为美国海军在大陆性战争中的作用已在其他章节中论述），这些案例时间跨度较大，历史学家应该清楚，罗马帝国之后战略或战争艺术研究开始衰败，1000 年后才再度复兴。陆军兴起于陆地，陆军的出现与政府的出现没有必然关系，但海军并非如此。海军建设耗资大，维护成本高，这或许是海军的复兴与民族国家的建立保持同步的原因之一。

接下来对历史上大陆性战争中的海上战略进行简要回顾。

---

[1] Paul Kennedy, *The Rise and Fall of the Great Powers* (New York：Random House，1987)，p. 350.

希腊—波斯战争（公元前 449—前 448）

公元前 500 年，波斯帝国包括现在的土耳其、马其顿和保加利亚南部，因此可以说是雅典和斯巴达的陆上邻国。在雅典、斯巴达和马其顿之间，还有几个保持中立或与波斯结盟的希腊城邦。连接波斯帝国东西部的主要陆上通道东起伊朗的阿瓦士，横穿如今的伊拉克、叙利亚和安纳托利亚半岛，直至伊兹密尔附近的以弗所古城。以弗所从海上距离雅典 180 海里，陆上约 900 英里。在率部到达以弗所后，波斯将军玛尔多纽斯认为如果沿陆路进攻，大多数兵力需驻守沿路要塞以保持通道畅通，进攻雅典的兵力会不足，因此决定从海上直接对雅典发起登陆作战。玛尔多纽斯的部队在雅典附近登陆，由于行动缓慢，在马拉松和安奇奥遭到雅典陆军攻击，登陆行动失败。

在随后的温泉关战役和萨拉米斯战役（Thermopylae and Salamis）中，波斯国王大流士（Darius，译者注：这两次战役均发生在公元前 480 年爆发的第三次希波战争中，大流士已经于公元前 486 年去世，继任者是他的儿子薛西斯，故此处应当是作者笔误）部署了充足兵力守卫达达尼尔海峡的沿岸要塞，亲自率大军南下，同时利用舰队保护左翼安全，后勤补给主要通过海运完成，因此海上安全也必须得到保证。公元前 483 年，地米斯托克利（Thermistocles）在著名的军事政策辩论中说服雅典人建设强大海军，但海军并未参加温泉关战役。尽管斯巴达将军列奥尼达率部英勇作战并永载史册，但最终还是失败了。波斯陆军下一步进攻路线的选择，取决于能否击败防守科林斯地峡（Corinthian isthmus）的雅典海军。但波斯海军在萨拉米斯海战中败北，海上交通线的安全受到严重威胁，薛西斯被迫从达达尼尔地区撤回大部分陆军，仅仅保留马多尼奥斯（Mardonius）的部队继续在希腊南部作战。由于缺乏海军支援，马多尼奥斯在普拉蒂亚（Platea）被斯巴达人击败。希腊海军开始采取进攻行动，夺回被波斯占领的拜占庭，切断了以弗所至雅典的陆上通道。战争后期，雅典海军从波斯手中解放了小亚细亚地区的希腊城邦，恢复了它们的独立地位，在雅典与波斯之间建立了缓冲区，事实上消除了波斯威胁。雅典海军在执行外交政策时巧妙地发挥了联盟的作用，从而有能力在几十年里确保雅典的自由不受波斯入侵的威胁。①

布匿战争（公元前 264—前 202）

布匿战争（Punic War）经历了一系列战斗，战史著作对这些战斗进行了详细描述。用克劳塞维茨的话说，每一次战斗都是一场屠杀，但除了最后一次之外都不是决定性战斗。最后一次战斗在扎马进行，罗马军队击溃了汉尼拔（Hannibal）的部队。汉尼拔的战术指挥能力毋庸置疑，但由于缺乏对海上战略的理解，他不愿意利用海洋。第一次布匿战争，由于参战双方隔海相望，决定性作战在海上进行。第二次、第三次布匿战争的特点在于未发生一定规模的海上战斗，因为汉尼拔选择了陆上作战。第一次布匿战争中，罗马和迦太基都认为获取战略优势的关键在于对西西里岛的控制，这显然是正确的战略判断，因为迦太基②与今天意大利南部城市卡拉布里亚（Calabria）之间的海上距离仅为 250 海里，其中 160 海里由西西里群岛海域构成。第一次布匿战争后期，汉尼拔③拒绝利用海洋，仅将萨冈坦④作为唯一的海外后勤保障基地，从陆路行军 800 英里至奥兰⑤，然后从海上航行 250 英里到达萨冈坦，继续行军 650 英里至罗纳（Rhône）河口，沿罗纳河峡谷行进 250 英里越过瑞士山脉最高峰，穿越 400 英里崎岖的山路，最终到达米兰，整个交通线长达 2350 英里。如果汉尼拔选择一路向西，经直布罗陀越过海峡，补给线会更长。汉尼拔辉煌的战术成就给人们留下了深刻印象，但第二次布匿战争中罗马人的作战计划表明他们对大战略的理解更为深刻，他们的计划是从海陆两个方向同时对迦太基进行攻击，并在西班牙和法国对汉尼拔的交通线发起进攻。汉尼拔从迦太基出兵时兵力达 90000 人，分兵 20000 人给哈斯德鲁巴（Hasdrubal，汉尼拔的弟弟）保卫西班牙，率领 50000 大军进入法国，在翻越阿尔

---

① The narrative of the war is taken from Dupuy and Dupuy, *The Collins Encyclopedia of Military History*（Glasgow：Collins，1993）pp26 - 32 and J. F. C. Fuller, *A Military History of the Western World*（New York：Fund & Wagnalls Co.，1954）pp. 26 - 52. The analysis is the author's own. For the naval portion of the war, see W. L. Rodgers, *Greek and Roman Naval Warfare*（Annapolis：Naval Institute Press，1981），PP. 11 - 108.

② 译者注：迦太基，历史上菲尼基人建立的古代国家，首都迦太基城位于今天北非的突尼斯附近。

③ 译者注：汉尼拔，公元前 241 年第一次布匿战争结束时汉尼拔才 6 岁，在公元前 218 年爆发的第二次布匿战争中，汉尼拔充分展现了卓越的军事才能，故此处作者的观点是错误的。

④ 译者注：萨冈坦（Saguntum），即今天的萨贡托，距离西班牙第三大城市、第二大港口瓦伦西亚以北约 25 公里附近。

⑤ 译者注：奥兰（Oran），阿尔及利亚第二大城市，位于地中海瓦赫兰湾南岸，

卑斯山的征程中损失 30000 人，仅有 20000 人到达波河河谷（Po valley），难以想象如果对罗马发起两栖攻击会导致这么大的伤亡。迦太基人口与罗马相比处于不利地位，汉尼拔的敌人是第二次布匿战争后期罗马新组建的 20 万部队，在如此不利且不具备海上优势的情况下进攻意大利，并非明智之举。罗马军队在扎马（Zama）会战中击败迦太基人后乘船驶回意大利海岸，避免了 2500 英里的艰苦行军。将战争单纯限定在陆上的战略举措注定了汉尼拔的失败命运。①

伊斯兰向北非和欧洲扩张、十字军东征（650—732）

许多历史学家习惯于将伊斯兰对北非和欧洲的扩张形容为"红绿浪潮席卷西方世界"，事实并非如此。公元 643 年，埃及被吞并，直到半个世纪后的公元 697 年，穆斯林军队才占领迦太基，从非洲进入西班牙花费了 12 年。从公元 712 年穆斯林在西班牙的托莱多（Toledo）建立统治，到进入法国打响图尔（Tours）战役又过去了 20 年。当阿拉伯将领阿卜杜拉·赫曼（Abdur Rehman）在图尔面对查尔斯·马特尔（Charles Martel）率领的法国军队时，他不仅兵力比对手少，更糟糕的是他和汉尼拔一样，后勤补给线长达 3000 英里。伊斯兰部队曾通过两栖作战轻松地占领了爱琴海沿岸、撒丁岛、科西嘉和西西里岛，通过对比可以清晰地发现，赫曼没有真正理解海权。伊斯兰人的陆上攻势进展缓慢，占领土地后需要花费时间平定当地人的起义后才能继续前进。图尔战役胜利后 14 年，欧洲人在康士坦丁堡（Constantinople）阻止了伊斯兰人的进一步入侵，恢复了地中海的海上优势，因此在 1096 年第一次十字军东征（Crusade）时，海军可以再次为陆军提供了决定性的支持。

从持续时间和机动速度角度对伊斯兰入侵战争和十字军东征进行比较，可以看出十字军东征显然是闪击战。第一次十字军东征的时间是 1096—1099 年；第二次是 1147—1149 年；第三次是 1189—1192 年。三次十字军东征，基督教国家的海权优势发挥了重要作用。第一次东征期间，基督教国家在安纳托利亚耗尽兵力，是英国和意大利的舰队独力支撑了东征行动，并保障了

① Narrative from Dupuy and Dupuy；Nigel Bagnall, *The Punic Wars*（London：Hutchinson，1990）；W. L. Rodgers, pp. 266–350.

1099 年对耶路撒冷（Jerusalem）的最后攻击。第二次东征中海权的作用更加显著，西方陆上进攻部队被土耳其人屠杀殆尽，只有经由海路的部队达到圣城。第三次东征，查尔斯明智地命令陆上部队一直在濒海地区行动，舰队为陆上部队提供支持，当形势恶化后，从海上撤回所有部队。十字军在总体力量对比上处于劣势，但可以从海上向交战地点投送兵力，海洋是他们得以保持战略机动优势的原因。①

九次伊朗—土耳其战争（1514—1516，1526—1555，1578—1590，1603—1612，1616—1618，1623—1638，1730—1736，1743—1747，1821—1823）

了解区域的地理状况是理解下文观点的前提。现在土耳其与伊朗的交界区域包括幼发拉底河的源头，或许是世界上最荒凉的地区之一，不利于作战。库尔德人居住于少数有水源的峡谷地区并从事农业生产，他们的居住区域构成了两国自然疆界。黑海南岸一直由土耳其控制，而里海南岸区域由波斯帝国控制。从土耳其进攻伊朗，明智的做法是追随亚历山大的路线，即：一路向南至基尔库克（Kirkuk），由此向东穿越阿萨达巴德通道（Asadabad pass）。另一条可供选择的路线是海路，在黑海东岸登陆，经埃里温（Yerevan）进入大不里士（Tabriz）。九次伊土战争，其中六次战争的争夺目标之一就是埃里温，因为经由黑海的北部路线后勤保障相对容易。对土耳其人来说，进攻伊朗第一阶段的决定性目标无疑是占领大不里士，埃尔祖鲁姆（Erzerum）自然也就成为最初的目标。九次战争源于两国长达三百年的敌视，战略焦点在于第比利斯（Tbilisi）、埃里温和巴格达的宗主权。土耳其和伊朗都没有长期占领对方领土的意图，攻城拔寨只不过是为了增加和平谈判的筹码。波斯帝国的海上战略仅仅对第七次战争产生了一定影响，他们在海湾地区建立了一支舰队，以阻止土耳其帝国从埃及发起海上攻击。这次战争体现了海上战略家面临的问题，即：海军如何强化自己在国家战略发展进程中的地位。如果一个国家没有海军，困难在于如何说服将军们相信除陆上长距离步行之外，还有更容易的行军方式。九次战争期间，土耳其海军一直较为活跃。第一次和第二次达达尼尔海战，土耳其海军在与威尼斯海军的交锋中未能取得上风，

① *Dupuy and Dupuy*, pp. 249–251 and J. F. C. Fuller, pp. 406–436.

因此开始重整海军军备，海上力量活动范围向西扩大到摩洛哥，逐渐控制了地中海海权。1657 年，土耳其在第三次达达尼尔海战中一举击败威尼斯海军，1697 年，在东地中海和爱琴海消灭了威尼斯海军残部。在土伊两国长期冲突中，土耳其往往是横穿安纳托利亚陆上行军 800 英里去夺取埃里温的控制权。土耳其军队一旦撤退，波斯军队从大不里士只需行军 180 英里就可以对埃里温发起进攻。当然，如果波斯帝国衰败，土耳其军队有可能从陆路进入亚美尼亚，但只要波斯帝国保持着陆上强国地位，从后勤保障角度看，海上攻击更为经济。在 300 年的冲突中伊朗人经常占据优势，土耳其由于缺乏一个海上战略，把高加索帝国变成了许多国家在审视大陆性战争中海上战略时的一个反面典型。[①] 波斯皇帝纳迪尔·沙汗（Nadir Shah）差点儿就拥有了一支海军，因为欧洲冒险家埃尔顿（Elton）在一位英国木匠的帮助下，为他建造了一艘装备 23 门舰炮的护卫舰。但由于沙汗被暗杀，打造海军的计划也随之流产。

四次英国—迈索尔战争（1767—1769，1769—1784，1789—1792，1798—1799）

英国在印度的扩张经历了多次战斗失利，但最终还是实现了对印度的殖民统治。本节选取英国—迈索尔战争的原因有两个：一是因为在第二次战争期间，苏弗伦（Suffren）率领的法国舰队在印度洋击败了爱德华·休斯（Hughes）的英国舰队，为陆上战争提供了支持，马汉曾对此进行了详细的描述；二是因为提普·苏丹（Tipu Sultan）是唯一一位在与英国交战时能够深刻理解海权重要性的印度国王，尽管他与法国建立海上同盟的尝试失败了。海达尔·阿里（Hyder Ali）是迈索尔（印度南部卡纳塔克邦的城市，在邦首府班加罗尔西南 145 公里）的王，他与尼扎姆（Nizam of Hyderabad，1793—1950 年统治海德拉巴的君主称号）为敌之后，也就变成了英国的对手。第一次英国—迈索尔战争结束时，迈索尔略占上风。由于英国未遵守第一次停战协议，两国再次发生战争。与此同时，因为法国支持英属美洲殖民地的起义

---

① Georg C. Kohn, *Dictionary of Wars*（New York：Facts on File Publications，1986）pp. 475 – 478 and Sir Percy Sykes, *A History of Persia*（London：Macmillian，1951），pp. 209 – 289.

运动，两国宣战。

1782 年，苏弗伦率领法国舰队出现在印度洋，试图运送 2000 人的部队上岸支援提普·苏丹。法国的舰炮火力优于英国舰队，但英国海军官兵素质更高；法国只在古德洛尔（Cuddalore，印度南部泰米尔纳德邦的一个次要港口城市）有一个陆上破旧的后勤基地，但英国拥有马德拉斯和亭可马里（Trincomalee，在斯里兰卡东部）两个陆上基地，后勤保障能力更强。法国在印度能否取得对英作战的胜利，最终取决于提普·苏丹能否打败英国陆军。法国统帅部应提普·苏丹的请求，派出 15 艘运输船和 5 艘战列舰赴印度洋进行支援，但只有 2 艘运输船突破了英国在欧洲的封锁。由于军费不足，法国登陆部队未能与苏丹的部队很好地协同作战，直至德·伯西（De Bussy）担任法国陆海军最高指挥官之后局面才有所改观。参战双方的部队开始在古德洛尔附近集结，英国从朴次茅斯抽调了一支分舰队用于封锁古德洛尔。提普增派陆军支援古德洛尔，一场海陆联合战役一触即发。就在此时，休斯通过私人邮件得到了英法签署合约的消息，并转告德·伯西，从而成功地避免了这场确定无疑的失败。第二次战争后，提普派特使长驻凡尔赛达七年，请求"技术援助"，但法国不愿意与英国产生矛盾，拒绝了迈索尔的请求。第三次战争，由于海上方向没有威胁，两支英军从东西两线同时进攻迈索尔，提普独木难支，被迫签订了和约。迈索尔的经济受到严重打击，为第四次战争的爆发埋下了伏笔。1780 年，英国在印度次大陆已经建成了最强的陆上力量，但英国—迈索尔战争的有趣之处恰恰在于一场大陆性战争扩展到了海上。苏弗伦因迈索尔战争而成名，两次得到提拔，由海军准将晋升为海军中将，但他未能将海上的胜利转变为"改变历史进程"的功绩。由于两艘法国战列舰在抛锚时搁浅，苏弗伦的声誉受到了一些影响。这场战争很好地体现了大陆性战争中海上战略的主要分歧，德·伯西指挥的联合作战，成为几个世纪以来两栖作战学说发展的一个经典战例。尽管缺乏战术上的辉煌成就，但更能忍耐的英国笑到了最后。[①]

[①] A. T. Mahan, *The Influence of Seapower on History*（Boston：Little Brown&Company，1890）pp. 423 – 465, twelf edition. The analysis is the author's own. Majumdar, Raychandhri and Datta, *An Advanced History of India*（London：Macmillan，1950），pp. 982 – 991.

阿根廷—巴西战争（1825—1828）

人们对阿根廷、巴西这两个陆上邻国之间的战争了解不多，但这场战争从多方面说明了海上战略运用对于战争结局的影响。由于长期内战，阿根廷在 1825 年的经济状况比巴西更糟糕，这是造成阿军在作战中逐渐耗尽物资的主要原因。这也为实力占优的巴西海军在战争中充分发挥作用提供了良机。战场为 200 英里长宽的方形区域，南部边界是拉普拉塔河（Rio de la Plata），东边是大西洋。这片区域主要使用西班牙语，被巴西吞并称为西斯普兰廷省（Cisplantineprovince）。该地区的牧场主担心失去自己的牧场，坚持反对巴西吞并，鼓动阿根廷政府采取措施，阿根廷政府支持冒险家拉瓦列哈（Lavalle-jac，乌拉圭独立前后的革命家和政治家，拉瓦列哈省以其命名，1784—1853）在巴西开展内战。巴西在蒙德维的亚（Montevideo，现为乌拉圭首都）城拥有强有力的统治，但对广大的农村地区无力控制。阿根廷总统里瓦达维亚（Ri-vadavia）建立了一支常规军，试图平息国内冲突并强化内部统治，他答应为拉瓦列哈的民兵提供军事支持。1825 年，拉瓦列哈在萨兰迪（Sarandi）击败巴西军队，其残部向阿根廷方向逃窜。1827 年，拉瓦列哈在伊图萨因戈（Ituzaingo）再次击败巴西人，但他不是战略家，没有看到巴西的统治重心在蒙德维的亚城。要夺取蒙德维的亚城必须从陆地和海洋两个方向发起进攻，需要发挥海上战略的作用。与陆军相比，巴西海军更为强大，官兵训练有素，并且有明确的海军战略指导。巴西海军高层意识到阿根廷低迷的经济状况，认为阿根廷政府税收的支柱是布宜诺斯艾利斯的出口贸易，因此，对拉普拉塔河进行了封锁。阿根廷海军司令由爱尔兰移民威廉·布朗（William Brown）担任，他具有拉瓦列哈的激情，也具有高超的战术能力，但却没有战略视野。虽然他率领海军在一系列战术行动中击败巴西海军，但一直未与拉瓦列哈的陆上部队形成战略协同。战争持续 3 年，巴西对拉普拉塔河的封锁逐渐生效，阿根廷 1827 年的贸易额降至 1825 年的三分之一，税收降至四分之一。英国对阿根廷的出口额 1824 年为 100 万美元，到 1827 年降到了 20 万美元。长期内战加上战争期间巴西的封锁，对阿根廷经济造成沉重打击，阿根廷内部反战情绪增长，大牧场主的反对尤为强烈。在阿根廷拥有大片牧场并从阿根廷大量进口牛排的英国利益团体敦促英国政府出面，向巴西、阿根廷政府施压以尽快结束战争。巴西、阿根廷在战争中都没有得到好处，西斯普兰廷省变成了独立的乌拉圭共和国。虽然战争因边界及领土问题爆发，但战争的最后结束要归功于海上力量，巴西海军对拉普拉塔河长达三年的成功封锁发挥了巨大作用。[①]

阿拉伯—以色列战争（1967—1973）

在关于 1967、1973 年两场阿以战争的著作中，很难找到对海军规划、具体行动和战后评估的描述，大多数作品关注双方的力量对比，完全忽略了海军。以色列海军作为秘密打击力量参加战争，承担了极为危险的作战任务，但并不计较自己的战略地位。在 1947—1975 年的 28 年里，以色列一直面临着国家生存危机，海军制定了明确的作战任务。直到 19 世纪 90 年代初，以色列海军才迎来了第一位海军陆战队出身的司令。以色列海军因作战需要而创建，缺乏战略规划，阿拉伯海军在海洋方向并未对其形成足够威胁，因此海军地位不够突出。1967 年第三次阿以战争爆发，埃及海军动用了 7 艘驱逐舰、12 艘潜艇、18 艘导弹艇、36 艘猎潜艇及鱼雷艇，这种兵力结构基本体现了埃及海军战略家的作战意图——驱逐舰对决、潜艇对驱逐舰攻击、小艇对大舰攻击，但埃及海军没有考虑这些作战行动对于陆上战场的具体作用。埃及海军用导弹击沉了以色列"埃拉特"号驱逐舰，尽管是海战史上的首例，但也只是起到了提醒世界各国海军重视发展战术反导能力的作用而已。

1973 年第四次阿以战争表明，以色列海军很好地总结了此前的经验教训。早在 1969 年，以色列海军陆战队就曾在苏伊士湾上岸行动，缴获两辆 T - 62 坦克和一套 P - 12 导弹发射装置供情报机构分析研究。1973 年的战争中，以色列海军确立了对埃及和伊朗导弹艇的海上优势，逐渐将埃及和伊朗的导弹艇逼回了自己的港口。尽管加沙地带的陆上战争处于白热化状态，但以色列海军并未充分发挥优势从海上对陆地发起攻击。战争中，埃及驱逐舰部队也未采取任何军事行动，潜艇部队仅仅在塞浦路斯附近进行了例行巡逻，随即撤回。阿以战争说明大陆性战争迫切需要海上战略，在这样的大陆性战争中

---

① Ejercito Argentina, *Cronologia Militar Argentina*, *1806 - 1980*（Commando En Jefe Del Ejercito, 1982）pp. 140 - 145；David Rock, Argentina, 1516 - 1982（Berkeley：University of California Press, 1985），pp. 101 - 104.

如何发挥好海上战略的作用，对于海上战略家来说是一个挑战。海上战略在阿以战争中无意间发挥了一定作用，埃及海军宣布对以色列空中打击范围外的曼德海峡采取封锁行动，以色列随即采取反制措施，对苏伊士湾口进行海上封锁，导致埃及无法将摩根（Morgan）油田的原油运送到陆地的石油加工厂，遭受了更大损失。哈伊姆·赫尔佐格（Chaim Herzog，在 1983—1993 年任以色列第六任总统）说"以色列海军战争已进入新时代"，这种说法正确无疑。以色列海军的力量构成更适合与陆上部队进行战略协同，而埃及海军的力量构成不利于其在阿以战争中发挥战略作用。①

三、 作战速度和海军事务革命

本书的主题已经取代"军事事务革命"（revolution inmilitary affairs）成为关注的重点，我们还需要认真考虑一下是否存在这样的一种革命。在军事和海军参谋工作中，不存在"军事事务"这个术语，只有"战略""战争原则"和"战争技术"，有时人们将这三个术语统筹考虑，总称为战争行为。有些人认为存在军事事务革命，也有人认为根本就不存在"军事事务"，何以谈军事事务革命？"战争性质"这种表达方法更让人难以理解，人们普遍认为"战争性质"是哲学家、社会学家或政治学家才会关注的问题。军事机构人员坚信战争原则没有发生变化，变化的是战争技术，由于技术对不同战争原则产生推动作用，战略必须发生变化。我们需要关注的是：这种变化具有革命性吗？长期的量变是否已导致质变？答案似乎是肯定的，那些已做好准备走新技术路线的海军更认为如此。我准备采用近期某些学术论坛将这种变化定性为军事事务革命的观点，但本书讨论的变化是战争管理或实施方式的变化。

20 世纪 80 年代末 90 年代初，苏联解体，西方强国的战略似乎取得了极

大的成功，但苏联解体主要是一种经济现象，不可能对战争行为产生任何影响。"沙漠风暴行动"改变了战争形态，但不能简单认为作战行动完全按照预定方案展开。战前预估伤亡率、弹药及战备物资储存方案说明没有人认为战争会在 100 小时内结束①。由于军事技术的巨大进步，战争胜利的速度出人意料，让人意识到一场军事事务革命已经发生。与此同时，高级军事官员中也存在着这样一种认识，即：如果事先意识到战争能够在 100 小时内结束，就应采用与战争进程相匹配的战区战略和大战略。有证据表明，"沙漠风暴行动"计划持续时间为 20—40 天，但最终的大战略决策，比如让萨达姆·侯赛因继续掌权，有望促成军事政变从而推翻其政权，都是在匆忙间做出的决定。所以，我们的结论是：美国已存在革命性技术，但战略或战争原则并未发生变化；其他许多国家（事实上，除美国外其他所有国家海军）目前还不具备革命性技术。杰弗瑞·库珀（Jeffrey Cooper）② 一语道破美国的局面："美国武装力量应停止开发所谓的'杀手锏'武器，专注于战略提升、创新作战原则和作战方法。"19 世纪 30 年代，坦克大批量生产，出现了坦克部队，英国和法国的坦克仅仅配备了无线电接收装置，实施独立作战，没有步兵和炮兵支援，而德国坦克与步兵和炮兵协同作战，因此在面对数量优势的英法坦克部队较量中一直占据上风，直到 1944 年下半年，英法方局面才有所改观。与技术创新相匹配的战役战术创新才会促成真正的军事事务革命。本书讨论的是在陆上战争中如何发挥海上战略的作用，因此，我们的关注焦点是海军事务革命（revolution in naval affairs）及其对大陆性战争的影响。

① *Press briefing by General Norman Schwartzkopf*, Riyadh, Wednesday, 27 Feb. 1991.

② Jeffrey Cooper, *Another View of the Revolution in Military Affairs* (Carlisle Barracks, Pennsylvania: Strategic Studies Institute, US Army War College, 1994), p. vi.

四、 海军事务革命和大陆性战争中的海军

世界上既有纯粹的海洋国家，也有以陆权为主的国家，还有部分陆海复合型的国家。海洋国家的国家战略受海上利益驱动；某些陆权国家虽然在海洋方向拥有重大利益，但从长远看，其国家安全主要取决于陆上威胁，当他们与其他国家结盟时，会兼顾海上威胁。海陆利益均衡国家或许只有美国和加拿大，这两个国家在陆上几乎不受威胁，因此，他们的国家安全和经济安全完全取决于海上利益和全球利益①。我们将本书涉及的国家及其海军简单归结为如下两类：

第一类为海洋国家，包括：澳大利亚、菲律宾、古巴、新加坡②、印度尼西亚、斯里兰卡、日本、新西兰、英国。

第二类为在海洋方向拥有利益但以陆上安全为主的国家，包括：阿尔及利亚、荷兰、阿根廷、尼日利亚、挪威、孟加拉国、比利时、巴基斯坦、巴西、波兰、智利、秘鲁、中国、葡萄牙、哥伦比亚、俄罗斯、埃及、沙特阿拉伯、埃塞俄比亚、塞尔维亚、芬兰、新加坡、法国、南非、德国、西班牙、希腊、斯里兰卡、印度、瑞典、伊朗、叙利亚、伊拉克、泰国、以色列、突尼斯、意大利、土耳其、肯尼亚、乌拉圭、马来西亚、委内瑞拉、墨西哥、越南。

大多数陆权国家的海军都应该再次审视自己的海上战略，关注其他国家海军的技术进步，是否会使自己在控制战场空间时处于不利地位。美国是美洲大陆的超级强国，对美国海军来说，聚焦近海作战是恰当的战略选择，因

---

① 长期结盟的国家通常会进行战略分工，久而久之逐渐专门担负陆上或海上的任务，盟国间有关威胁的判断更多是出于地缘政治而不是地缘经济的考虑。

② 新加坡和斯里兰卡是海上国家，但距离周边陆上邻国很近，因此对于新加坡和斯里兰卡来说，海上和陆上方向的战略问题同样重要。

为只有控制别国的海岸线才能对这些国家施加影响。对其他陆权国家来说，既要发展保卫自己海岸线的能力，又要发展控制他国海岸线的能力。我们在前面的章节中曾经提及，不仅技术发展会导致战争形态发生革命性变化，其他因素也会产生同样效果，如拿破仑的密集防守战略或者成吉思汗的快速作战战略。当今的海洋形势由于下述原因正面临着革命性变化：

——世界范围的技术进步，极大压缩了时间维度下的战场空间，加速了作战进程。

——为实现必要的作战速度，必须采用恰当的技术，这不仅包括调整海上兵力结构的新方法，也包括调整海军编制体制和作战规划的新方法。

海军军官认为，由于海军主要是在政治家和大众视野范围之外展开军事行动，所以得不到应有的重视，导致海军建设投入不足。海军应正视这一不利条件，发挥自身作用，力争获取与陆、空军同等的地位。保护海上交通线安全一直被认为是海军的主要任务，但难以吸引政治家的目光。坦率地说：击沉一艘船籍为巴拿马，由伦敦保险公司承保，运送在得克萨斯或威尔士生产的本田牌轿车的货船，影响力无法与 50 年前击沉一艘商船相提并论。正如前文所述，海上交通线安全的确不容忽视，因为某些国家高达 40% 的国内生产总值依赖对外贸易，问题在于任何单一威胁都不足以确保获得足够的预算资金，因为国家往往面临着不止一种威胁。别外，人们对战争带来的灾难记忆深刻，有时甚至会在战争中将部分海军改编为陆军参战，这将对海军造成伤害。①

上述关于陆权国家海军规模的理论是否正确呢？让我们看看事实情况。德国、法国、意大利各拥有 25 万陆军（正负几千人），但德国海军只有 3 万人，法国海军 6.4 万人，意大利海军 4.4 万人，有如此规模的海军还要归功于北约的需求，而北约现在已经无所事事了；印度拥有陆军 120 万人，但海军只有 5.5 万人，巴基斯坦拥有陆军 65 万人，海军只有 2.54 万人；十年前与中国进行了一场陆上战争的越南拥有陆军约 60 万人，海军只有 4.2 万人，其

---

① 二战期间，苏联在与德国作战过程中，战场主要集中在陆上。为缓解陆上战事压力，苏联将部分舰炮折下移到陆上战场使用，并将部分海军改编为陆军。

中 3 万人为海军陆战队；在南美洲，巴西拥有陆军 22 万人，海军只有 5.84 万人；阿根廷、智利的情况与他国有所不同，阿根廷曾与巴西进行了一场战争，部分战斗在海上展开，智利曾在战争中击败秘鲁，海军在其中发挥了重要作用，因此，这两国陆海军比率分别为：40000∶20000、54000∶25000①。与各国陆军相比，海军就像是一个侏儒，既然情况已经不会再差到哪儿去了，为什么不公开宣讲海军可以在国家卷入的大陆性战争中发挥更大的作用呢？

前文中我们曾经提及海军领导人难以进入政治决策圈，但海军领导人依然可以想方设法推进海军建设。提到德国海军的不断强大，人们往往会想起提尔皮茨②（Tirpitz）的贡献，但他未能确立德国海军全面的发展战略，魏格纳③也无法将德国总参谋部的注意力由大陆引向海洋。作者在莫斯科、新德里两次见证了戈尔什科夫在苏联陆军元帅面前较低的地位。在法国，情况同样如此。法国因与俄国结盟而参与第一次世界大战，但法国陆军领导人认为法国陆军可以凭借自身优势独立打败德国，不愿意实施同盟作战，认为盟国部队低下的战斗力只会降低总体作战效率④，而法国海军对陆军元帅的想法一无所知。巴基斯坦海军规模与陆军相比不值一提，海军高级官员的晋升依赖于与某些进入政治决策圈的将军们的良好关系，海军无法独立自主发展，也不具备进入公海执行任务的能力。魏格纳认为："在大陆性战争中引入海上战略，就是将大陆性战争纳入海军的轨道中来。"科贝特曾引用了纳尔逊的哀叹："伟大帝国所关注的是，战争无法在海上终结……一名海军将领如果没有宽广的视野，而仅仅把敌方舰队作为首要目标的话，他将错失与其他兵力的真正联系，这种联系是打赢战争的关键。"⑤

海上战略发展到顶峰后会出现停滞，在以前的确如此，但现在不会。当前的海军事务革命，为海军领导人超越顶峰来思考联合行动中的海上战略提

---

① 文中引用数据绝大多数引自 IISS, *The Military Balance*（London: Brasseys, 1995）. 1880 年智利与秘鲁爆发战争，反抗秘鲁对智利贸易增收重税。智利海军获得制海权，运送 2 万人登陆，并且攻入秘鲁首都利马。

② 译者注：阿尔弗雷德·冯·提尔皮茨（1849—1930），德意志帝国海军元帅，大国大洋舰队之父。

③ Wegener, *The Naval Strategy of the World War*（Annapolis: Naval Institute Press, 1929）, translated by Herwig, pp. 69 – 72.

④ Douglas Porch, "Arms and Alliance", in Paul Kenndey, ed., *Grand Strategy in War and Peace*（New Haven: Yale University Press, 1991）, pp. 136 – 138.

⑤ J. Corbett, *England in the Seven Years War*（London: Longman Green Co., 1918）p. 7.

供了可能。科沃尔上校（Colonel CallWall）的著作《陆军作战与海上优势》（*Military Operations and Maritime Preponderance*,）[1] 被大大忽视了，他着重研究了一个非常棘手的主题——海军作战与陆军作战的接合界面问题，似乎海军和陆军都不支持他的观点。然而，如果说在《……从海上》战略出台之前有一位伟大的历史学家的话，那就是科沃尔。他认为在海上战略的支持下陆军作战将会产生极佳的效果，并以日本陆军占领威海卫歼灭了中国舰队、沙夫特（Shafter）将军的陆军向圣地亚哥发起攻击迫使赛雷拉（Cerrera）将军的舰队走向灭亡等史实作为例证，这在某些方面超越了今天所有联合战略著作的成就。该书写于 1905 年，科沃尔显然从南北战争、甲午战争、南美战争中受到启发。[2] 十年后科沃尔的观点受到质疑，因为英国大舰队无法靠近德国公海舰队的港口而被迫停泊于北方锚地。在战争后期，因为无法接近敌人海岸线并保持长期存在，英国海军成为大陆性战争的次要参与者。弱势海军往往借助岸上防御兵力的掩护，当前的海军事务革命使得一支结构合理的舰队能够有效应对岸防部队，并在敌人近岸海域保持长期存在，选择有利时机发起攻击。只有长期保持强大的兵力存在，海军才能够发起有效的封锁及两栖作战行动，才能摧毁岸上目标，从而成为战争的平等参与者。

近岸作战的海军面临着多种多样的问题。海上作战必须在建立海上控制并实施联合战略之前尽快结束。作战兵力必须以配备 C3I 系统、具有快速行动能力的平台为主，确保对敌方的一对一优势。第一步可以优先发展核动力潜艇，如果不具备发展能力，可以求助于"穷人版"的核动力潜艇——具备不依赖空气推进技术的潜艇（AIP）。削弱敌岸上防御还需要有海上发射巡航导弹的平台，同样可以考虑核动力潜艇，缺点是载弹量较少。核动力弹道导弹潜艇虽已过时，但据分析可以搭载 288 枚巡航导弹[3]。20 年内，可以延续这样的发展思路。目前，多数国家的海军建设依然畏首畏尾，主力舰艇仍旧

---

[1] Colonel C. E. Callwell, *Mitltary Operations and Maritime Preponderance* (London: William Blackwood and Sons, 1905), pp. 285.

[2] Colonel C. E. Callwell, *Mitltary Operations and Maritime Preponderance* (London: William Blackwood and Sons, 1905), p. 128.

[3] Ezra, "What Contribution Does the Submarine have to Make at the Operational Level into the Twenty – first century", *The Naval Review* (April 1996), p. 115.

以老式护卫舰或驱逐舰为主，难以满足快节奏海上战争或随之而来的联合作战行动需求。战略需要适当的兵力结构支撑，大多数陆权国家的海军兵力结构都受到政治决策的制约。在 1986 年以前美国主导的战略框架下，大多数欧洲国家被定位为美国的小伙伴，海军发展规划以此定位为指导。美国在 1986年调整了海上战略，并在"沙漠风暴行动"中强化了这个战略，而大多数欧洲国家在"同盟战略"框架的模糊概念指导下，再次选择了错误的兵力结构。必须摆脱混乱的"信息战"概念的干扰，似乎快速传递海量信息本身就可以消灭敌人。应当承认，如果作战空间被压缩了，敌人的兵力规模、位置、辐射范围等相关信息的及时传递的确更为重要，需要加大对 C4I 系统的投入以满足海量信息传递要求，但是海军事务革命发生在更高层次，我们将在后面的章节中进行详细论述。

1996 年《美国海军学会会报》向海军领导人提出下列问题：你们海军想获取的最重要技术是什么？为什么？答案极为有趣，也有点令人疑惑。阿根廷、厄瓜多尔、泰国、澳大利亚、秘鲁、土耳其、智利、加拿大海军领导人回答说，信息技术、侦察监视技术及更高的 C4I 能力是他们的追求目标，获取这些技术的目的是在本国近海海域发挥作用；英国、法国海军领导人追求兵力投送能力和通信、监视、信息获取能力，但着眼点在于远海运用；西班牙、比利时、葡萄牙、芬兰、南非和希腊担忧的是防空、扫雷、反潜作战等特定行动中的平台不足问题；德国则认为 U212 潜艇及 F－124 型护卫舰可以解决海军面临的所有问题①。1995 年，《美国海军学会会报》向各国海军领导人提出的问题是：冷战结束后，你想建立一支什么样的海军？我们应该将这两次的答案加以对比，进行认真研究。1994 年，《美国海军学会会报》向各国海军领导提出类似问题：贵国海军最主要的任务是什么？② 欧洲国家大谈特谈结盟应对危机，好像下一场沙漠风暴迫在眉睫，而非欧洲国家海军应着眼于自身的战略环境，注重海上交通线安全、保护专属经济区等海军传统任务。

---

① "The Commanders Respond", *Proceedings of the US Naval Institute* (Annapolis：March 1996), pp. 28 - 41.

② "The Commanders Respond", *Proceedings of the US Naval Institute* (Annapolis：March 1996), March 1995 and March 1994.

各国海军领导的回答表明，没有人意识到军事革命或海军事务革命的来临。"信息战"一词容易吸引非军人的眼球，已经成为人们耳熟能详的词语，但误导了对军事革命的认识，或许是人们没有意识到军事革命来临的原因。科林·格雷（Colin Gray）不认可军事革命已经到来，他认为信息战争并不意味着军事事务革命，并列举了一系列理由，其中之一是：尽管信息技术不断发生新的变化，但不同的自然地理状况要求运用不同的战略，信息革命过于依赖民用设备，而民用设备扩散快于军用设备。他认为，战争一方技术的提升有可能导致战争效率的变化[1]，但当战争双方都进行技术提升后，战争总体效率并不会有什么变化。科林·格雷的观点有一定道理，也有历史实例的支持，第一次世界大战中，技术进步仅仅导致战争进程明显放缓。不过，当认真考察历史上战争技术的重大变化时，我们会发现对待技术变化的态度及是否采取相应行动决定着战争的胜败。日本和英国都意识到了航空母舰对海上战争的影响，但两国海军的作战效率却存在着天壤之别，对待潜艇和坦克的不同态度同样导致不同结果。

五、　快速集中兵力

美国海军上将欧文斯在《美国海军学会学报》1995 年第 5 期撰文探讨了他所谓的"系统之系统"（the system of systems，也可译为体系）的问题，呼吁美国武装力量转变对军事革命的态度，以保持美国与其他国家武装力量之间的技术差距[2]。根据上述各国海军领导人的问卷调查结果，我们可以判断美国海军与其他国家海军之间的技术差距不仅会继续保持，还有可能进一步扩

---

① Colin Gray, "The Changing Nature of Warfare?" *Naval War College Review* (Spring 1996) pp. 7 – 21.

② Admiral William A. Owens, "The Emerging System of Systems" *Proceedings* (May 1995) pp. 35 – 39. 欧文斯在文章中列举了美军作战部队即将配备的 14 种传感器、14 项新型 C4I 能力和 14 种精确制导弹药，这将使美军具备相对于任何对手都很明显的技术优势。

大。欧文斯指出，美军必须具备三种首要能力，以推动军事革命的继续深入：

——良好的战场感知能力；

——先进的 C4I 系统；

——精确的用兵能力。

从学术意义上看，欧文斯是推动美国海军新学说发展的先驱，但他的著作聚焦于战略问题。新的作战能力本身并不意味着新的战略，必须对新作战能力的影响进行评估，以制定新的战略①。在时间维度上的空间压缩和作战速度的革命性变化，都会对战略产生一定影响，但上述三种能力的累积才会导致战略的根本性变化。呈现在各国海军领导人面前的革命性变化是：海军可以通过海上战争的海上控制阶段，融入与其他两个军种的联合战略之中，直至战争的最后胜利。这是海上战略非同寻常的发展趋势，之所以说非同寻常，是因为可以像陆战一样，将海上战役划分阶段进行统筹谋划。目前的侦察技术为指挥员提供了快速集中兵力、加快控制海区作战速度的手段。战略性胜利，例如沙漠风暴行动和美国太平洋潜艇战，只有当一系列的战术胜利不断累积到最后，才会呈现出来。人员杀伤、击沉舰艇、摧毁设施，这是战术阶段的任务，制定作战计划的人应当认识到，只有超越了这个阶段才能实现战略上的胜利。当一系列战术行动打垮了敌人士气、导致敌人撤军或投降时，战略目标自然实现。然而，时间跨度大、分散孤立的战术胜利累积，对于战略家而言毫无意义，因为，时间对最终的失败者更加有利。对战略家来说理想的状态是：动用全部兵力对敌人分散部署的所有兵力同时发起攻击，不给敌人战略协同的机会。当然，这是很难实现的，任何国家都不可能具有如此规模的兵力，因此战争最后演变成了借助全方位的战场侦察展开的一系列快速战术行动。

大洋作战具有自身特点，有时需保持无线电静默，无法持续获取敌情信息，所以海军还不善于执行快速、严密的战略计划。战略性作战由一系列战

---

① As Franks rightly observes, "Each service derives its strategic relevance not from specific weapon systems, but from the results they can achieve for our national leaders". General Frederick M. Franks, Commander, TRADOC, *A Strategy for the 21st century*: *Looking to the Future* (TRADOC's 20th anniversary seminar on Future Warfare, Fort Monroe, 30 June 1993.)

术行动构成，由于无线电静默，战术行动无法紧密衔接，作战命令不可能事无巨细，一线指挥员具有很大的指挥自由，因为只有他们通过实地侦察才可以了解敌人具体位置。当敌情信息是通过国家层次的技术手段获取时，即使由数据链直接连通编队指挥舰，一线指挥员通常也是最后一个掌握敌人位置的人。1942 年为了支持瓜达尔卡纳尔岛上的作战行动，美国海军在附近海域与日本海军展开了一系列海战，分别是 8 月 9 日的萨沃岛海战、8 月 24 日的东所罗门岛海战、10 月 11 日的埃斯帕恩斯角海战、10 月 26 日的圣克鲁斯岛海战、11 月 13 日的瓜达尔卡纳尔岛海战、11 月 30 日的塔萨法隆格海战。所有这些海战均发生在瓜达尔卡纳尔岛 100 海里以内，而作战部队则分布在作战海域周边 600—800 海里范围内，在当今技术条件下，可以对整个作战海域进行不间断的全方位监控。历次作战的衔接可能仅仅受制于作战平台进入火力范围的时间，通过对比可以看出作战节奏的巨大变化。海军获得制海权之后，即可计划对岸作战，这与陆军利用第一阶段战术成果谋划下一步作战行动的流程基本相同。掌握了制海权并不意味着战争结束，重头戏仍在岸上，发挥海上优势确保海上方向安全仅仅是联合战略行动的序曲。美国海军可选的战略与其他国家海军存在巨大差异，美国既可以完全放弃海军事务革命、避免引起其他国家的对抗，也可以顺应技术发展潮流实施军事革命，还可以选择暂时放弃军事革命，优先明确新的海上战略①。对其他陆权国家海军来说，只有先评估美国海军事务革命的效果，才能结合自己实际情况选择发展方向。

美国联合作战计划的制定者判断，除中国等陆权强国之外，对地区强国实施军事打击，只需要确定几百个目标，每个目标又可以细化为 10 个瞄准点，这对于美国而言难度不大，因为美国计划在 2000 年前配备 4000 枚"战斧"式及其改进型导弹。如果该国家为欠发达国家，美国的导弹更是绰绰有余，目标被摧毁后，欠发达国家缺乏恢复手段，因此打击对他们造成的损失

① Steven Metz and James Kievit, *Strategy and the Revolution in Military Affairs* (Carlisle Barracks, Pensylvania: Strategic Studies Institute, US Army War College, June 1995).

要比对发达国家严重得多①。陆权国家海军不应期望过高，急于在第一阶段就实施斩首行动或打击重大战略目标，而应该把消灭敌海军、摧毁敌岸上防御设施作为自己的主要任务。因为敌海军如果可以依托岸上防御设施的话，对我方海上生存仍然能够形成威胁。

打击敌人海上编队和岸上防御系统/C3I 系统，并不是一个新的概念，我们可以称之为"平行作战"（parallel warfare）。在过去，航母经常快速跨越重重大洋，通过多种方式打击敌舰艇及岸上目标。"平行作战"在陆上战争中或许是一个较新的概念，火力覆盖范围扩大使得部队可以同时对敌人前线和后方目标展开攻击。由于敌舰艇编队依赖岸基情报系统的支持，对从海上发起进攻的一方来说，在打击敌舰艇编队的同时对其岸上设施实施攻击是极其自然的事情。我们可以进一步大胆设想，在当今技术条件下，海军指挥员完全有可能在战争打响之前就全面掌握了敌方海军的部署情况，不幸的是，海军还没有做好充分利用这种情报优势的准备。许多观察家认为，能够掌握如此多的关键情报本身就是一种军事事务革命。当然这种观点值得商榷，因为发挥好海量信息的作用，才是军事事务革命或海军事务革命的关键所在。信息战永远不具有革命性，甚至不能称之为作战，但不能以此为借口拒绝变革战争实施方式。库珀的问题一针见血：信息战到底是传统作战的一个特例，还是一个新的发展趋势？② 显然，作战速度的发展变化才是一种真正的发展趋势。

六、 技术手段

长期以来，陆地和海洋监视仅仅与弹道导弹的目标选择及反导防御有关。

---

① John A. Wardon, "Air Power for the Twentieth Century", In Air University, *Challenge and Response: Anticipating US Military Security Concerns* (Alabama: Air University, 1994) p. 327.

② Jeffrey Cooper, p. 3.

冷战结束后，美国不得不开始为早期监视系统（如锁眼系列卫星 Key Hole 和分辨率达 20 厘米的长曲棍球卫星 Lacrosse）寻找其他的需求客户。对以接近敌方海岸为目标的海军来说，由于大多数打击目标是固定目标，在开战的几年前就可以获取其大概地理位置信息，没有必要在战斗开始之前临时进行侦察识别。打击目标包括岸基雷达、电子战基站、岸导发射阵地、海上作战司令部、通信节点和中继站、发电厂、海上巡逻机和战斗机机场、直升机机库、导弹库、弹药库和燃料库。除飞机外，都是静态目标，但这些目标持续发挥作用，可以为其海军提供防御支撑。地区性海军需要对这些目标进行精准定位以获取目标参数，利用可视手段获取影像信息，为巡航导弹打击目标提供帮助。除美国海军外，其他国家海军的经费有限，需要在和平时期对具有战役价值的目标进行定位，在战时只需对移动目标的详细信息进行更新即可。

一些国家对于发展监测技术一直犹豫不决。克利福德·比尔（Clifford Beal）[1] 在 1995 年 2 月《国际防务评论》发表文章指出，尽管法国已在波黑战争中实际运用地球观测卫星系统图像（SPOT，识别精度 10 米，符合战术作战要求），但还是率先将 SPOT 地球观测卫星升级为太阳神 1A 卫星（识别精度 1 米），未来将使用更为先进的"恶魔眼"卫星（Osiris，光学影像卫星）和"泽能"电子情报卫星（Zenon）。不仅地球观测卫星可以在"沙漠风暴行动"中提供满足军事需求的图像，俄罗斯制图公司一系列商业卫星也可以提供识别精度达到 5 米的卫星图像。1995 年，俄罗斯制图公司曾在"资源—20"[2]（Resurs20）卫星和"彗星"（Kometa）系列卫星上搭载短寿命的低轨道照相机，可能是为在车臣的军事行动提供服务。意大利有可能参与法国的"后太阳神"系列卫星的发射计划，英国则继续依赖与美国的合作关系。欧洲国家对发展侦察卫星有自己的成本考虑，但许多其他国家并没有被高昂的代价吓倒。印度现在准备发射第三颗观测卫星，并与加拿大合作开发遥感卫星计划（Star Aerospace satellite）；巴西国家空间研究所（INPE）也在发展卫星；以色列在开发"地平线 3"（Offeq 3）卫星；中国已发射三颗侦察卫星；日本

---

[1] Cliffore Beal, "Europe Flies Solo", *Internatiaonal Defence Review*（28 Jan. 1995），p. 28.

[2] Marco Antonio Caceres, "Space Market Shifts to Private Sector", *Aviation and Space Technology*（8 Jan. 1996），p. 124.

不久将紧跟中国的步伐。这其中最令人感兴趣的还是加拿大运用了雷达成像技术的卫星。当然，在太空中活动的俄罗斯侦察卫星不少于其他任何国家。

不愿意发展卫星的国家可以选择发展有人驾驶飞机或无人机。虽然还处于评估阶段，但联合监视目标攻击雷达系统（J－STARS，装备在美军 E－8 预警机上，该机由波音公司 707/300 客机改装）在海湾战争中一战成名。欧洲国家计划开发自己的联合监视目标攻击雷达系统，美国相关公司已结成联盟参与竞标。英国和法国都有自己的空中侦察平台，英国搭载在固定翼飞机上，法国则搭载于直升机①。上述侦察机均无法与 U－2 相提并论，那些希望节约经费的国家可以考虑无人机。以色列在无人机领域处于领先地位，其最新版的无人机设计续航时间达 35 小时②。美国"天网"（Skynet）公司制定了一项雄心勃勃的无人机发展计划，试图利用地面发射的微波能量为无人机提供动力，使无人机续航时间达到 4 个月。无人机技术的革命性影响在于，为没有航空母舰的海军提供"天眼"。美国公司的无人机广告普遍声称其无人机可续航 50 小时以上，一家公司甚至声称它处于生产状态的无人机续航距离达 15000 英里③。事实上，绝大多数早期表现优异的无人机和所有新型无人机，都是应陆、空军要求并受其资助开发的，因此，上述商业无人机的性能细节还不足以令人吃惊。如果陆军或空军能够满足海军获取近岸目标准确情报的需求，海军也可以接受无人机。随着海军战略重点由摧毁敌舰转向在摧毁敌舰的同时消灭岸上目标，海军需要独立的侦察力量，但目前还看不到这样的发展迹象。

在前面的章节中我们曾提到，海军武器系统的发展重点将向对陆打击转变，美国海军提康德罗加级导弹巡洋舰、阿利·伯克级导弹驱逐舰、斯普鲁斯级驱逐舰等一般都配备了"战斧"巡航导弹，"洛杉矶"级潜艇通常配备四枚巡航导弹，发射完成后还可能再次装填四枚。一些公开出版的著作令人困惑地将"战斧"与其他巡航导弹归为一个类别，这种做法是不可取的。按

---

① Mark Hewish, "Airborne Ground Surveillance", *International Defence Review* (Jan. 1995), p. 34.

② Mark Hewish, "Airborne Ground Surveillance", *International Defence Review* (Jan. 1995), p. 37.

③ Steven Zaloga, "Unmanned Aerial Vehicles", *Aviation and Space Technology* (8 Jan. 1996), p. 91.

照《简氏防务》① 的说法，有 15 个国家能够利用现存技术发展与"战斧"类似的巡航导弹，可事实并非如此。如果将巡航导弹仅仅定义为"依赖空气、射程 500 英里"以上的导弹，那么一大批国家可以进入巡航导弹俱乐部，但这些导弹的性能与"战斧"相比还有很大差距。利用国防部测绘局（DMA）的地形比对图和数字地形匹配技术（Digital Scene MatchingArea Correlator），以及惯性导航技术，进行导弹的可视化航路规划，这些技术成本非常高昂。绝大多数第三世界国家没有地形匹配（Tercom）系统的开发能力。战区任务规划系统（Theatre Mission Planning System）为"战斧"导弹提供飞行数据，确保导弹按指定路线飞行，如果没有该系统的支持，"战斧"巡航导弹毫无作用，"战斧"Block Ⅳ 已配置纯惯性导航系统/全球定位系统（GPS），试图消除任务编制滞后导致的消极效果。导弹飞抵目标后，还需对目标加以识别，预定打击目标影像由全球目标数据库提供。显而易见，"战斧"巡航导弹辅助系统开发需要巨大投入，全球定位导航系统（GPS）的确能够解决地形匹配问题，但只有美国军队具有这样的高精度定位能力。配备主动雷达导引头后，"战斧"巡航导弹还可作为反舰武器使用。与"战斧"巡航导弹的开发相比，大多数国家海军发展反舰导弹的目标似乎并不明确，他们可以终止现行发展计划，转而开发自己版本的"战斧"巡航导弹。美国在地形匹配方面投入了巨大财力，其他国家不可能承受这样的负担，他们可以利用有限资金发展全球定位导航系统导弹或电视制导导弹。全球定位导航系统的定位精度稍差并无大碍，视觉图像可以在和平时期通过侦察飞机获取。许多区域性海军如果要求科研部门致力于发展陆上目标识别引导弹头的话，应该可以建立自己的巡航导弹库。如果以岸上目标为打击对象，缺乏航空母舰的海军就需要发展不同规格、不同射程、不同性能的导弹，以色列发展"天使Ⅱ"和"天使Ⅲ"电视制导导弹的做法或许再次为大家指明了方向。

历史上，在武器发展重点转变之后相当长的时期内，出于惯性原因，某些特定武器依然会继续生产，对舰对舰导弹（SSM）的迷恋就是最新的例证。如果没有配备电子对抗（ECM）设施或反电子对抗（ECCM）设备，现役的

---

① Duncan Lenox, "Cruise Missile for the 90s", *Jane's Defence Review*（7 May 1994）, p. 19.

大多数导弹命中概率约在 0.6—0.7 之间，世界上通行的做法是同时发射两枚导弹，将命中概率提高至 0.9。以命中概率 0.9 测算，各国海军一次性装载的舰对舰导弹可击沉或重创的舰船数量如下表[①]。

表 8.1　部分国家舰对舰导弹能力

国家	船只数量
法国	131
意大利	82
德国	124
印度	76
马来西亚	30

如果缺乏对侦察系统及 C4I 系统的投入，对敌情就难以做到全面了解，因此，海军仍然需要这样的过量杀伤力。海军作战空间覆盖的地理范围越大，就需要越多的舰艇，需要越多的导弹，以防在海上发生遭遇战。如果在信息战方面投入足够资金，侦察、通信和信息装备将会得到飞速发展，即使作战平台数量减少也不会影响海军的作战能力。在当代战争条件下，仅仅依赖自身的传感系统来侦察敌情的舰艇，就像是盲人一样只能被动挨打，除非该舰艇能够与上述侦察、通信和信息系统有效联通。C4I 的指挥系统起源于向战术指挥员（OTC）发布作战命令，协同系统负责将战术指挥员指令传达到作战单元的职责，情报系统负责收集整理从区域性或全球性传感系统获取的敌人信息[②]。我们的战略建立在这样的前提之上，即海军通过电子技术革命实现对整个作战海域的充分侦察，并将侦察情报实时传输至岸上的下行链路，进而传输到编队指挥舰。由于通信系统的体积不断减小，转换能力迅速提高，基于卫星系统的 C4I 网络为情报传输提供了理想工具。1971 年美国空军开始为海军开发卫星，1983 年空军以 18.11 亿美元订购了三颗新卫星，以 3.01 亿美

---

① *Jane's Fighting Ships*（London：1995），pp. 212，244 – 249，292 – 229.

② Ward and Brennan，"Navy Battle Force Command and Control：A Tactical Coordination and Tactical Communications Management Perspective" in Jon Boyes and Stephen Andniole，eds.，*Principles of Command and Control*（Washington：AFCEA Press，1987），p. 169.

元采购了甚高频（UHF）接收子系统。同年，美国海军一艘标准型护卫舰——装备核导弹的护卫舰（FFG7）造价为 3.34 亿美元，英军 42 型护卫舰的造价约为 2 亿美元①，全球卫星通信系统的投入比一艘护卫舰的造价还低。1983 年至今，舰艇建造成本翻了不止一倍，但卫星成本扣除通货膨胀因素外几乎没有变动，由此可知，经费并不仅仅是绝大多数国家海军未发展 C4I 系统安全运行通道的原因。一颗卫星有 23 条甚高频波段通道，可以为军事卫星通信（AFSATCOM）提供 9 条 25KHz 通道，为舰队广播提供 1 条 25KHz 通道②（超高频以上，甚高频以下），2 亿美元的投入物有所值。如果我们 1983 年咨询一个中等规模海军的领导人，他们是否愿意用一艘舰艇的代价换取卫星通信能力的话，恐怕不会有多少人愿意换取。现在，留给他们选择的时间已经不多了，美国在军事通信卫星方面遥遥领先。1985 年以前，军事通信技术领先于民用通信技术，1985 年后民用通信技术飞速发展，军事通信开始望尘莫及③。公开发表的文学作品中描述了一些技术奇迹。《索纳塔》（Sonata）的作者就清晰地意识到太空与电子战（space and electronic warfare）已经来临，太空与电子战的作用不仅在于为友军提供战场管理手段，还要阻止敌军电磁系统发挥作用。④

拥有航空母舰有利于海军在大陆性战争中提高自身地位。由于各国海军的航母吨位无法与美国相比，其舰载机性能也不如一线岸基飞机，但舰载机在承担战斗巡逻任务时，航母及其护卫舰艇可以利用自身对空系统帮助其先敌发现对方，并进行定位，也可以为舰载机加装航空电子设备。这样虽然会增大飞机的载重，但可以有效改善其侦察性能。航母具有强大的火力投送能力，把航母部署在靠近敌岸的位置能够对敌人形成严重威胁。西班牙、意大利、印度和泰国的小型航母都配备充足的空地导弹和制导炸弹，可以将编队的火力投送能力增加一倍。虽然这些国家的小型航母并非美国的对陆攻击型

① *Jane's Fighting Ships*, 1983, pp. 589, 678.

② *Jane's C4I Systems*, 1994–95, p127.

③ Vice‐Admiral J. O. Tuttle, *Sonata*, *OP*–094（US Navy）, p. 48.

④ Vice‐Admiral J. O. Tuttle, *Sonata*, *OP*–094（US Navy）, pp. 5–7.

航母①，但可以用于近岸作战，前提是先行展开辅助作战行动，为航母前沿活动提供较为安全的环境，此类辅助作战行动也就是我们前面探讨的信息战及对岸目标打击行动。

没有航空母舰的海军，可以派遣特种部队至敌人沿岸地区执行精确打击任务。有人说，海军能够从失败中得到更多经验教训，以色列海军在1967年的中东战争中虽未失败，海军也因此进行了许多技术和战术创新。总体来说，人们对特种部队耳熟能详，但对海军特种部队了解不多。美国的海豹突击队（SEALs）和英国特种船艇中队（Special Boat Services）在"沙漠风暴行动"中一战成名，但他们在各自的海上战略中扮演的依然是次要角色，主要任务是侦察敌情，为火力打击指引目标，是力量倍增器。以色列海军陆战队与上述两支特种部队不同，他们是以色列海军的主要打击力量。以色列参与的战争均是陆上快速机动作战，如果没有海军陆战队，海军将被严重边缘化。和平时期，特种部队面临的最大问题是如何为官兵在海军的主流中提供晋升通道。目前，美国海军为海豹突击队提供了四个上校职位，甚至从海豹突击队提拔了一名将官②。特种部队以勇敢、快速、精湛的作战技能和高昂的士气而闻名，是人们心目中的精英部队，如果得不到公平的晋升机会，陆战队员的内心会受到伤害，规模较小的特种部队特别容易遇到此类问题。以色列海军已经诞生了一位陆战队出身的海军司令③，这是对在极端困难条件下执行作战任务的部队的认可。美国科幻小说作家甚至建议特种部队承担捍卫美国军事革命的角色，虽然他们的作品带有黑色幽默色彩，但有些观点还是具有相当说服力的④。《索纳塔》一书中描写的太空与电子战，只有超级大国才有能力实施，陆权国家的海军需要提升自己关键的传感器、电子战设备和通信节点的能力。对经费相对充足的海军来说，可以在和平时期建设信息战基础设施，小型海军可以考虑建设效率更高、花费更少的陆战队。

---

① Bill Sweetman, "Naval Air Power for 2000", *International Defence Review* 25（Sept. 1992），p. 838.

② Rear‑Admiral Worthington, "Whither Naval Special Warfare?", *Proceedings*（January 1996），p. 63.

③ Major‑General Amichai Ayalon appointed Chief on 1 April 1991.

④ Steven Met and James Kievit, "The Siren Song of Technology and Conflict Short of War", *Special Forces*（Jan. 1996）p. 7. 上述文章作者设想了2020年可能的作战场景以及通过扩展军事革命推动军事力量升级。

七、 作战创新和指挥层级变化

作战速度如我们预言发生剧烈变化的话，现行作战方法是否能满足指挥员快速做出战略决策的需求？换句话说，如果发生意外事件而出现新的机会，现行作战方法是否能够利用所有的新机会？现在有一种观点，也是公开发表的、关于军事事务革命的专著中经常出现的一种观点，即：作战创新意味着下放指挥权。大型企业都已经大幅减少了经理层与执行层之间的管理层级，军队也会发生这样的变化。我们还不能确定这种观点是否适用于海洋。纵观海战史，最引人瞩目的问题是海洋的辽阔，与之相对，海军在某一个时段能够控制或监视的海域只是沧海一粟。向前追溯越久，海洋就越显辽阔。舰队一旦出海远征，指挥官就只能自力更生了。因此，海军在给舰队指挥官下达命令时，往往赋予其很大的自由。

1942 年 8—11 月，美国海军命令弗莱彻和特纳将军率舰队支援瓜达尔卡纳尔岛登陆作战行动，为上岸部队提供火力支援，并赋予两位指挥官前所未有的指挥自由①。再向前追溯，1805 年，英国海军仅仅赋予纳尔逊一个战略性、方向性任务，即：阻止维尔纳夫的舰队控制英吉利海峡。在这一目标之下，纳尔逊率领舰队追踪维尔纳夫的舰队至西印度群岛；失去目标后，又返回西班牙，再次失去追踪目标；之后，纳尔逊休假一个月，直至特拉法加海战发生前夜才与舰队会合②。帆船时代，舰队指挥官接收一个命令后，通常需要带领舰队在海上活动 6 个月之久。现在，舰队在海上的行动周期虽然大幅缩短，但与陆上战争的指挥官相比，舰队指挥官依然享有极大的行动自由。纳尔逊和弗莱彻的舰队进行的是战役层次作战行动，濒海联合作战同样属于

---

① OP – Nav – 421（official US navy publication）.

② A. T. Mahan，*The Lift of Nelson*，*Vol. II*（Boston：Little Brown and Co. 1897），pp. 266 – 319.

战役层次行动，但复杂性远非前者可比，在这种背景下加快作战速度必然要求对战场指挥官的指挥自由做出一定限制。一方面战略情报由上级部门提供，另一方面为避免参战部队之间相互掣肘，上级部门需要强化对参战部队的控制。

作战速度的变化和战场数字化导致陆上战争的指挥权力下放，需要从两个层次对战争进行规划。第一个层次的规划以指挥官为主导，设定己方部队的行动迫使敌人按照某个时间表采取符合己方意愿的战术行动，当然，规划须具有一定灵活性，允许一定偏差。当敌方行动偏离己方预定轨道时，对时间表进行一定校正，或者动用预备部队迫使敌方行动回归己方的预定轨道。第二个层次的规划仅仅设定几个重大阶段或目标。由于战争迷雾难以捉摸、战争之神反复无常，事件主导性规划假定某些事件有可能发生，己方行动受这些事件的制约，因此，指挥权需要下放，德国和以色列等装备精良的装甲部队指挥官通常采用此类指挥方式。在海上行动中，极少有根据规划而确定作战时间表或作战阶段，至少历史上很少有这样的机会。不过，我们现在讨论的濒海作战行动的确存在阶段划分。希望控制敌人濒海的海军在参与联合作战或开展经济战之前需要独立作战，美国海军有可能将这个阶段视为联合作战的第一阶段。空军飞机可以打击敌人海军的 C4I 系统。在大陆性战争中，中等国家空军很可能无暇参与此类作战行动，也不可能将支援本国海军的任务交给友好国家的空军。因此，在大陆性战争中控制敌人濒海地区一定是海军的独立作战阶段，海军必须在尽可能短的时间内达成作战目标，在战役层次必须强化对这场快速战斗或一系列战斗的指挥控制，这种集中指挥在以往的海战中难得一见。由此可见，任何影响作战原则的作战创新都是不必要的，至少权力下放在海战的指挥控制中是相对的。①

尽管某些官方著作鼓吹"无缝"战争②，但只有面对弱小海军时才有可能实现"无缝"，比如萨达姆的海军。任何一支具有作战能力的海军都会给试图接近自己近海的敌人制造困难，与敌人在远离自己海岸线的海域展开制海

① James Tritten, "Revolution in Military Affairs", *Naval Doctrine Command Report*, *NDC 5 – 00 – 001* (Feb. 1995) p. 1.
② Pamphlet 525, 'Fox XXI': *Operations*, 1994.

权争夺。作为联合作战序曲的海战可能依然会存在，只有消灭防守方大部海军或摧毁其 C4I 系统才能实现"无缝"战争。主张下放指挥权的理由之一是，敌情信息甚至可以分发至作战单元以下，可获取信息的透明需要与之相匹配的组织结构的透明①。历史上，舰艇作战中心比陆军作战单元的作战中心接收的情报范围更广，至少在战场数字化之前 20 年 C3I 系统就开始启用，舰艇已经能够了解火力打击范围外的敌情。由于武器射程仅仅对战术环境构成影响，因此，战术层面的指挥体系得以保留。目前，舰艇的主战武器已变成巡航导弹，未来几年，还将配备舰载的远程无人机，海军是否有必要进一步下放指挥权呢？武器射程的扩大有可能需要进一步集中指挥权，因为舰艇的打击目标对舰艇本身来说可能没有任何战术或战役意义，反而对其他部队产生直接影响。与以往相比，其行动可能具有空前的战役或战略意义，该舰艇的火力打击可能是全面导弹攻击计划的组成部分，超越了战术指挥员的指挥范围，指挥权进一步向上层集中。

海军内部兵力结构可能会经历重大调整，"战斗人员""行政人员"等词汇的意义将发生变化，涵盖新的技能和行业。海军历来将那些实际负责火力投送的人员归类为战斗人员，但战斗人员之间也存在差异，比如，作战军官可以晋升为海军领导人，而电子技术军官或工程技术军官却不可能。随着监视、分析、C4I、侦察投入的加大及作战平台数量的减少，海军可能会征召更多传统意义上的非战斗人员入伍。这种变化看上去无关紧要，但却是海军的既得利益所在，对传统意义上非战斗人员的排斥体现了海军对战争形态变化的抵制。各军种为吸引人员入伍，通常会大力宣扬军种部队经历的种种艰险，或指挥官的光辉形象，或操控强大武器所带来的力量感。

"你是做什么的？""我在驱逐舰担任导弹发射官。"这个回答显然比"我负责分析照片"更能满足个人的自尊心，也更具有价值感。然而，在新的战争形态下，后者将比前者扮演更为重要的角色。随着海军兵力结构的重组，某些传统上光芒四射的形象将失去光环，而某些无足轻重的角色将显现出新

---

① John J. Patrik, *Reflections on the Revolution in Military Affairs* (Paper for the Centre for security Strategies and Operations Of TECHNATICS: Fairfax, Jan. 1995), pp. 8-11.

的魅力，这对海军原有的指挥层级关系构成了挑战，海军兵力结构的内部调整必须抛弃对传统的留恋。大陆性国家海军须依据自身战略环境和战争形态的发展变化，对海军兵力结构进行相应调整。[①]

八、 陆权国家的海军兵力结构

在大陆性战争中，海军往往受能力所限而未发挥应有的作用。由于海军兵力结构制约了战略选择，因此，目前的海上战略是实用战略而不是理想战略。除非兵力结构的设计和建设针对的是另一个时代和另一场战争，这个实用性战略无法适应当代战争的需求。本书曾在多处提及这种战略与战争需求不匹配的现象。在因种种原因无法为人民安全与福祉贡献力量的海军当中，命运最为坎坷的是 19 世纪的奥匈帝国海军，当然，奥匈帝国海军的兴衰有其悲剧性的历史背景（1918 年奥匈帝国解体，奥地利不再拥有海岸线，帝国海军不复存在）。与奥匈帝国海军不同，德国海军在 1906 年之后快速崛起，至 1919 年以耻辱性的斯卡帕湾自沉而告一段落。与戈尔什科夫持之以恒的海军发展战略不同，提尔皮茨的海军发展观念曾经左右摇摆，但 18 年海军统率的生涯足以让他，让德国、德国海军在建设海军之前，就明确海军的战略。在没有分析文献、也没有理性判断的情况下，德国没有发展潜艇部队，而是选择建造战列舰和巡洋舰，这或许是德国海军缺乏高效参谋机构的结果。提尔皮茨不愿意与他人进行讨论，也不愿意听取不同意见，关起门来确立了德国的海军战略。[②]

当今，没有人能够独立引领海军的发展方向，参谋制度限制了指挥官的

---

① Adimiral William A. Owens，*High Seas*：*The Naval Passage to an Uncharted World*（Annapolis：Naval Institute Press，1995）. pp. 125，129.

② For a recurring history of internal class revalries that go back to 1906 and make these problems universal in all navies，see Holger H. Herwig，*Luxury Fleet*（London：Ashfield Press，1980），pp. 125－131.

独断专行，但同样也存在弊端，舰对舰导弹的发展史就是这样的事例。当今，几乎所有战斗舰艇都配备了舰对舰导弹系统，我们在前面的章节中曾用"过度杀伤能力"来描述其作用。1959—1960 年，苏联海军舰艇首次装备舰对舰导弹，几乎没有引起国际性关注。① 法国于 1976 年建造"乔治·莱格"（Georges Leygues，C70）级多用途驱逐舰时装备了舰对舰导弹系统，该舰于 1978 年服役，法国成为西方国家第一个装备该系统的海军。同年，美国海军没有一艘舰艇装备舰舰导弹，而英国正在考虑改进舰舰导弹并加装于老化的"郡"（Counties）级驱逐舰和最后一艘 21 型护卫舰②。水面舰艇武器装备的本质揭示了一个更深层次的哲学观点，即：通用型护卫舰，自身不具备固有的攻击能力。飞机和潜艇通常掌握发起战斗或避免战斗的主动权，通用型护卫舰则处于被动应战的地位，这符合早期海军的战略意图。因为通用型护卫舰本质上是伴随舰艇，主要任务是辅助主力舰艇进行防空或反潜作战，以及为商船护航。防空、反潜或护航是西方国家海军对护卫舰的要求，因为除西方国家之外，其他国家都没有航母，也没有大量的海外贸易。然而，绝大多数海军在战略目标不明的情况下，通过建造、购买或其他渠道获得舰艇，盲目模仿大国海军的发展道路建设自己的海军。

　　早期通用型护卫舰不具备攻击能力，但现在情况发生了变化，通用型护卫舰普遍配备了具有过度杀伤能力的舰对舰导弹系统，这种变化是军备竞赛的结果。陆军也存在类似情况，如果某国陆军决定派兵守卫边境，由此诱发边境地区的意外事件和伤亡情况，将会引起对方的敌意，而这种敌意与国家意图完全不符。陆权国家的海军可能已经意识到，他们的兵力结构不尽合理，在国家参与的大多数战争中都无法发挥应有作用。美国海军独树一帜，1906 年美国海军参与了毫无意义的主力舰造舰竞赛，但 1917 年成功调整了发展方向，开始建造护航舰艇，从而赢得大西洋战争。如本书第六章所述，1942 年，美国工业能力再次保障了海军能够及时地纠正发展偏差，克服兵力结构的缺陷。有趣的是，我们如今又一次看到，美国凭借其雄厚的资源、强大的工业

① Personal conversation with Russian naval officers in Vladivostok 1967.
② Jane's Fighting Ships, 1975 – 1976, pp. 117, 351 – 353.

能力和机制化的分析能力，调整了海军发展方向。① 其余大多数国家永远不可能奢望核动力攻击型航母或 F－18、F－14 战斗机，但还是可以考虑发展同类型的装备。在大陆性战争中，空中预警机执行的大多数任务都可以由高空气球、直升机和无人飞机来替代；不依赖空气推进的潜艇就在眼前，只要海军投入足够的研发资源，建造速度将大幅提高；过时的柴油动力潜艇虽已不能胜任攻击行动，但完全可以用于布雷和特种作战；美国的特混编队的舰载机具有强大的作战能力，装备舰舰导弹的导弹快艇不足以对其形成实质性威胁。小型海军需要发展的是大型挂载反舰导弹的海上巡逻机，也可发展携带更多小型反舰导弹的潜艇，利用天基 C4I 系统引导这些平台实施战术行动。

利用其他渠道提供的情报对目标实施打击是过去二十年最大的创新之一。早期预警平台，如雷达警戒船、海上巡逻机或直升机，仅仅能够向作战舰艇发出早期的预警信息，更先进的雷达系统可以纠正作战情报中心的信息偏差②，直接引导舰对舰导弹进行攻击，但依然属于一对一的信息链。如今，利用基于所有平台的全球定位系统（GPS），C4I 网络可以提供完整的战术背景，舰船或潜艇得以向非特定目标发起攻击。据说在"沙漠风暴行动"中，英国海军就运用这种技术击落了一枚以美国舰艇为目标的导弹。在这样的战争环境中，特种部队的生存能力更强，作战效率成倍增长，地位更为重要。过去，特种部队登陆敌人岸线，独立执行"兰博"式（Rombo－like）的极度危险任务。现在的特种部队不再孤立无援，微型卫星通信系统可为他们提供充分的战术信息，巡航导弹或攻击型战斗机可提供强大的火力支援，集结地点明确，撤退工具（飞机或直升机）完备，特种部队已成为大陆性战争中弱国海军最有潜力的作战手段。

地区强国的领导人很可能认为大多数国家不具备支撑独立研发前沿国防

---

① See John Dalton, Secretary of the Navy, Admiral Frank Kelso, CNO AND General Carl Mundy, Commandant General USMC, *Posture Statement* (Alexandria: Defence Technical Information Center, 1994). 作者设想未来的兵力结构主要包括：核动力攻击航母达到 12 艘※每年生产 3 艘驱逐舰※新型核动力攻击潜艇配备远程巡航导弹※升级 F14 战斗机※AV/8 获得夜间进攻能力※发展联合先进打击技术，战区导弹防御※联合海上指挥信息系统。

② 舰艇发射反舰导弹，先自行飞行一段距离后，末端开启先进的雷达系统，引导反舰导弹对目标实施精确打击。

科技的能力。除美国和苏联之外，只有法国、瑞典（或许包括以色列）具有军事航空工业，中国试图发展军事航空工业，但还达不到国际水平。各国在联合研发方面投入了很多努力，但依然存在着难以调和的矛盾。在对抗苏联的战略框架下，北约吸收了许多利益并不一致的成员，但从长远来看，法国和英国、或者意大利和英国的地缘战略冲突依然是个问题。从地缘战略角度看，意大利未来可能进行的战争，与布匿战争或意大利—奥匈帝国战争并没有什么不同。联盟以成员国的战略一致为前提，在制造战舰或飞机时应统一设定装备寿命，比如，某型舰艇的预期寿命为 30 年。由此可见，海权国家和陆权国家不应该考虑地理位置接近与否，而是应分别建立独立的联盟，以生产符合各自需求的武器装备。英国与法国，或英国与德国的国家战略不同，两国武器的联合研发计划本身就存在着固有矛盾。

　　早期，海军规模是国家强弱的标准，当存在下列因素时，这是完全可以理解的：

　　——海洋依然辽阔，只有数量足够多的船只才能监视这个辽阔空间内发生的所有事情。二战期间，英国海军派出 8 艘巡洋舰、12 艘驱逐舰搜寻格拉夫·冯·斯佩伯爵号袖珍战列舰，派出 2 艘航母、5 艘战列舰、6 艘巡洋舰、24 艘驱逐舰搜寻"俾斯麦"号战列舰，动用舰艇数量之多在今天看来是非常可笑的，因为这样的搜索任务现在完全可以由侦察机和卫星来完成。

　　——反潜、防空作战需要体积庞大的传感器及计算设备，战争角色的专业化使得单艘舰船只能承担单一的任务，因此，均衡海军需要更多类型的舰艇。如今，设备的微型化可以让一艘舰艇承担多样化任务，比如 5700 吨的"斯普鲁恩斯"级巡洋舰可以实施对陆和对水面的攻击，也可以进行反潜或防空作战。舰艇的数量在减少，但作战能力远远超过历史上的任何时期。

　　舰艇具备了多样化能力，海军也必须开拓视野。某些国家海军将自己局限为以反潜为主要任务的海军，也有些国家海军将自己局限为以两栖作战为主要任务的海军。除美国海军之外，所有海军都将自己的视野局限在大洋之上，还没有意识到自身的对岸攻击潜力。由于经费所限，陆权国家海军甚至在大洋中都不能充分发挥作用，参与大陆性战争对他们来说更是一种负担，因而不愿意主动参与，这样的态度主要原因在于他们缺乏大陆性战争中的海上战略。本书明确提出这样的海上战略，其核心概念是作战速度，太空和空中侦察为作战速度的急速提升提供了可能。当前的作战速度，使得海军能够把自己的主要职能从制海权争夺和大洋作战提升到以海军行动影响战争的政治目标这个高度上来。

一场军事革命正在发生，我们还不清楚已经在军事革命的道路上走了多远，但可以肯定的是，作战速度依然未达到极限。由于耗资巨大，绝大多数海军并不认为他们能够进行这场军事革命，这种困惑的根源在于他们判断海军强弱的标准依然是舰艇的数量。在他们看来，军事革命所需的硬件是现有兵力之上新增的东西，而不是现有兵力的替代。军事革命的成功，自然会推动远洋作战的革命性变化，但未来依然会面临严峻的挑战。如果海军利用军事革命成果在新的领域发挥积极作用，就可以重新确立对岸作战的优势。一个针对大陆性战争的全新的海上战略将在前方冉冉升起。